建築の際

東京大学情報学環
連続シンポジウムの記録

吉見俊哉 監修
南後由和 編

平凡社

東京大学
情報学環・福武ホール

撮影＝田中雄一郎

The University of Tokyo
COMMUNICATION CENTER
コミュニケーションセンター
Communication Center

外観

1階テラスからの眺め

「考える壁」と地下２階まで続く階段

地下２階から「考える壁」を見上げる

［上］シンポジウムの会場となった「福武ラーニングシアター」
［下］学生と教員に開かれたコミュニティ・スペース「学環コモンズ」

東京大学情報学環・福武ホール
建築概要

設　　計＝安藤忠雄建築研究所
建築面積＝一四五四・一五平方メートル
延床面積＝四〇四七・二九平方メートル
規　　模＝地上二階、地下二階
構　　造＝鉄筋コンクリート造
竣　　工＝二〇〇八年三月

中央の螺旋階段から天窓を見上げる

建築の際

東京大学情報学環連続シンポジウムの記録

目次

第3章　アナロジー／経験／幾何学

第4章　アーカイヴ／学際性／キュレーション

Appendix

巻頭言

〈建築の際〉と情報学環・福武ホール
――「考える壁」から劈かれる言葉

吉見俊哉

東京大学本郷キャンパスに安藤忠雄氏が設計された《情報学環・福武ホール》が竣工したのは、二〇〇八年三月のことであった。前面に張り出す長いスパンの庇と壁の緊張感あるバランス、その狭間に細長く切り取られる空のシャープな輪郭がこの建築を特徴づけていた。建物が低いので、周囲の樹木や自然に対して屹立するのではなく、それらに包まれる関係が成立しており、朝晩の日光の向きや雨降り、季節の移ろいのなかでの木々の変化が、建物の表情を変えていく。しかも、狭く細い敷地を有効に使い、壁の外側から見た時には想像もできない深さのある空間を壁の内側に実現していた。地下二階のテラスから見上げた時の空は印象深く、エッジの効いた構造体のあいだで、凝縮度の高い天空との対話が成立するように感じられた。

しかし住人として、私たちが建築家・安藤に感謝したのは、彼がこの建物に異なるレヴェルの対話を誘発する仕掛けを幾重にも埋め込んでくれたことだった。一階には、開放的な学生や教員の学習・談話スペースがあるが、その前面はガラス張りで、外側の庇の下を行き交う人々と目線が交わされる。二階の教員室は入口がガラス張りで、さらに外壁もガラスなので、その向こうに関東大震災後、内田祥三が設計した内田ゴシックの図書館棟が見える。部屋内にいる者と二階廊下を通る者とのあいだでは、日々目線が交わされる。こうした日々のちょっとしたやりとりが、大学という場にどれほど有益なことか。研究者というのは根本的に自己中心的な存在だから、放っておけば必ず壁を閉ざし、自分や自分の研究室の仲間だけで閉じこもりがちになる。そのような性向に対し、安藤建築は物理的に壁を開き、教師同士、教師と学生、学生同士、それらと外の一般人との対話を誘発させている。さらに、建物前面の細長い壁にも、大人の目線の高さに横一線に空隙が穿たれて内と外の目線をつないでいた。この壁は、外から内を閉ざすのではなく、内を外に開くための壁である。壁があり、かつそれが開かれていることで内部の豊かな空間が可能になる。そのような対話の装置としての壁を、安藤は「考える壁（Thinking Wall）」と名づけた。

Thinking Wall は、《情報学環・福武ホール》にだけあるのではない。そして壁を、遮断の装置からその両側が交わる媒介者に転換させるのも、建築家だけの仕事ではない。おそらく最も有名な例は、かつてベルリンの壁に描かれていた壁絵だろう。一九八〇年代、ニューヨークのグラフィティの影響が世界化するなかで、ベルリンの壁の西側では、無名のアーティストたちが壁絵を描くようになり、やがて壁はそれらの絵で埋め尽くされていった。一九八九年のあの日まで、壁による東西ベルリンの封鎖は絶対的だった。その絶対的な壁に、移民や亡命者、学生たちが、次々に絵やメッセージを書きつけていった。

ベルリンの壁絵ほど鮮烈ではないが、福武ホールが完成する前年の約半年間、情報学環では、東大赤門横の建設現場を囲う工事壁で、「Thinking Forest」というイヴェントを展開した。このプロジェクトは、細長い工事壁をスクリーンとし、学生の制作実習などから生まれたインタラクティヴ・アートを投影する前半部と、学生や教師から約八〇〇の研究キーワードを集め、それらが緩やかに連携する研究テーマの全体像を、植物が繁茂する森のイメージにして描く後半部から成っていた。前半、壁に対面する歩道に机や椅子を置き、夕方、アートを見ながら軽くビールを飲んでくつろげる空間を出現させたこともある。

当時、「Thinking Forest」が目指したのは、情報学環に在籍する数百人の大学院生が、研究室や分野の壁を超えて横に結ばれることだった。後半の「Keyword Forest」では、学生たちが数百に及ぶ自分たちの研究テーマを結びつけ、全体を森として可視化することに挑戦した。作業は学生、教師から数個ずつの研究テーマを寄せてもらう作業に始まり、集まった八〇〇のキーワードが、重複する度合の強いものは幹や枝となり、ほかは葉として枝の先に配置された。この作業の中核を担った院生（当時）の韓亜由美は、彼女が「工事中景」と呼ぶ工事壁のプロジェクトについて、「都市の生成プロセスに主人公である人々が能動的にかかわることで、抽象的な空間をリアルに生きられる『場』につくり変えてゆく」と書いていた。「Thinking Forest」が狙ったのは、大学内での〈都市〉の生成である。だが、大学外には文字どおりの都市、地域からグローバルな秩序までが存在している。そのような都市への連携と介入の回路をどう構想していくかは今後の課題として残された。

《情報学環・福武ホール》完成から半年近くを経て、情報学環で学ぶ建築、デザイン、メディア系の大学院生と工学系研究科建築専攻の大学院生の横のつながりから、福武ホールを使って院生が企画からパネリストとの交渉、実施までを担う連続シンポジウムを実現しようという動きが生まれていった。構想の中心になっていたのは、当時情報学環助教だった南後由和で、彼は現在、明治大学専任講師として建築・都市を論じる中心的若手となっている。南後とともに、秋菊姫、村松一、大西麻貴、角田哲也、片桐早紀、関博紀、牧村真帆、末田航、田中陽輔、鈴木志麻、成玲姁、松岡康、篠原明理、難波阿丹、松山秀明、阿部純、柳井良文といった、いまはもう各地の大学で教職に就く多くの面々を含む院生たちが集合していった。

院生たちの基本コンセプトは、毎回、建築家と異分野のアーティストないし研究者、それに情報学環教員という三人の組み合わせで鼎談をしてもらうというもので、すべての鼎談について院生が企画から人選、交渉、司会、まとめの編集までを担うことになっていた。二〇〇六年度から〇八年度までの三年間、学環長の任にあった私は、任期最後の年に学生たちから沸き上がってきたこの提案に喜び、もちろん精一杯の支援をした。他方、この企画は『新建築』誌と連携し、各回の記録を同誌に載せていくことにもなった。

情報学環・学際情報学府とは、東京大学の情報・コミュニケーションに関する教育研究を横断的に繋ごうと、二〇〇〇年に設立された文理融合型大学院組織である。現在、修士課程と博士課程をあわせて約四〇〇人が学んでおり、その分野は、コンピュータ・サイエンスからコミュニケーション研究、メディア研究まで多岐にわたる。教員も、異分野の集まりで、混成林だからこそ困難な時代をサヴァイヴァルできる新しい学問の芽が生まれてくると多くのメンバーが考えていた。そんな雑種の大学院生たちが、《情報学環・福武ホール》という器において、知のフロントランナーたちと対話する企画が、この〈建築の際〉のプロジェクトであった。

二〇〇八年に始まったこのプロジェクトは、最終回の二〇一四年三月まで続けられた。この間、建築家では、安藤忠雄、隈研吾、山本理顕、青木淳、鈴木了二、伊東豊雄、原広司、磯崎新（非公開）と、じつに錚々たる面々が登壇し、これに対して建築史、演劇、音楽、映画、生物、数学等々の分野から、藤森照信、野田秀樹、菊地成孔、黒沢清、福岡伸一、松本幸夫といった、じつに豪華な面々が参加してくださった。取り上げたテーマも、アジア、ワークショップ、形式、映像、生命、多様体、知とまさに際立っている。これだけの登壇者を外から招き寄せ、毎回、満員の聴衆を集めてシンポジウムを開催し、それを継続的にコーディネートしきった大学院生たちにまずは拍手したい。同時にもちろん、超多忙の身ながらこの大学院生企画に協力してご登壇くださった前掲の超一級の方々に、同じくこの企画に参画した情報学環教員とともに心から感謝したい。

そのまとめの本書は、各章でそれぞれの建築家の作品から出発しながらも、それを異色の登壇者との組み合わせによって異化し、建築の「際」を何重にも浮上させている。企画の中心にいた南後によれば、この実験は、「建築という自明の領域に閉じこもるのではなく、異質なもの同士を衝突させていく過程で、『際』という輪郭を浮かび上がらせることで新たな『建築』という領域を『際』立たせて」いこうとしたのだという。「際」とは「極み」であると同時に「境」であり、さらに「間際」でもある。ぎりぎりのタイミングで、ぎりぎりの関係を、ぎりぎりまで追求したのが、本書の「際建築」論ということになる。

事実、これだけの建築家、アーティスト、科学者や人文学者が連なる対話を通じ、本書の各所に「際建築」の中核的な概念が浮上していることに気づく。たとえば、磯崎は「間」を語り、原は「孔」を語り、鈴木は「隙間」を語り、青木は「曖昧さ」を語り、伊東は「流れ」を語る。これらはいずれも「建築」の「際」についての異なる概念である点で一致しており、南後らの企ては、すでにかなりの成果を挙げている。しかも、そのような媒介的で流動的な「際」は、容易に演劇、音楽、映画などの表現様式の身体や眼差しの理解とも交差する。演劇する身体には複数の主体が棲まい、音楽には複数のリズムが共在し、映画は眼差されているのではない背後の風景を予感させる。いま、ここに実在すると私たちが信じているのは、無数に存在しうるさまざまな世界=自己のうちのひとつの可能性でしかない。「際」を通じていつでも「地」と「図」は反転しうる可能性を潜ませている。

本書をもって、《情報学環・福武ホール》の竣工から始まった建築と大学、知とアート、学生たちと都市、社会、知の約六年に及んだ対話的実践はひとまず幕を閉じることになる。私たちの社会は、この間にすっかり変わった。〈建築の際〉が開始された二〇〇八年は、東日本大震災以前である。しかし、この年には中国で四川大地震が発生し、四年前のスマトラ島沖地震とあわせれば、東アジアは次々と巨大地震に襲われ始めていた。米国でリーマン・ショックが起きたのも、まさにこのイヴエントが始まった頃のことだ。そしてこの年の一一月には、バラク・オバマが第四四代アメリカ大統領に当選し、翌年には日本でも自民党から民主党に政権交代が起きている。政治の振り子が大きく「民主」に振れ、アジア各地で巨大地震が不気味に連続していたのが、このプロジェクトが始まった頃の世界だった。

それから六年余、この間、世界がいい方向に進んできたとは思えない。東日本大震災然り、福島第一原子力発電所事故然り、日中韓関係緊張然り、日本政治の右傾化然り、社会的格差の拡大然り。二〇二〇年の東京オリンピック招致で一時的には浮き立つものの、その後の迷走は、本書の関係者のあいだにすら、「際」どころか深い「亀裂」を生じさせてきた。私たちの社会の前途はあまりに重苦しい。この困難さを突破できるのは、既存秩序を必死で守る生真面目さではないだろう。未来に向けた〈建築的〉議論には、脱領域的に野放図な結びつきが必要である。百学連環（エンサイクロペディア）――それは革命前夜のフランスで、異なる分野、職種、立場の人々を結びつけていった知的運動の別名である。日本にあっては、幕末の脱藩志士の連帯があった。いずれの場合も、それぞれの経験や専門知を生かしながら、常識の枠組みを突き崩していく対話の積み重ねが必要だった。「建築」は、その「際」へのこだわりによって、そのような常識破りの対話の場たりうるかもしれず、まさにそこに本書の挑戦がある。

論考

〈建築の際〉からの試行／思考

南後由和

1 〈建築の際〉の背景

二〇〇八年、東京大学・本郷キャンパスの内と外の際である赤門に近接した敷地に、安藤忠雄建築研究所設計の《情報学環・福武ホール》が竣工した。恰好の器を得た以上、教員・学生はこのハードをどう使いこなし、どのようなソフトを埋蔵、駆動させていくかが問われることとなった。そこで同年、東京大学大学院情報学環・学際情報学府主催による〈建築の際〉という連続シンポジウムを大学院生が中心となって企画し、二〇一一年まで計七回実施した。〈建築の際〉では、毎回大学院生が「建築家＋異分野の専門家＋情報学環教員」の三組のゲストを招いて議論した。本書は、それらの記録をもとに、キーワード解説、ブックガイド、建築家事後インタヴュー、年表などを補足した書籍である。〈建築の際〉という名称には、企画当初、主に四つの意味を込めた。

［1］際の建築

〈建築の際〉の会場である《情報学環・福武ホール》は、全長約一〇〇メートルの壁と庇によって切り取られた幾何学的形態が明快な「際《エッジ》」のきいた「際の建築」であること。

［2］大学／社会の際
赤門近くというキャンパスの「際」に立地する福武ホールにおいて、大学研究者に限らず、各分野の第一線で活躍するゲストとの対話を社会に開いていくこと。

［3］諸学問の際
諸技術・芸術・科学を統合する術である建築を軸に、学問分野《ディシプリン》と学問分野が接する境界としての「際」から、先鋭的な知の探究を試みること。

［4］教員／学生の際
教員から学生への一方通行的な知識の伝達に終始するのではなく、大学院生自らが主体的に企画運営に関与し、教員と学生の関係性としての「際」を組み替えていくこと。

［3］と［4］に関して、補足しておきたい。まず、［3］諸学問の際に関して。明治期以来、日本の建築学では、地震国で木造建築が多いという背景ゆえ、耐震・防火を重視し、意匠派より構造派が力を握ってきた。建築学教育も、大学では芸大・美大などの一部を除き、工学部において展開され、主に技術者の養成に重点が置かれてきた。

しかし、建築は、法律、経済、福祉をはじめ、接点のない学問分野がないほど、多領域を横断する雑多性を兼ね備えている。建築史家の伊東忠太が〝アーキテクチュール〟に「建築」という訳語を適用した明治期のことを振り返っておこう★1。伊東は、「アーキテクチュール」が美術と工芸の両側面をもち、「造家」と「建築」（それまで橋梁などのインフラの構築を含む広い文脈で用いられていた）という訳語のどちらにも収まりきらないとしたうえで、次のように指摘していた。「建築の文字は如何、其意義の茫漠たるが為に、之を造家の字に比すれば却って妥当に近きものあり」★2と。「アーキテクチュール」に建築

★1
伊東忠太「『アーキテクチュール』の本義を論して其譯字を撰定し我か造家學會の改名を望む」（『建築雑誌』八巻九〇号［日本建築学会、一八九四］、一九五―一九七頁）。

★2
同、一九六頁。為と妥当の文字は、引用元では旧字表記。

という訳語が適用された時点から、建築は美術と工芸をはじめとする境界領域に位置づけられ、茫漠とした雑多性と蜜月な関係にあった。しかしながら、近代化にともなう建築学教育は、むしろその雑多性を削ぎ落とし、意匠、構造、設備、歴史などへと専門分化していくことになったことは言うまでもない。また一九九〇年代後半以降、情報化を背景に、「アーキテクチャ」という言葉が、建築物のみならず、コンピュータ・システムの設計、さらには政策や組織などの社会的制度の組み立てを意味する言葉として用いられるようになった。そこに共通しているのは、アーキテクチャが、雑多で複雑な情報を統合する仕組みやその構築を指すという点である。

〈建築の際〉においても、雑多性を引き受けつつ、それらを統合しようとする——より精確にいえば、後述の青木淳が指摘するように「仮設的なまとまり」を生み出そうとする——「建築的思考」を、建築の強みとして応用しようと考えた。

次に、［4］教員／学生の際について。〈建築の際〉は、大学院生によるボトムアップ型の企画という点に大きな特徴がある。大学で行なわれるシンポジウムの多くは、教員がセッティングしたゲストの講演＋質疑応答というスタイルを採ることがほとんどである。それに対して、〈建築の際〉は、ゲストの選定、テーマの設定、アトリエや研究室への事前取材、プログラム作成、当日の司会進行・問題提起、レポート記事執筆（『新建築』二〇〇九年一、二、四−六月号、二〇一〇年一二月号に掲載）までの一連のプロセスすべてを大学院生が担った。本書に収録されている原稿も、序とあとがき以外は大学院生（現在、研究職に就いている若手研究者も含む）によるものである。

大学院生の構成は、学際情報学府と工学系研究科建築学専攻の大学院生が約半分ずつ。研究室や研究科間に交流が生まれにくい大学院において、〈建築の際〉では、大学院生が文系／理系、本郷／駒場、研究室／研究科の垣根を越えて自主的に集い、準備の段階で繰り返し勉強会を開催するなど、互いに切磋琢磨してきた。

各回のゲストやテーマの選定は、必ずしもすべての回に当てはまるわけではないが、まず建築家の方に打診し、こちらから異分野の対談ゲスト候補とテーマを複数挙げて、そのなかから選定したケースが多かった。なかには、建築家の方からこの人とご一緒したいという希望を受け入れたケースもあった。結果として、異分野の専門家は、音楽家、劇作家・俳優、数学者、生物学者、映画監督など多岐に渡った。そして、建築家と異分野の専門家の組み合わせとテーマが固まった時点で、三人目の登壇者である情報学環の教員へ依頼をした。

2　際とはなにか

〈建築の際〉というタイトルにある「際」という日本語は、多義性をもっている。英語に訳すと、border（境界）、edge（端・鋭さ）、frontier（先端）、limit（限界）、verge（縁・へり）などの語義を内包している。「際」の意味を大別すると——「間」と同様、「際」も空間と時間が不可分な状態を指すが——空間的文脈と時間的文脈に沿って解釈することができる。

空間的文脈とは、たとえば物理的な境界である。建築でいえば、壁によって仕切られる内部空間と外部空間。映画でいえば、フレームの内と外。演劇でいえば、舞台と客席。政治でいえば、国と国の境界。学問でいえば、専門分野と専門分野の境界など。これらをどう捉え直すかが「際」の問題設定となる。時間的文脈とは、たとえば時代の転換期、事態の瀬戸際、危機や転機などである。際とは、時代の切断面という決定的瞬間などの一方で、一時性や移ろいといった時間の微細な推移を含み込んだ、動的概念である。

〈建築の際〉においても文脈に応じて、際の意味が使い分けられているが、ここでは、vergeという言葉に着目しておきたい。vergeは、名詞では縁、端、へりなど帯状の境界を、動詞では「いまにも〜になろうとする」「〜の状態に近づく」を意味する言葉である。動詞には、予感・予兆、推移などの時間に関する含意がある。また、vergenceだと「光の広がりの道すじ」という意味になる。

このvergenceに関して、建築学者のマーコス・ノヴァックは、「トランスヴァージェンス transvergence」という独自の概念を提示している★3。トランスヴァージェンスとは、過去のさまざまな潮流を「収斂 convergence」させていくプロセスにおいて、組み替えや変換を試みることにより、新たな文化を創造し、開かれた未来へ向けて「拡散 divergence」させていく営みを指す。ノヴァックが示唆深いのは、個々の融合ではなく相互作用を重視し、収斂と拡散が同時に行なわれる「際」——ノヴァック自身は「ここではないどこか elsewhere」という語を用いている——に着目した点である。

ノヴァックの視座を、〈建築の際〉の文脈に変換するならば、さしあたり次のように説明できるだろう。〈建築の際〉は、縦割りの枠組みが束ねられることで形づくられてきた建築という学問分野の境界を、異分野との対話という相互作用によって組み替えや変換することで、新たな建築の道すじを照らし出そうとした試みであると。以下では、〈建築の際〉各回および建築家への事後インタヴューで議論され、浮かび上がってきた「際」の諸相を具体的に見ていこう。

3　〈建築の際〉の諸相

1章　建築I——歴史／身体／言語

「アジアの際」——隈研吾＋藤森照信＋姜尚中では、国と国の境界という「際」をめぐって、西洋／東

★3
Marcos Novak, "Speciation, Transvergence, Allogenesis: Notes on the Production of the Alien," *Architectural Design*, Vol.72, No.3, May 2002, John Wiley and Sons Ltd, pp.64-71.

洋の二分法や非対称性を超えた、東アジアの群島共同体や記憶について議論した。群島は、「映像の際」で田中純が指摘した、海と陸との境界に建つアルド・ロッシの建築もそうであるように、不動の固有な領土とは無縁である（→「映像の際」）。それは近接と分離、同化と異化の両義性をもち、島と島の関係性のなかで立ち現われてくる。

八〇年代に建築史家のケネス・フランプトンが提唱した「批判的地域主義」は、インターナショナリズムという普遍性と地域固有の伝統との超克を意味していた★4。そこでは、地域の固有性があることが前提とされていた。それに対して、「アジアの際」では、もはや国民国家という枠組みやそれに対応するアイデンティティの所在が自明でなくなった現在において、いかに記憶装置としての建築を捉えていくべきかという点にまで議論の射程が及んだ。

隈は事後インタヴューで、フランプトンの批判的地域主義が静的な様式化・商品化という次元に回収されて受容されてしまったことに疑問を呈し、批判的地域主義を持続性という観点から動的に継承すること、そのためには、たえず実験的であり、変化しつづけることが求められるという見解を示した。

新石器時代に関心をもつ藤森は、その理由として、新石器時代が青銅器時代のエジプト、中国、インドなどの個々の文明に分化していく直前、すなわち「際」として位置づけられ、そこに「高さ」という建築的リアリティの根源や各国の文明の違いを超えた普遍性を見て取れるからだと述べる。

一方、藤森は、建築を軸に異分野と対話するという問題設定に関して、建築はブラックホールや巨大なバケツのようなもので異分野の知見をどんどん取り込もうとするが、（建築として）なにも生み出していないのではないかと釘を刺す。藤森による警鐘は、ノヴァックのトランスヴァージェンスを通じてみたように、拡散のベクトルのみならず、拡散と収斂、さらにその往還が求められるという点に通じる。

「振舞の際」――山本理顕＋野田秀樹＋山内祐平では、ワークショップを題材に、建築家とユーザー、

★4
ケネス・フランプトン「批判的地域主義に向けて――抵抗の建築に関する六つの考察」（ハル・フォスター編『反美学――ポストモダンの諸相』［室井尚＋吉岡洋訳、勁草書房、一九八七］、四〇―六四頁）。

演出家と俳優、教師と学生という既存の関係性＝「際」をいかに組み替えるかを議論した。建築、演劇、教育工学と分野は異なれど、互いの関係をフラットにするなかで、参加者を既存のコードから解き放ち、潜在的な力を引き出すこと、ファシリテーターを含む参加者のあいだに共通言語を生み出すこと、インプットとアウトプットが表裏一体となるような創発的な場をデザインすることを重視するという点は共通している。

振る舞いとは、身体と空間の関係にほかならず、その関係は可変的なものである。演劇において、掛け合う声の大きさによって空間の距離が伸び縮みすること、役者が発する言葉によってイマジナリーな空間を変容させることができるという野田の指摘は、その一例である。

2章　建築Ⅱ――メディア／差異／両義性

「形式の際」――青木淳＋菊地成孔＋岡田猛では、空間芸術とされる建築、時間芸術とされる音楽との対話をとおして、いまあるものを徐々に違う様相へと移行させていく思考の在り処に光を当てた。この点は、モダンからポストモダンへの移行という時代区分＝「際」を改めて問い直すことにもつながっている。

青木と菊地の両者には、モダンのなかに濾過されずに残っているものを見つめ直すことで、モダニズムを再構成しようとするスタンスが共通して見て取れる。そのためには、表層の差異に戯れるのではなく、見た目は普通だとしても、作り方を根本から変えていくことが求められるという。

青木の建築でいえば、住宅《N》や《SIA青山ビルディング》は、周辺環境のコンテクストや既存の枠組みと調和しているようでズレてもいるアンビヴァレントな宙吊り状態としての曖昧さを、建築の構成である形式の明快さが生み出している。また、《青森県立美術館》も、ホワイトキューブと土の空間という図と地が反転し続ける形式によって、アンビヴァレントな宙吊り状態をもたらしている。キュレーターのニコラ・ブリオーが二〇〇九年のテート・トリエンナーレで提示した「オルターモダン」を導きの糸として青木が指摘するように、モダンが中心や高みから全体をコントロールし、普遍性を追及しようとしたのに対して、ポストモダンは起源やアイデンティティを重視し、多様性を礼賛した。しかしそれは、バラバラな状態を無批判に肯定することであり、相対主義や折衷主義にもつながってしまう。そこで青木は、「バラバラな状態を前提としながら、仮設的なまとまりをつくること」へと向かう。単一の確固とした全体性ではなく、バラバラな状態が並存する複数性や他者性が担保された場の構築と言い換えてもよいだろう。

ブリオーによる「オルターモダン」という標語は、「形式の際」での議論と同様、モダニズムを再構成することを企図したものである。ブリオーは、「オルターモダン」のアートとは中心をもたず、異なる言語、文化間の交渉や議論から生まれるものであり、情報をあるフォーマットから別のフォーマットへと翻訳、変換するプロセスとともにあるとした。それは「空間と時間の両方に引かれた線によって、目的地ではなく軌跡を具現化する、旅という形式」をとると★5。空間と時間の両方に引かれた線――たとえば地理と歴史をさまようこと――とは、まさに「際」であり、異なるフォーマット間の翻訳や変換も、ノヴァックによるトランスヴァージェンスの見取図を通して述べた〈建築の際〉の問題意識と共鳴している。

「映像の際」――鈴木了二＋黒沢清＋田中純では、映画におけるフレームの内と外という「際」をめぐって、カメラには写っていない、見えない場所の「いかがわしさ」から話を進行した。黒沢は、フレームの外側が写らず、カメラが向いていない方向は見ることができないという映画が抱える制約を、映画というメディア固有の表現の可能性を切り開く契機として読み替えている。

★5
Nicolas Bourriaud, "Altermodern Explained: Manifesto", *Tate Website*, 2009 (http://www.tate.org.uk/whats-on/tate-britain/exhibition/altermodern/explain-altermodern/altermodern-explained-manifesto).

見えない場所は、不気味さや苛立ちと同時に、未知でなにかがあるかもしれない予兆という両義性を孕んでいる。この点は、鈴木の建築における空隙や空洞をめぐる現象や経験にも当てはまる。田中は、黒沢映画にも見られる、湾岸や坂などの境界性がもつ原型的構造の分析を通して、無意識的に蓄積され、想起される「都市の記憶」について議論を展開した。

また鈴木は事後インタヴューで、映画と建築の相関に関して、建築でも使われている距離や開口部などの言葉を映画の文脈に変換し、相互批評に晒すことで、それまで硬直化していた言葉が再編成され、柔軟になると指摘する。ただし、建築の自己反省や内部の再編成が重要なのであって、「拡張的な異分野との交流は眉唾」であり、あくまで「建築は建築で、映画は映画」だという。

3章　建築Ⅲ——アナロジー／経験／幾何学

「生命の際」——伊東豊雄＋福岡伸一＋佐倉統では、生命をアナロジーとして建築に取り組むことの是非を議論した。アナロジーとは、領域と領域のあいだを視覚的、概念的につなぎ、新たな言葉や創発を生み出す営みであり、まさに領域横断的思考といえる。しかし、分散的な現象である生命に俯瞰的な視点がないのと同様、生命現象をどこか高い場所から俯瞰する視点にもとづくアナロジーには、アナロジーを適用する主体の恣意性の介在を免れえないことが確認された。

なお、伊東の《せんだいメディアテーク》は、次の三点から「際の建築」とみなすこともできるだろう。第一に、建築の内と外というヒエラルキーを取り去ろうとした建築。第二に、つねに「アンダーコンストラクション」というコンセプトが示しているように、建築家とユーザーの際を組み替えようとした建築（→「振舞の際」）。第三に、図書館や公共建築はこうあらねばならないという境界＝「規範としての際」を乗り超えようとした建築としてである。

そのほか、「進化というのは、悪い環境に置かれたときに起こるもの」だという佐倉の指摘からは、戦争や震災などの「危機としての際」において、建築がこれまでどう進化してきて、これからどう進化していくのかを考える視点を提供してくれる。

「空間の際」——原広司＋松本幸夫＋暦本純一では、数学における現代幾何学やコンピュータ・サイエンスの発展による空間認識を、いかに建築や都市にフィードバックさせるかを議論した。そのためには、近代建築の理論の問い直し、幾何学の変化が必要だという原の指摘は、「生命の際」における伊東の問題意識と通じる（→「生命の際」）。

松本からは局所座標系の交わる点に変換公式を与えることで空間を全体的に理解することができる多様体論について、暦本からは情報技術の進展にともなう情報世界と現実世界のつながりという「際」の変容が、どう私たちの生活に影響を与えるかについての論点が提示された。そのほか、原からは温度などの連続的な変化のみならず、私たちの生活における不連続な変化をどう建築の領域で記述するかという、変化をめぐる連続性と非連続性の「際」を考えていくことの必要性が指摘された。

4章　建築Ⅳ——アーカイヴ／学際性／キュレーション

「知の際」——磯崎新＋石田英敬＋南後由和は、シンポジウム形式では実施せず、書籍オリジナルコンテンツとして収録したものである。雑多な領域を統合する「建築」という営みに着目することで、学際という知のキュレーションを、建築を軸にして展開することの意義について議論した。ここでは、磯崎、浅田彰、ピーター・アイゼンマンらが中心となってオーガナイズした、建築と哲学をめぐる国際会議「Any会議」（一九九一―二〇〇〇）に言及しておきたい。

「Any会議」は、六〇年代以降、建築から雑多性を削ぎ落として機能主義に純化していったモダニズム建築の規範への批判を繰り広げてきた世代の建築家たちによって仕掛けられた。「Any会議」では、固有の領域に閉じこもった建築の閉鎖性を他領域へ開き、相互の増幅作用を生かすことで、再び建築と呼ばれるものを組織していくことが企図された。

ここには、磯崎による次のような歴史認識がある。一九世紀のヘーゲルの『美学』では、建築はあらゆる芸術のなかでもっとも自律した形式を備え、「諸芸術の母」であるとされてきた。しかし、二〇世紀以降、モダニズムの建築は「悪しき還元」の道を辿り、他の領域を参照することによって、自らの言説を組み立てていかざるをえなくなり、格下げを被ったと。そこで磯崎らは、たとえばジャック・デリダの「脱構築」、柄谷行人による「隠喩としての建築」など、哲学における体系の構築・再構築に「建築への意志」を見出し、今度は建築の側から他領域の言説の根拠となるものを生み出し、提供することで建築を再定義しようとした★6。すなわち、「Any会議」は、建築の悪しき還元への批判意識↓解体・組み替え・翻訳による「建築」の拡張↓「建築」の再定義による収斂へと向かおうとする運動をともなっていた。ここにも、建築をめぐる拡散と収斂の往還を見て取ることができよう。〈建築の際〉でも、所与の領域に自閉しがちな建築のあり方を異分野との折衝によって柔軟かつ開放的なものにしたうえで、もう一度「建築」へフィードバックしていくことを目指した。

以上、計七回（本書には収録されていない「都市の際」——安藤忠雄＋東京大学大学院生＋吉見俊哉を含めると計八回）の異分野・異世代の対話である〈建築の際〉には、全体をとおして、向かうべき目標《ゴール》があらかじめ設けられていたわけではない。むしろ、各回のテーマはバラバラである。しかし、こうして書籍としてまとめ、各回を並べてみると、それぞれの回で議論されたトピックが横断的につながり、ループを描くようにして「環」を形成していることがわかる。

★6
磯崎新「《建築》——あるいはデミウルゴスの"構築"」（『造物主義論』［鹿島出版会、一九九六］、一六八頁）、磯崎新「Anyoneへの招待」（『Anyone』［NTT出版、一九九七］、三頁）参照。

4 専門性／学際性の際

冒頭でも触れたように、〈建築の際〉は、従来の縦割りの研究科の枠組みを超えて東大内の情報関連の研究領域を横断的に連携させた文理越境型の大学院である、情報学環・学際情報学府が主催した。建築学科による主催企画ではない〈建築の際〉の特色は、建築の専門性や領域を自明視しないという立場に立ち、複数の異分野との衝突を繰り返すことによって、その輪郭を際立たせようとしたことにある。コーディネーターである大学院生は、異分野の専門家間の共通の問題関心を喚起し、発散的な着想を誘発する仕掛人として振る舞った。建築という枠組みを自明視しないところから出発すること。建築ではなく、形式、振る舞い、空間、生命などの具体的抽象／抽象的具体の事例から、建築という枠組みを問い直すこと。そのことが、建築的思考の射程を広げることにつながるのではないかと考えた。

ただし、建築と異分野の間に共通点を探り、「〇〇の分野でも同じなのですね」「やはり〇〇が重要ですよね」と共感を取り結ぶことが重要なのではない。異分野の概念を借りてきて、建築に適用することで事足れりとするのでもない。

たとえば、青木は事後インタヴューにおいて、異分野の人と対話をする機会に互いの分野の共通点を探り出すことにさしたる関心がないとし、その理由を、「最小公倍数を見つけることにすぎない」からだと指摘する。共通点を探る思考は、一見開かれているようにも見えるかもしれないが、内向き志向に陥りがちで、それぞれの専門分野がもっている射程をむしろ狭めてしまう。〈建築の際〉では、なにか単一の統合された知識を得ることではなく、むしろ互いの相違点への理解を出発点として、建築独自の固有性や可能性を追求していきたいと考えた。

上述したように鈴木も、異分野との交流が自己反省的に働くことや専門性の再編成が重要であるとする。

伊東に至っては、「学際的なことに囚われることなく、建築に対して自由に考えたい」という。

ここで専門性と学際性の関係について整理しておきたい。専門性と学際性を、文化人類学者の山口昌男による、文化における中心と周縁の図式に置き換えるならば、専門性は中心、学際性は周縁であると言えよう★7。内側である中心とは、権威、正統性、支配的価値などを指す。それに対して、外側である周縁とは、未開、渾沌、エントロピーなどを指す。山口は、周縁には周縁ならではの「多義的な豊かさ」があるとして、周縁をプラスとマイナスの両義性を孕んだものとして位置づけた。周縁に身を置くことによって、中心からの視点では獲得できない視座を手に入れることができ、周縁からの仕掛けによって中心を活性化させることができると。そして、文化のメカニズムとは外的な未組織な境域を内的な境域に変換させるシステムにあるとした。

山口による中心と周縁の図式は現在もなお有効な局面はあるだろうが、むしろ注目すべきは、山口自身による、「我々の不幸は、その双方［引用者註＝中心と周縁］の輪郭が次第にぼやけている時代に生きていると言えるかも知れません」★8という指摘のほうである。価値の相対化によって中心が溶解すると、周縁からの仕掛けが機能不全になり、挑発性も失われていく。周縁はあくまで中心があってのカウンターとして機能する。

なるほど、〈建築の際〉へ招いたゲストには、モダニズムと結びついた専門性という中心の問い直しによって、それぞれの仕事や問題意識を展開しているケースが多く見られた。ただし、そもそも専門性の境界とは、どこから内側でどこから外側か明確なものではなく、経験的観察ができるものでもない★9。業績や評価に対する客観的な指標が成立しにくい芸術などの分野ではなおさらである。建築家への事後インタヴューでも、建築の専門性はあるように見えてじつはないのではないかとする声が複数聞かれた。これは原が指摘するように、既存のカタログ主義的知の組み合わせで事足りる専門性であるならば存在

★7
山口昌男『知の祝祭——文化における中心と周縁』(河出文庫、一九八八[初版＝青土社、一九七七])参照。

★8
同、三五六頁。

★9
藤垣裕子『専門知と公共性——科学技術社会論の構築へ向けて』(東京大学出版会、二〇〇三)、内山融＋伊藤武＋岡山裕編著『専門性の政治学——デモクラシーとの相克と和解』第二章(ミネルヴァ書房、二〇一二)参照。

するだろうが、建築の専門性とはそれに回収されうるものではないという見解と通底している。一方、研究者の文脈に則していえば、従来は、専門性を身に付けたうえで、すなわち、自らの専門分野の強みと届かなさを認識したうえで、異分野へ越境するというスタンスがとられてきた。このような学際性を追究、標榜する動きは、たとえば都市問題や環境問題など、単一の専門分野では太刀打ちできない大規模で複雑化した社会問題が浮上した六〇年代、ポストモダンと連動し、硬直化した近代の知の書き替えを企図した「ニューアカデミズム」の八〇年代においても見られた。

ただし、当時からすでに、学際研究が、他の専門分野に関する一知半解の知識をもとに意見を披瀝しあう、器用な「おしゃべり」に堕する危険性をはらんでいることなどは指摘されていた。学際研究は、各々の研究者がそれぞれの専門性を深化させたうえにしか存立せず、専門性なしに学際性はなく、学際性なしに専門性の進展は見込めないのだと★10。

なるほど、二〇〇〇年設立の情報学環に限らず、学際領域の研究科に所属する教員は、従来的枠組みの学部・研究科で研究のキャリアを積んだ後に着任した教員が多くを占める。大学院生も、学部時代に専門教育を受け、大学院で学際領域へと踏み出すことが前提とされている。しかし、一九九〇年代以降、学部時代から情報・環境・総合などを冠にした学部で教育を受けてきた世代にとっては、専門性は自明なものでもなければ、学際や文理越境はもはや目新しいことでもない。

アカデミズムとジャーナリズムを越境しながらの学際的な知が新奇性をもったニューアカデミズムに対し、〈建築の際〉を企画した大学院生は、学際性がアカデミズムとして制度化されて以降の大学で教育を受けてきた世代に属する——学際性の制度化とは、複数の専門分野の単なる寄せ集めではなく、知の循環それ自体を取り扱うための専門性とその組織化を要請した。それゆえ、学際や文理越境はもはやデフォルトになり、「学際性という専門性」と向き合うメタ的態度が求められるようになったと言っても

★10
ムザファー・シェリフ＋キャロライン・W・シェリフ編『学際研究——社会科学のフロンティア』（南博監訳、鹿島出版会、一九七一）、渡辺茂＋香山健一＋合田周平＋公文俊平『学際思考のすすめ——その可能性と限界』（日本経済新聞社、一九七三）、中根千枝「学際研究とは？」（『学術月報』Vol.41, No.8、日本学術振興会、一九八八）参照。

過言ではない。バラバラで雑多なディシプリンが並列されるなかで、旧態依然とした専門性の領域に自閉することなく、広く浅い多様性や複数性に安住することもなく、専門性と学際性の宙吊りのなか冒険することが求められるようになったのである。

またニューアカデミズムが、人文社会系を軸とした学際性を有していたのに対し、たとえば情報学環は、情報や技術を介した知の再編成も視野に入れた文理越境型の学際性を追究するという違いはある。しかし、インターネットの普及は、異分野間の見通しをよくし、領域横断的に知を接続していくことを容易にしたぶん、異なるもの同士を掛け合わせればこれまでにないなにかが生まれるのではないかという、素朴で楽観的な期待を抱くことを難しくもした。

では「際からの思考」とは、いかにして可能なのか。分野が「分化したひとつの領域」を意味するように、専門分野は、刻々と更新されており確固としたものではないにせよ、ある境界をもった空間的枠組みとして認識されている。その線は、先人の専門家集団によって重層的に刻み込まれてきたものである。際からの思考とは、さしあたり、それら複数の線を縫い合わせたり、絡み合った線を編み替えながら新たな結びつきを生み出していく作業だといえる。いくつかの領域を結び合わせ、ときに環を形づくる＝新たな領域を実験的に立ち上げる作業といってもよい。

たとえば、六〇年代に社会科学における学際研究のあり方を追究した社会心理学者のムザファー・シェリフらは、直線的な発展図式を用いて、次のように説明した。学際研究は、専門分野が並存しながらそれぞれに寄与するマルチディシプリナリーの段階から、複数の専門分野の境界に目が向けられる段階を経て、それらの境界が薄れ、新しい構造の学問体系が生じるトランスディシプリナリーの段階に至ると★11。

しかし、中心と周縁の図式が弛緩し、専門性と学際性が宙吊りとなった現代では、むしろ境界が薄れた

★11
ムザファー・シェリフ＋キャロライン・W・シェリフ編、前掲書、三頁。シェリフらは、学際研究を、マルチディプリナリー、インターディシプリナリー、クロスディシプリナリー、トランスディシプリナリーの四段階に分類したうえで、その総称として「学際性」という言葉を用いた。

トランスディシプリナリーのただなかにあるのであり、専門性という内から学際性という外へ直線的に向かうような発展図式を措定することはできない。文化人類学者のティム・インゴルドは、「近代において確実だと思われたさまざまなものが疑われ、混乱の様相を呈するにつれて、かつて目的地に一直線に向かっていた道筋は断ち切られ、生きるためにはさまざまな亀裂を縫って進むべき道を見つけなければならなくなった」★12とし、下記のように述べた。

> 環境とは、境界を設置されるという状況から成り立つものではなく、自分の使ういくつかの細道がしっかりと絡み合った領域から成り立っているものだ。この絡み合いの領域——織り合わされたラインの網細工——には内部も外部もない。在るのはただ隙間や通り抜ける道だけである★13。

このインゴルドによる「環境」という言葉に接ぎ木して考えるならば、際をめぐる環境に安定した足場はなく、そこには内部も外部もない。複数の雑多な線が絡み合った際をめぐる環境を、俯瞰することが可能であるような明瞭な輪郭やカタチをもったものとして認識することは難しい。それゆえ、そこを直線的に進むことはできず、試行しながら、後戻りしながら、螺旋を描きながら進むしかない。その試行と移行のさなかで際からの思考は紡ぎ出される。

事後インタヴューにおける、限による「継続する批判性」、鈴木による「言葉が硬直化しないようにしていくこと」という指摘。これらはいずれも、動き続けることと実験的思考、すなわち試行と移行に差し向けられた言葉でもある。

中心でもなければ、周縁にとどまり続けるのでもない。シチュアシオニストに倣うなら、境界線のこち

★12 ティム・インゴルド『ラインズ——線の文化史』(工藤晋訳、左右社、二〇一四)、二二頁。

★13 同、一六六頁。

ら側かあちら側かではなく、絡み合いの領域を「漂流」しつづけるなかで動態的に浮かび上がってくるのが「際」にほかならない★14。際からの思考とは、実験的思考である以上、試行でもあり、絡み合いの領域を移行するさなかで紡ぎ出される知と分かち難く結びついている。

ここで、「知の際」で磯崎が言及したマルセル・デュシャンの「アンフラマンス（inframince、極薄）」という造語が想起されよう。デュシャンは、「可能なものは何かになることを含んでいる——ひとつのものから他のものへの移行は、極薄において起る」★15と記した。そこには現実がアンフラマンスを生み出すのではなく、アンフラマンスが現実や可能なものを生み出すとする発想の転換がある。アンフラマンスとは、AとB——本書でいえば、建築と演劇、建築と音楽、建築と映画など——を隔てる強固な境界ではない。それは、こちら側とあちら側が接する界面において微細な差異が新たな世界を生み出し、互いに未分化であったものが異なる意味を帯び始めるようになる、その移行の状態を指す。ノヴァックのトランスヴァージェンスも、収斂と拡散のさなか、ある状態から別の状態へ移り変わっていく移行に、ブリオーのオルターモダンも、異質な要素のつながりは相互に接合していることに照準を当てている。

際をめぐっては互いに異質なものが接合し、異種交配を起こしながら新たな線やまとまりが生み出される。際からの思考は、収斂と拡散を繰り返し、試行と移行し続けることによって可能となる。〈建築の際〉は、建築の雑多性を掛け金として、それぞれの際の諸相から新たな建築の道すじを照らし出そうとした試行／思考の軌跡である。

★14
ギー＝エルネスト・ドゥボール「漂流の理論」（『アンテルナシオナル・シチュアシオニスト1 状況の構築へ——シチュアシオニスト・インターナショナルの創設』［木下誠監訳、インパクト出版会、一九九四］、一三六—一四六頁）。

★15
マルセル・デュシャン「極薄（アンフラマンス）」岩佐鉄男訳（『ユリイカ』一九八三年一〇月号［特集＝マルセル・デュシャン、青土社］、五八頁）。

第1章

歴史／身体／言語

アジアの際

隈研吾＋藤森照信＋姜尚中

振舞の際

山本理顕＋野田秀樹＋山内祐平

歴史／身体／言語

文＝松山秀明

「アジアの際」と「振舞の際」では、土地の記憶やアジアの自律性、振る舞いの規定や空間的な仕掛けといった問題系を議論した。扱う対象やスタンスは一見異なっているが、これらの議論に共通していたのは、「身体」と「空間」の関係性をめぐる問いであった。「アジアの際」では、アジア独特の感覚として、その身体性を議論した。それはアジア建築に入ったときの「アジア的身体」と呼べるような独特な身体感覚であり、建築によって喚起される安息の身体であった。このようなアジアのもつ自律的な感性は、西洋―東洋のまなざしの非対称性を超えて、「群島」や「記憶」という問題へと接続する。一方、「振舞の際」では、身体や言語によって空間の意味を書き替えることの可能性やその方法論を議論した。アプリオリに存在する空間概念を否定し、あたりまえに思われてきた空間の意味を差異化することで、人間の身体的な経験によって構築される新しい空間認知を提起した。こうして「アジアの際」と「振舞の際」で目指したのは、内面化された近代的な規範を身体的実践によって問いなおし、「身体の経験」をめぐる新しい可能性へと切り開くことであった。

第1章 歴史／身体／言語

アジアの際

隈研吾＋藤森照信＋姜尚中

振舞の際

山本理顕＋野田秀樹＋山内祐平

「アジアの際」は、

文＝松山秀明

建築家の隈研吾、建築家・建築史家の藤森照信、政治学者の姜尚中を招き、グローバリゼーションが急速に進む現代において「アジア」をいかに規定し、記述することができるのかを問うことを狙いとした。これまでの「西洋」－「東洋」という二項対立的な枠組みを切り崩し、これから新しく認識すべき「アジア」とはなにか、建築設計、建築史、地政学の視点からせまった。

例えば姜は、磯崎新の「アジア群島共同体」論をひき合いに出し、アジアを「群島（アーキペラゴ）」から捉える視点を強調する。東アジア全体を「群島」の共同体とみなすことで、アジアを海を通じて繋がるひとつの〈虚体〉として考えることを可能にするという。一方、隈は、アジアでの仕事を多くもつ自身の実務経験から、領域が曖昧な「関係性」としてのアジア建築に興味を抱く。彼が設計した《Great (Bamboo) Wall》は、超高層化する中国にあって、あえて「竹」で建築をつくることでアジアのアイデンティティを引き出そうとした。また、藤森は建築史家としての立場から、アジア建築のなかに、稚拙さとともに深みのある「アルカイック（古拙）」さを見出していく。さらに世界の古代建築の同質性に着目することで、アジア性そのものを巨視的な歴史のもとに晒して無化しようと試みる。

三者の議論に共通して見られるのは、モダニズムやグローバリゼーションと対峙するアジアの構築であり、近代世界を再創造する自律的なアジアの実像である。ゆえにこれからのアジアは、安易にモダニズム建築にその伝統様式を混入させるのではなく、それぞれの土地固有の「記憶」のなかで自らの歴史を紡いでいく姿勢が重要となる。

「群島」からみるアジア

――グローバリゼーションが急速に進む現代において、いままでとは異なるアジアへの認識が要請されています。ゲストに建築家の隈研吾氏、建築家であり建築史家である藤森照信氏、そして政治学者の姜尚中氏を迎え、それぞれの視点からアジアというものの実態に迫りたいと思います。

姜尚中　私はかつて編者のひとりとして、『アジア新世紀』（全八巻、岩波書店、二〇〇二―二〇〇三）という講座本の出版に関わりました。この講座の第一巻（『アジア新世紀〈1〉空間――アジアへの問い』）において建築家の磯崎新さんが提唱されている「東アジアの群島共同体」という概念について、まずはお話ししたいと思います。

磯崎さんによれば、世界には群島的な場所が存在し、そこではさまざまな文明や人々が行き交い、いろいろなものが発酵している。とくにアジアではそうした場所が多いこともあり、アジアをこの「群島（アーキペラゴ）」の視点で捉えなおすことができるのではないかと磯崎さんは主張されていました。これまで私はアジアをひとつの屋根の下に置こうとする「家」的な概念である「東アジア共同の家（コモンハウス）」を構想してきました。一方、磯崎さんの考えは、東アジアからヴェトナムまでを含め、「群島」として地政学的に眺めようというもので、この視点で見れば日本列島はまさしく群島の集合体の一部となりますし、さらに東シナ海を囲む朝鮮半島と中国の沿岸部、そしてインドシナ半島までもがアジアの群島共同体と見なすことができるようになります。

このアジアを「群島」と見なす考えは、のちに「二〇一六年オリンピック福岡誘致計画」へと応用されます。博多湾を群島の中心的な場所と捉え、福岡をアジアの拠点にしようという計画でした。じつは磯崎さんは大分県生まれで、私は熊本県生まれです。私がこの計画に参加することになったのは、磯崎さんとアジアの今後についての捉え方において共有する部分が多かっただけでなく、出生地が近いという縁も手伝ってのことでした。国内開催候補地が決定された二〇〇六年当時、日本国内では福岡と東京がオリンピックの誘致候補となっていましたが、国内的に見れば、その力関係は歴然としていました。福岡市の人口は当時一三〇万人ほどで、東京都の一〇分の一程度です。域内総生産で比較すれば何十分の一でしょう。けれども、「群島」という巨視的な視点で福岡を捉えなおすことによって、東京に対抗しうるオリンピック計画が提出できた。最終的に福岡は負けてしまったのですが、かなり善戦したと私は思っています。

かつて中国から朝鮮半島、ヴェトナムにかけて、漢字を使用する「漢字文化圏」が存在していました。普遍言語としての漢字は、次第にそれぞれの地域で変成（メタモルフォーゼ）し、各地で独自の言語体系ができあがっていきます。こうした変成は現代のグローバリゼーションの時代においても起きている。例えば、建築のモダニズムは普遍的なものとして考えられてきましたが、実際の建物にはそれぞれ地域性が残されています。

一方、「群島」という考え方は、こうした地域性だけに着目しようとするのではなく、むしろアジアをひとつの「フィクショナルボディ（虚体）」として捉えなおす視点なのです。アジアの未来形への発想と言えるかもしれません。このように考えることで、それぞれの地域が海を通じてつながることができる。例えば先のオリンピック招致では、アジアが「群島」としてつながるイメージをもちながら福岡にランドマークをつくる計画であり、すなわち建築を地域に閉ざされたものではなく、群島として開かれたものとして考えてみるものでした。

ここまでお話ししたことは、ともすると国という垣根を超えてつながる、ある種のユートピアニズムに聞こえるかもしれません。しかし、この群島というフィクショナルボディを揺さぶるものがある。それは、場所に固有の「記憶」です。例えば韓国のソウルにあった《旧朝鮮総督府》（一九一〇）は、日本の植民地時代の建築物ですが、一九九五年に解体されてしまいました。韓国政府はある種の記憶の忘却を行なったわけですね。一方で、台湾にも《旧台湾総督府》（一九一九）という同様の建築物がありますが、こちらは台湾総統府として現在も使用されています。なぜ扱い方に違いがあるのかというと、韓国と台湾でナショナルメモリーのあり方が異なるからです。ですから、「群島」として捉える視点においては、こうしたそれぞれの場所にある「記憶」という問題についても、つねに考えていかなければなりません。つまり、きわめて二律背反的な側面を含んだ概念でもあるわけです。

オリンピック招致に携わってみてつくづく感じたのは、建築の世界ほど政治的な世界はないということでした。建築を単体として捉えるのではなく、記憶や地域を媒介するものとして、ナショナルな地理的空間から捉えてみる。そうした巨視的な視点を磯崎さんから学びました。その意味で言えば、博多湾は間違いなく現在と過去のアジアにつながっている政治的な拠点だと思いますし、ここでオリンピックが開催されていたらとてもおもしろかったのではないでしょうか。

今後、アジアを「群島」という概念でつなげていくためには、歴史の「記憶」だけでなく、歴史の語り方やナショナリズムの言説を含めて考えていく必要があります。こうした群島共同体が実現できるかはまだわかりませんが、このような発想があることを紹介して、私の話に代えさせていただきたいと思います。

関係性としてのアジア建築

隈研吾　「アジア」というテーマは、自分にとって切実な問題です。というのも、現在、私の事務所で抱える仕事の三分の一ほどがアジアのプロジェクトだからです。まさかこのような時代になるとは夢にも思っていませんでした。いま、アジアで日本人建築家がなにをするか、なにができるかが、ますます重要になってきているように思います。

一般的に日本人は、欧米の人に比べて、アジアで仕事をすることの意味について深く悩むことはありません。例えば、私がドイツでの講演で中国のプロジェクトを紹介した際に、「一党独裁の非民主的な国で仕事をすることについて、あなたはなにも問題を感じないのですか?」と会場から質問を受けたことがあります。日本ではそういう質問を受けることはまずありません。私は中国政府のために仕事をしているわけではありませんが、ヨーロッパでは、たとえ中国の民間企業と仕事をしている場合であったとしても、中国に加担しているのではないかと問われることがあります。ヨーロッパには日本とかなり違う政治的な意識があるんですね。逆に日本は、感情的な「中国嫌い」の人は多いですが、非論理的でグチのレヴェルでしかない。

私が「アジア」をキーワードにまずお話ししたいのは、ドイツ人の建築家ブルーノ・タウトについてです。彼はナチスが政権をとった一九三三年に来日します。ナチスによって共産党員ではないかと疑われ、シベリア鉄道を経由して急いで日本に来たわけです。その後、タウトは日本で《旧日向別邸（現・熱海の家）》と《大倉邸》（ともに一九三六）という二つの住宅を設計することになります。彼はアジアに期待する眼差しが強かったことで知られていて、とくに日本の《桂離宮》にとても強い関心を示していました。《桂離宮》がある意味、自分の理想の建築だとも書いている。それはアジアに対するラブレターと言ってもいいかもしれません。彼は、当時のヨーロッパ建築の「形の建築」に対するものとして、日本の建築を「関係性の建築」であると高く評価しました。

ところが彼のラブレターに対して日本人は、変な日本趣味をもった男だという評価を下してしまいます。当時の日本人建築家たちは、モダニズム建築こそが世界をリードしていると信じ込んでいたため、その旗手のひとりであるはずのタウトが和風のディテールをもつ住宅を設計したことに失望したわけです。日本人から評価されなかったタウトは、一九三六年にイスタンブールに移住し、大学で教鞭を執りながら設計をするという多忙な日々を過ごし、二年後に亡くなります。彼のアジアに対する熱い思いは、結局、日本で受け入れられずに終わってしまったわけですね。私の設計した《水／ガラス》（一九九五）という作品が、熱海にある《旧日向別邸》の近くだったこともあり、昔からタウトや彼のアジア的な思想に関心があるのです。

さて、私とアジアとのつながりに戻りますと、以前から私にはアジアの素材、そのうしろにある職人、生産形式に関心がありました。その考えに基づいて竹がアジアのアイデンティティになるという思いがありました。万里の長城のわきでアジアの建築家を集めて住宅をつくる「コミューン・バイ・ザ・グレートウォール」に参加してつくったのが、竹の家《Great (Bamboo) Wall》（二〇〇二）です。

はじめ私は中国の建築に対し、あまりポジティヴな印象をもっていませんでした。アメリカと同じように超高層ビルを次々につくった結果、街としての魅力が薄れていると感じていましたし、かといって現代建築としておもしろいものもあまりない。浦東《プートン》の路地のような独特な空間を次々と壊していく中国の建築界にあって、どのような仕事ができるのか正直不安もありました。

その不安を込めて、私は竹を用いた建築を提案しました。竹は素材として割れやすく腐りやすいと言われているので、かなり実験的でした。けれども、こうした欠点はあるものの、竹でつくることに意味があるのだと私は強く主張しました。自然を守るという意味で造成もせず、万里の長城付近の元の地形に合わせて竹の家を完成させました。日本のふつうのディヴェロッパーだったら実現は難しかったかもしれません。現地の人からは好意的に受け入れられ、中国に環境意識の高い人がいると感じました。

アジア建築の絶対性と古拙性

藤森照信　私は仕事柄、世界中のさまざまな建築を見てきました。もし地球が滅びるとき、各国からひとつだけ建物を選んで残してよいとしたら、中国では「天壇」を選びたいと思っています。「天壇」は北京の故宮にある清朝の宮殿で、中国がずっと残してきた歴史的建築

隈研吾《Great (Bamboo) Wall》
撮影＝淺川敏

のひとつです。日本であれば近代化のスタートにあたり前代の江戸時代の記念碑は取り壊される場合が多いのですが、中国では、強い記念碑的な建築は近代化のなかでも残していく傾向があります。

「天壇」は建築としても有名ですが、本当に重要なのはここで行なわれていた行事です。当時、皇帝は年に一度、冬至の日に「天壇」に上って天に祈りを捧げていました。古代の人たちは太陽を消えゆく存在だと思っていたため、天をもう一度再生してもらうための儀礼を行なっていたわけですね。また、丸い形をしていることも「天壇」の特徴のひとつです。昔から中国には「天は丸く、地は四角だ」とする天円地方説がありますが、「天壇」は天に対して皇帝が対面する場所という意味を込めて丸い形をしています。完全な対称形は四角ではなく、円形でしかつくれません。例えばローマ人が力を結集してつくったパンテオンも、すべての神に捧げられたものとして円の形をしています。絶対的なものは円によって表わされるという古代の思想を「天壇」は残しているわけですね。さらに「天壇」のてっぺんの突起には金箔が塗られていて、太陽の意志を金で象徴するという古い伝統を伝えています。初めてこれを見たときには、本当に感動したのを覚えています。

日本の建築はよくも悪くもこのような絶対性をもっていません。むしろこういう絶対性を拒否することによって発達してきたと言えます。先ほどの隈さんのお話にもありましたが、日本の場合は関係性や空間の流動、歪みといった、非対称的な建築へと発達していったのです。けれども、同じアジアでも中国では絶対性というかたちで受け継がれていきます。「天壇」はそうした絶対性への志向を今日に伝える、重要な建築だと私は思っています。

続いて韓国についてお話ししたいと思います。基本的に韓国の建物は中国の影響を色濃く

「天壇」
撮影＝藤森照信

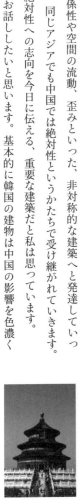

受けています。とりわけ韓国の王宮は中国のそれを小さくしたような形をしていますし、またお寺についても独自の発達は遂げていません。けれども、韓国建築のなかで「書院」と呼ばれる建物については、私は本当にすばらしいと感じています。中国における「天壇」と同じように、韓国からひとつの建物を選ぶとしたら、間違いなくこの書院を挙げると思います。

韓国の書院は、日本の書院造りの書院とはまったく違うものです。日本の場合は本を読む場所を付書院《つけしょいん》と言い、付書院と床の間のある様式を書院造りと言います。二条城など大名たちの謁見の場がある建築様式が代表です。一方、韓国では、朝鮮王朝がつくった儒学の学校に対して、地方の儒学者たちが自分たちで建てた学校のことを書院と言います。書院は中央政府にとっては厄介な存在であったため弾圧を受けてきましたが、地方勢力がずっと守り続けて今日に伝えています。ここでは二つの書院について紹介したいと思います。

ひとつは韓国最大の書院である《陶山書院》（一五七四）です。その規模とともに、韓国の儒学者、李退渓《イテゲ》が開いた書院としても有名です。入口から進んでいくと、まず湖が見えます。この湖を見ながら湖畔に入っていくと、ちょっとした脇道があり、そこを通るとまるで隠れ里のように人家から隔絶された場所に学校があります。学生たちだけでなく、李退渓も自らここに住み儒学を教えていました。この学校は次第にその規模を増していき、最終的な形ができたのが日本の安土桃山時代だと言われています。

私が感動したのは《陶山書院》の中の「陶山書堂」です。建物全体は基本的に左右対称なのですが、窓枠の高さが微妙にずれていたりして側面が対称ではありません。これはある意味で「稚拙さ」であり、ギリシア美術で言うところの「アルカイック（古拙）」にあた

《陶山書院》中の「陶山書堂」
撮影＝藤森照信

るものだと思います。アルカイックな彫刻は、正面から見るようにつくられているので前面は精緻なのですが、側面を見るとつくりが粗く、ものすごく稚拙に感じます。顔の表情が乏しい一方、その稚拙さになんとも言えない深みを感じさせられるわけです。同様にこの書院にも、未発達だけれどもなんとも言えない深みが感じられる。アジアにおいて、こうしたアルカイックさを建築に感じたのは、この《陶山書院》が初めての経験でした。

もうひとつは《屏山書院》（一六一三）です。この書院は川に面しており、川向こうの山が屏風のように見えることから《屏山書院》と呼ばれています。日本の江戸時代の頃に建てられました。学生たちは、夕暮れから晩にかけて「晩對楼」と呼ばれる休憩所で涼みながら月を眺め、世界や宇宙について語りあっていたと言います。この楼を通った先には「立教堂」と呼ばれる教室があります。私が感動したのはこの教室の松でつくられた床でした。

東アジアでは、日本を除くと基本的には材木として松が使われてきました。松は、耐久性や保存性などにおいて問題が起きやすいのですが、宮殿をつくる際にも用いられています。朝鮮半島では広くて長い板が採れなかったために、一つひとつの床板を小さくしていて、それが独特の味わいになっています。《陶山書院》で感じた稚拙だけれどなにか深みがある感覚と同じように、この《屏山書院》にもアルカイックな木造のあり方がいまでも残っています。

このようなアルカイックな木造建築は、中国にも日本にもなく、韓国の書院にしか見ることができないと思います。これらの書院がデザイン性を強く意識してつくられたかどうかはわかりません。もしかしたら必要に応じてつくっていく過程で、なんとなくこのような

《屏山書院》 撮影＝藤森照信

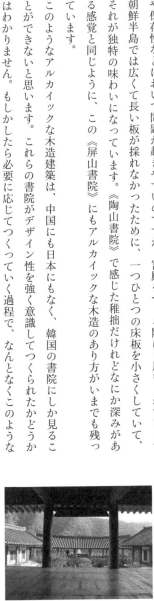

デザインができあがっただけかもしれません。けれども、飾らない自然さというか、人為によらない味わい深さに本当に感動いたしまして、私もいつかこういう建築をつくりたいという思いを抱きました。

「アジア的身体」とはなにか

――姜先生には「群島」からアジアを考える視点について、隈先生にはアジア建築の「関係性」について、そして藤森先生にはアジア建築の「非対称性」についてお話いただきました。このようなアジアに独特なアイデンティティを建築に活かしていくとすると、どのような空間の構成、あるいは空間の使い方に可能性があるとお感じでしょうか。

姜 先に紹介した『アジア新世紀』を編集しているとき、なぜアジアにこだわるのかをつねに考えていました。「アジア」は言うまでもなく他称であり、自らが創り上げた概念ではありません。ですから「アジア」という問いに、なかなか明確な答えが出せなかった。けれども、この「アジア」という概念を、近代世界のひとつのネガとして見ることによって捉えなおすことが可能なのではないかという発想にいたり、それが私の出発点になりました。

二〇〇八年に初めて韓国の《屏山書院》で寝泊まりする機会を得ました。先ほど藤森先生はここにアルカイックなものを感じたとおっしゃっていましたが、私も朝起きるとき、周囲の空間のあり方や、自分の空間の感じ方がいつもと違っていて、自分のなかに、なにか

「アジア的身体」と言いたくなるものを感じたことを覚えています。この「アジア的身体」とは、私の友人であり作家である梁石日《ヤンソギル》さんの言葉ですが、この書院にはアジア独特とも言える、空間と身体との関わりを強く意識させられるものがありました。私からお二人にお聞きしたいのですが、「アジア的身体」を感じられることはありますか。

藤森　たしかに《屏山書院》に入ったときには、なんとも言えない感じがあったのを覚えています。とくに床に座っていると、ボーッとするような身体的な感覚がありました。私は建物の中で緊張することはありますが、ボーッとすることはあまりありません。「晩對楼」では寝ている観光客もいましたから、《屏山書院》はボーッとする身体を喚起しやすい建築なのかもしれません。こういった身体感覚は、ギリシア神殿などで感じるのとはまた違う感覚なのだと思います。

隈　私は設計する人間として、床と身体の関係についてはふだんから気にとめています。例えばいま私たちはこの《情報学環・福武ホール》では、床にではなく椅子に体をあずけています。日本では布団で寝る場合は床に体をあずけることになりますし、朝鮮半島では「オンドル」のような床暖房があり床が全体の空気をコントロールする大きな役割を担っています。先ほど紹介したブルーノ・タウトが好んだ《桂離宮》では、竹でつくられた縁側という名の床が空間全体を支配している感じがあります。中国で椅子が使われるようになったのは、比較的時代が下ってからですが、以前は日本や韓国と同じように床に直接座っていました。このようにアジアでもいろいろな床と身体の関係性があるんですね。

姜 ヨーロッパに行くと、異国にいるという精神的な緊張だけではなく、身体的にも緊張させられる気がします。私の感覚では、安藤忠雄さんが設計したこの《福武ホール》にも、どこか覚醒させようとする緊張を感じます。大学という場ではいつも緊張していなければならないのかもしれません。椅子ではなく床に身体をつけて講義をすれば、違った感覚を覚えるのかもしれません。また、学校やビジネスの場などではパンクチュアル（時間厳守）であることが強く要求されますが、空間に対して感じる緊張感と無縁ではないでしょう。時間によって空間が捻じ曲げられているような、あるいは空間的な配置が時間に従属しているような感覚に襲われます。

隈 そもそも時間と空間のパラメーターを統合していくことが、二〇世紀の近代建築に共通した動機ですからね。それまでは時間と空間は人間にとってまったく別のものでした。

近代建築における中国と日本

―― ここまでのお話を伺っていて、「アジア」を考えていくには、やはり中国という国の存在を抜きにしては語れないように思いました。それははたして中国という国の特殊性ゆえからなのでしょうか。
また、現在の上海や北京では、モダニズム建築にあえて中国の伝統的様式を混入させようとする動きが盛んなように思います。こうしたナショナリズムと建築様式の関係について、どのようにお考えになられていますか。

隈 最初の質問に関してなのですが、先のプレゼンテーションで私が中国の話をしたので、そのように感じられたのかもしれません。しかし、たまたま自分のアジアでの仕事のスタートが中国だっただけで、それ以上の意味はありません。たしかに私が中国で行なっているプロジェクトのなかには、いろいろな意味で、その後に他国で起こる問題——例えば日本との関係、グローバル化する資本のあり方など——が内包されています。しかし、中国だけでなく、それぞれの国に固有の事情があることを忘れてはいけません。

以前、韓国の済州島でのプロジェクト《Jeju Ball》（二〇一二）のために、解説付きで島を案内してもらったことがあります。済州島は反中央的な思想の比較的強い地域です。旧日本軍が戦闘機を隠すために、現地の土塁状の墓を模してつくった「掩体壕《えんたいごう》」という施設がいまでも残されていますが、土でつくられた建造物のなかでもかなりユニークなものです。こうした地域に特有の情報を収集し設計のためになにを見出すべきかを導き出していきます。各地にはさまざまな相違があるわけですから、中国がアジアを代表しているとは言えません。それぞれの土地の記憶のなかで設計を考えていくことがとても重要だと思います。

藤森 質問にあった現在の中国についてですが、北京駅などで試みられているような、モダニズム建築に中国様式を無理やり取り入れようとする動きはやめたほうがいいと個人的に感じています。明治時代の日本でも似たようなことが行なわれましたが、それに比べてもさら

隈研吾《Jeju Ball》
提供＝隈研吾建築都市設計事務所

によくない時代になったというのが正直な印象です。一九二〇年代にバウハウスから始まった「インターナショナル・スタイル」は、文字どおり「無国籍」であることを意味していました。こうした流れのなかにある現代の建築は、いまわれわれがいる安藤忠雄さんの設計した《福武ホール》などを含めて、国籍がなくなっています。これらの国籍を離れた建築に対して無理やりに模様をつけ、それぞれの国の特徴を出そうとしても意味がないことだと思います。

そもそも中国の人たちは、四角いガラスでできたビル群をヨーロッパ起源だと思っているようですが、当時はヨーロッパにおいても異質なものでした。例えばバウハウスのデザインも、欧米で顰蹙を買った過去があります。なぜこういうものがワイマール体制下のドイツで生まれたのかというと、一九二〇年代という時代性と無関係ではありません。当時は、ヴェルナー・ハイゼンベルクらによる量子力学やジークムント・フロイトによる精神分析学が注目された時代でした。あの頃は、目に見える領域の奥にある原理というか原動力が探求されていたように思います。物質の世界の奥にあるのは数学の原理です。科学技術の奥にも数学が潜んでいます。そこからヴァルター・グロピウスたちは、図像界の数学としての幾何学に基づいた建築をつくろうとして白い四角なデザインを生み出しました。だから、科学技術に根拠を置くかぎりこの流れを拒むことは不可能なんですね。私から見ると、こうした科学技術的源流をもつビルに、あえて模様をつけてしまうことは、近代を根本から理解していないことが大きな理由なのではないかという気がしてなりません。

姜　いまの藤森先生のお話をお聞きして、一九二〇年代のグローバリゼーション的感覚が、現代に再現されているように感じました。とくに中国はあの時代を自分たちのナショナルなものとして復元しようとする傾向が強いように思います。実際に一九二〇年代につくられたものや起きたことと比較すると、一種のカリカチュアにしか見えません。問題は、なぜそのカリカチュアが、あたかも中国の正統的な文化として受け入れられるようになったのかにあると思います。

藤森　中国に限った問題ではなく、あくまでも中国ではいまがそういう時期なのだと思います。日本では明治時代に、日本の建築の将来をどうするかについて盛んに議論されました。例えば辰野金吾による司会で、国会議事堂をどのようなスタイルにするのかが話しあわれています（「我國將來の建築樣式を如何にすべきや」『建築雑誌』一九一〇年六月号、八月号所収）。おもしろいことに出席したほとんどの建築家は、日本建築には和風な意匠が入らなければならないと主張しているんですね。けれども、なかには先見的な建築家もいました。ひとりは横河民輔という横河電機をつくった建築家で、将来どういうスタイルになるかという議論には意味がないからやめましょうという発言をしました。もうひとりは日本における耐震構造をつくった佐野利器で、力学的にふさわしい形が将来の建築の主流になるだろうと主張しました。事後的に見れば、彼らの意見が正しかったわけですね。でも当時の日本にあっては、こうした意見はものすごく少数派でした。結局、時代が過ぎてみないとわからない問題なのだと思います。

隈　ただ中国は、あれほど無国籍超高層のビルを無自覚に建ててはいるものの、自国の固有性についてもかなり議論されているように思います。例えばシンポジウムなどに参加すると、建築学科の学生から「中国の固有性についてどう思いますか」とか「日本の高度成長期と比べて現在の中国をどう思いますか」といった質問をよく受けます。一方、日本では「情報化社会における建築のあり方についてどう思いますか」というような質問はよく出てきますが、国のスタイルや固有性に関するものはほとんどありません。話題にすることじたいがナンセンスという感じです。日本では日常にリアリティがないのかもしれません。

藤森　私は、そうした国ごとの文化の違いに対する興味がどんどん薄れており、興味があるのは自分が育った小さな村ぐらいです。そもそも国籍や文化が固有性をもつようになったのは、人類の歴史を振り返ればひじょうに短い期間です。私がこれまで世界中の建築を見て歩いてきた印象では、いまから四〇〇〇年ほど前、新石器時代のものには、国や地域による違いがほとんど認められませんでした。世界中でほとんど同じことが行なわれています。けれども、青銅器時代や四大文明と言われる時代の頃から、徐々に地域ごとの宗教や文化に違いが出てくるようになったのです。先ほど紹介した中国の「天壇」や韓国の「書院」にも、アルカイックな美を感じるが、それは人類の美意識に共通の美であって、それぞれの文化的な差についてはあまり興味がありません。分化していく前のほうがおもしろいので、最近はほとんど新石器時代のものばかりを見ています。

アイデンティティと原風景

――身体の経験と個人的な記憶についての話題がありましたが、最後にそれぞれの先生方の記憶のなかの風景、「原風景」についてお話していただければと思います。

姜　私の地元は典型的な九州の田舎で、モダンな建物というとデパートくらいしかありませんでした。だから子どもの頃はよくデパートの地下に行って、あめ玉などを買って遊んでいました。その頃からハコモノ建築がつくられ始め、伝統的な民家が消失していることを子どもながらにも感じていました。その後、年齢を重ねていくにつれ、空間の「際（きわ）」と言いますか、関係性のなかであいまいに移動できる身体のほうが楽だと感じるようになっていきました。いまでは旅行に行っても、ホテルより旅館に泊まるほうがはるかに落ち着きます。それがどうしてなのかは自分でもよくわからないのですが、時代とともに空間に対する身体的な感覚の好みが変わってきたように感じています。

隈　私は一九五四年に生まれ、横浜で育ったので、高度成長期に東急東横線沿線が劇的に変化するさまを目にしました。横浜から小学校のある田園調布まで電車に乗って移動するとき、車窓から線路沿いに並ぶ家々を眺めるのが好きでした。近代からプレ近代までのさまざまな家がグラデーションをなしていて、すごく豊かな風景をつくっていたように記憶しています。

藤森　個人的な生活に関する習慣というのは、ものすごく保守性が強く、奥の深い問題だと思います。いまのお話を聞いて、隈さんの仕事に見て取れるさまざまなグラデーションは、原風景が影響しているのではないかと感じました。

私が育ったのは信州で、姜さんと同じように田舎でした。江戸時代につくられた茅葺きの家で育ち、いつも野山で遊んで暮らしていました。不思議なのですが、伊東豊雄さんもまったく同じ時期に近くの場所で育っているんです。けれども、われわれ二人がいまやっている仕事は全然違う。つまり、子どもの頃に同じような風景のなかですごしたのにもかかわらず、なにを見、なにが心に沁みていたのかは、伊東さんと私とではかなり違っていたのではないかと思いますね。

また、その後に世界の建築を見に行くようになって驚いたのは、私が育った田舎の風景が、アジアやアフリカなどをはじめとしたさまざまな地域の田舎の風景とあまり変わらないということでした。だから世界中で唯一適用できる括りがあるとするのならば、それは「村」の段階ではないかと考えています。それ以外の境は、いまはあいまいに溶けてしまっているのではないでしょうか。

吉見俊哉（会場から） 三人の先生方のアジアに対する考えをお聞きしていて、それぞれが語られる内容は異なるにもかかわらず、その背後には共通して「日本の消失」があるように感じました。つまり、いま日本の影が拡散するような事態が起こっているのではないかと思います。隈さんが冒頭で仕事の三分の一がアジアになるとは夢にも思わなかったとおっしゃっていましたが、私も九〇年代末ごろからアジア各国に足を運ぶようになって、まさかこんなにも頻繁に訪れることになるとは夢にも思っていませんでした。こうした事態は、日本のかたちが溶け出し空洞化が起きていることを示しているのではないかと思います。

姜　そうですね。藤森先生のアジア的なものを無化するような考え方もありましたし、学生たちはアイデンティティについていろいろ議論したかったのではないでしょうか。そのことが最後の「原風景」についての質問につながったのだと思います。

記憶の分断と永遠性

――ここで会場からの質問を受けたいと思います。

質問者1　土地の記憶についてのお話がありましたが、最近、世界各地でそうした記憶が分断され、テーマパークのような高層ビルが建っている現状について、どのように感じていらっしゃいますか。

隈　昔はその土地に住んでいる人が地元の職人さんと協働して建物をつくっていました。現在では例えば北京でタワーを建てようとするならば、国籍は関係なく各国から投資ファンドなどが集まり資金をつくっていきます。こうしたグローバルな状況のなかで、いちばんの売れ筋を選ぶという共通のロジックがあるために、他の都市で話題になった建築をコピー・アンド・ペーストしたようなビルが次々とつくられる状況が生まれています。しかし、こうしたシステムは世界的な金融危機によって破綻しつつあり、人がコピーに飽きるスピードも速くなっています。これまでのやり方とは違った、また別の可能性が今後出てくるのではないかとも感じています。

質問者2　あくまで私の実感なのですが、アジアはヨーロッパに比べて成長志向が強いように思います。ヨーロッパの建築に永遠性を感じる一方で、アジアの場合は自身で大きく変化しようとする力を感じます。こういった状況にあるのはいまだけなのでしょうか。あるいはアジアが永遠性を獲得することはあるのでしょうか。

隈　ヨーロッパもアジアも基本的に同じような資本の流れのなかで動いています。それは建築でいえば、個人住宅の需要を刺激するためにローン制度を変更し、住宅着工件数を増やすことで経済を活性化させていこうとするような論理です。実際にオランダでは、このような方法を採ることによってバブル景気を引き起こしました。ですからアジアと違ってヨーロッパだけが永遠性のなかで生きていると考えるのは、粗いと言わざるをえません。

姜　アダム・スミスは『道徳感情論』のなかで、幸福とは心が平穏なことであると述べています。仮にアジアでは開発や成長が心の平穏をつくり出すのだとすれば、どのような建築や都市構造が必要なのかをもう一度考えなければならないでしょう。人の心とつながっていくような建築が求められるかもしれません。今後アジアでも、成長に対する反省の動きが出てくるはずですから、このまま変化し続けることはできないと思います。これからはビルを建てる以外のアジア的な幸福も探るべきではないでしょうか。

ナショナリズムを超えた記憶の継承

質問者3　グローバリゼーションの時代にあって、日本の建築家が中国でいろいろなものを建てている現状があります。しかしその一方で、戦中からある日中関係や日韓関係の問題は、依然として解決されないまま残っています。そのようなアジアにおける戦争の記憶を保存し、展示するようなスペースは必要だと思われますか。

姜　私は必要だと思っています。例えば先に紹介した韓国の《旧朝鮮総督府》は金泳三政権の時代に解体されてしまったのですが、私は、この建築は残しておくべきだったと感じています。建築学的なデザインにおいても、台湾の総督府よりも優れていました。壊すのか残すのか、韓国国内でも議論になりましたが、最終的には壊す方向で世論が動いてしまったことは残念でなりません。記憶の忘却とも関わることであり、重要な建築だったので惜しい思いがしています。

藤森　《旧朝鮮総督府》は、日本の《国会議事堂》と交換したくなるくらい、建築としてはいい建築でしたね。基本設計をしたのは日本人ではなく、ドイツ人のゲオルグ・デ・ラランデです。韓国の独立宣言もあの建物で発せられましたし。

姜　ベネディクト・アンダーソンの『想像の共同体』には、イスラムにおける聖地（メッカ）

への巡礼を引き合いにナショナリズムの形成過程を説明している箇所があります。韓国やオーストラリアにも戦争記念館がありますが、第二次世界大戦後、アジア各国にそうしたナショナルメモリーを喚起する「記憶の聖地」がつくられました。私は、若い人たちがナショナリズムを超えてそれぞれの「記憶の聖地」を訪問しあうことができれば、おもしろいことが起こるのではないかと感じています。例えば日本の「記憶の聖地」を韓国や中国の建築家がつくり、逆に韓国や中国の聖地を日本の建築家がつくってみる。そうした越境的な巡礼が生まれれば、またアジアの記憶も違ったものになるのではないかと思います。

構成＝松山秀明

第1章 歴史／身体／言語

アジアの際

隈研吾＋藤森照信＋姜尚中

振舞の際

山本理顕＋野田秀樹＋山内祐平

「振舞の際」は、

文＝松山秀明

建築家の山本理顕、演出家・俳優の野田秀樹、教育学者の山内祐平を招いて、空間における人々の振る舞い、場に規定された人々の行為の意味を問うことを狙いとした。われわれはどれくらい特定の空間において振る舞い方を強制されているのか、あるいは逆に、どのような「空間的な仕掛け」があれば人は自発的な活動ができ、コミュニケーションを円滑にすることができるのかについて語ってもらった。

例えば山内は、刺激的な環境さえ整えば人は教師がいなくても学ぶことができるとし、「学習環境デザイン」を提唱する。創発的な学習活動、共同体、空間、人工物の四つが絡みあうことによって、人は自身の潜在的な学習能力（コンピタンス）を喚起することができると主張する。一方、山本は、自らが設計した《公立はこだて未来大学》を例に、設計のプロセスからエンド・ユーザーと話しあうことの重要性を強調する。建築空間は人の振る舞い方を強制する装置となりうるため、建築家自身がその影響力に責任をもつべきだと主張する。そして野田は、劇場には物理的な空間の制限があるからこそ想像力を駆り立てることができるとし、演出側のアイディアは、観客の頭のなかの空間的な想像力にいかに訴えかけるかであると語った。そのうえで空間のもつ意味は、人間の位置や物、言葉によって変化させることができると述べ、空間演出の可能性について言及した。

三者の議論に共通しているのは、人間を制御する空間に自覚的でありつつ、それを意図的に解体していこうとする身体的実践の可能性である。その方法論のひとつとして三者が提唱するのが、「ワークショップ」であった。建築のプロセスのなかでのユーザーとのワークショップ、創発的な学びとしてのワークショップ、演者たちとの互いの共通言語をもつためのワークショップは、それぞれ建築、教育、演劇の領域において、既存のあり方やシステムを解体しようと試みる。こうした絶え間ない身体的実践によって、空間は新たな意味を帯びるようになる。

――今回のテーマである「振る舞い」という言葉には、さまざまな意味が込められています。例えばある空間における人の振る舞い、または建築家、演出家、俳優、研究者といった専門家の振る舞い、そしてわれわれ一人ひとりの主体を規定する振る舞いなど、多層的な意味が含まれています。今回はゲストに建築家の山本理顕氏、演出家・脚本家であり役者でもある野田秀樹氏、そして教育学者の山内祐平氏をお招きして、「振る舞い」のもつ意味について考えていきたいと思います。

話しあいながらつくる

山本理顕　まず、私が設計に携わった《公立はこだて未来大学》（二〇〇〇）の例をご紹介いたします。この建物の天井高は二〇メートルあり、タテ一〇〇メートル×ヨコ一〇〇メートルのワンボックス状の形をしています。情報系の大学で、スタジオと呼ぶ学生たちが自由に使うことのできる大空間を設けました。ここではプロジェクトごとに自分たちの使いやすいように自由に机を動かして並び替えることができます。建物一階の中央部分にはコミュニケーション・スペースを設け、講義に利用するだけでなく、学生たちの作品のプレゼンテーションや、周辺の高校の先生に来ていただいて基礎的な物理の実験を見せてもらったりしています。

またこの大学では、教室や研究室がすべてガラス張りになっていて、お互いになにをしているのかが見えるようになっています。だから、例えば外から訪れる方がガラス越しに中を見てその授業に興味をもつことがあれば参加することができます。こういうスタイルを

山本理顕《公立はこだて未来大学》外観
撮影＝相原功

同、スタジオ使用例
撮影＝藤塚光政

ほかの大学でも提案したことがあるのですが、学生の気が散ってしまうと猛反対されたことがあります。《公立はこだて未来大学》の場合は、むしろ先生方のほうが積極的でした。設計のプロセス段階から、美馬のゆりさんなどの若い先生方が参加して、設計者の思想がそのつど検証されるように感じました。それは私たちにとっても、自分の考え方を直接説明するチャンスになります。

一般的に公共建築は、行政側の建築担当者を通じて計画の詳細を詰めていきます。ですから、美術館をつくるにしても大学をつくるにしても、ほとんどの場合、実際にその建物を使うエンド・ユーザーと話をしながら進めていくことはありません。さらに「設計者はここから先は関わらなくていい」という行政側からの制約があります。けれども《公立はこだて未来大学》では、まさにここでこれから使われる先生方などで構成された「策定者委員会」の方たちと話しあいながらつくり上げました。もちろんなんの制約もない。その結果、空間と教育システムがひじょうにうまく連動した数少ない研究教育施設の前例になったと思っています。

また、二〇〇七年に私が設計した《横須賀美術館》でも、何人かの建築家がアイディアをもちよってコンペをする方式ではなく、審査する方々が候補者の過去の作品を見に行って、設計者を選定する方法を採用しました。ですから、《横須賀美術館》の設計者として指名された時点では、私はなにもアイディアをもっていなかったんですね。指名後に行政の方々やキュレーターの方々と話しあいながら、最終的な形へと近づけていきました。今後、こうした設計のプロセスを制度化し、継続していくことができれば、新しい建築のかたちが見えるのではないかと考えています。

学習環境をデザインする

山内祐平　私の専門は大学の学科で言えば教育学になります。一般的に教育学とは、先生が生徒にどのように教えればいいのかについて考える学問だと捉えられがちですが、私はそこからはかなり外れたことをしています。すこし過激な言い方をすれば、私は、先生はいらないのではないかという考えに基いて研究を行なっています。人間はもともと学ぶ力をもっているので、刺激的な環境さえ整えば、先生がいなくても学ぶことができるのです。私はこの状態を導く環境をつくることを「学習環境デザイン」と呼んでいます。

また英語の「professor」という言葉を「教授」と訳したのは妥当ではなかったのではないかと考えています。なぜなら「professor」の語源や関連語をあたってみても、「教える」という意味は含まれていないからです。本来、「professor」とは、人に深く考えることを促す仕事だと思っています。そういう意味で私は、指導する人がいなくてもいかに人間が多くのことを学べるかを考えたい。そのために、四つの仮説的な領域を立てて研究をしています。

第一は「創発的な学習活動」です。なにか新しいものをつくり上げていくとき、学習活動をいかに促していけるか。例えば、先ほど山本さんが紹介されていた《公立はこだて未来大学》でのプロジェクトは創発的な学習環境を促すためのデザインと言えますし、ワークショップやサイエンス・カフェ、大学のプロジェクト学習などが対象となります。

第二は「共同体」です。学習活動だけではなく、活動が持続的に展開していくためには共同体が必要となります。あるひとつの目標に向かって学習する場合、その活動を共有する枠組みをどのように設定すればいいのかを考えなくてはいけません。インターネットのオンライン・コミュニティなども共同体に含まれます。

第三は学習を誘発する「空間」です。人間はそれぞれ固有の身体をもちながら、空間の中で生きています。そのため、学習を促進するような空間とはどのようなものであるかを考えていかなければいけません。学校という場所はいまだに精神主義的なところがあって、気合いがあれば学べるという考えがつきまとっていますが、けっしてそうではなく、豊かな学習環境が整えば豊かな学びを導くことができるのです。

第四は「人工物」です。学習を促進させるためには、教材や学習材の存在も欠かせません。これらの人工物が整っていれば、先生がたとえ教えなくても、学生同士で自発的に学習は進んでいきます。私の研究室ではＮＨＫ教育テレビ（Ｅテレ）との共同研究において、ウェブと連動した学習をどのように進めていくべきかという議論も行なっています。

以上の四つの領域をふまえ、いくつか実例を示したいと思います。まず、二〇〇八年に東京大学駒場キャンパス内につくられた「駒場アクティブラーニングスタジオ（ＫＡＬＳ）」です。この教室ではコクヨと共同開発した「まがたまテーブル」を使っています。このテーブルは自由に動くように設計されており、例えば二人から二〇人までの幅でグループ分けができるので、状況に応じてさまざまな形式のディスカッションが可能となります。また、教壇を教室の中央に配置してありますが、これは先生が教室の中をぐるぐる回り、学習者一人ひとりを丁寧にサポートする活動を教員の中心的な仕事ととらえているからです。

「まがたまテーブル」使用例　写真提供＝コクヨファニチャー

次に紹介したいのが、いま私たちがいる《福武ホール》（二〇〇八）です［〇〇二頁参照］。先ほど山本さんが美馬さんのお名前を挙げて設計者とユーザーの関係についてお話しされましたが、この《福武ホール》では安藤忠雄さんと私がその関係にありました。つまり、私がユーザー側代表としてコンセプトを練り、安藤さんとはいい意味で闘いながら、場のデザインを行ないました。学びと創造が出会う、まさしく「際（きわ）」のような場にすることができたと思っています。《福武ホール》は二〇〇八年にグッドデザイン賞を受賞しています。

いま私たちがいるのは地下二階の「福武ラーニングシアター」ですが、物語を共有する劇場をメタファーにしたことから「シアター」と名づけました。また、地下二階には「福武ラーニングスタジオ」があり、ここでは子どもたちがわいわい騒げるようなワークショップをはじめ、さまざまな催しが開かれています。こうしたイヴェントは大学の教員が主催することもありますし、民間企業やＮＰＯが社会貢献事業の一環として行なうこともあります。

また一階の「ＵＴカフェ」では、月に一度「UTalk」を開催しています。さまざまな領域で活躍している大学の研究者を囲んで、一般の方も含めてみんなでコーヒーを飲みながらディスカッションを行なっています。このように、真剣でハードな学びから、柔らかくてドキドキするような学びまで、さまざまな学習が起こる場所にしていこうと日々活動しています。

UTalk開催風景　撮影＝猫田耳子

子どもたちが参加するワークショップのようす
撮影＝金田幸三

演出家／俳優／脚本家としての振る舞い

――山本先生、山内先生、ありがとうございました。続いて野田さんのプレゼンテーションにつきましては、私たち大学院生が事前に用意した質問三つと、事前に山本先生と山内先生からご用意いただきました質問をひとつずつ、計五つを一問一答形式で進めていきたいと思います。

まず大学院生のコーディネーターからの質問です。「野田さんは演劇を始めたころからおひとりで脚本、演出、俳優の三役をこなされていますが、この三つをどのように切り替えられていらっしゃいますか」。

野田秀樹　芝居を始めた高校生の頃から脚本と演出と俳優を同時にやってきました。こうしたやり方はすでに自分のつくり方として身についているように思います。この三つのなかで脚本を書いているときが唯一、ひとりの孤独な作業で、書き終わったときにいっしょに喜んでくれる人もとくにいません。そこから舞台初日を迎えるまでは、私はほとんど演出家だと思います。ただ、演出家として稽古場のようすを見ているとき、役者さんたちの調子が悪そうだと感じたら、自分の役割を役者にしてその場の空気を盛り上げるようなことはします。これは役者もする演出家の特権かもしれませんね。また、初日が開いて舞台に立っているときは基本的に役者ですが、頭の中は演出家という場合もあります。舞台に立ちながら全体を見ているような感覚で、うまくいかないと、ときには舌打ちをしながら演じることもあります。公演が始まってだいたい二、三週間経つと、完全に役者に切り替わる感じがします。

――次にチームを組むポイントについてお伺いしたいと思います。「演劇では大勢の方が関わってひとつの作品をつくり上げるわけですが、どのように仕事相手を選んでいるのでしょうか」。とくに野田さんの場合、劇団夢の遊眠社を解散して以降、公演のたびに新しくメンバーを募っていらっしゃいますね。

野田　遊眠社の創設から一七年間は、劇団のメンバーは変わっていません。おそらく一〇年間くらいならば、同じ人間と仕事をすることがいい方向に動くのではないかと考えています。それはお互いの癖をわかりあって、あ・うんの呼吸が生まれるからだと思います。ですが、一〇年を過ぎたくらいから、あ・うんの呼吸がなれあいに変わってしまったんです。お互いのことを知りすぎてしまうことによって、新しいことが生まれる予感がしなくなったのです。これが劇団を解散した理由です。その後は、役者さんやスタッフと初めて会うときには必ずワークショップをするようになりました。役者さんを選んで、稽古初日に合わせたとき、いきなり「あ、失敗した」と思うのではお互い不幸ですからね。だから事前にワークショップをして、自分の作品のつくり方と肌が合うかどうかを確認するようにしています。

――三つ目の質問に移りたいと思います。「野田さんがいままでご経験されたなかで、海外も含めて印象に残っている劇場、すばらしいと思われた劇場はありますか」。

野田　不思議なもので、自分がよく使う劇場に愛着が湧いてくるものなんですね。汚い部屋に住んでいたとしても引っ越しをするときにふり返って、「いいところだった」と思うことと同じかもしれません。例えば、私が芸術監督を務める《東京芸術劇場》（竣工＝一九九〇、改修＝二〇一二）は、われわれ芝居仲間のあいだでは評判がよくない劇場です。ですが、芸術監督になって使いはじめてみるとそう悪くもない。これが不思議なもので、できたばかりの劇場、あるいはそこでいままでいい芝居がされてこなかった劇場というのはよくない場合が多いんです。

いまわれわれは、できたばかりの《情報学環・福武ホール》にいるわけですが、真新しい渋谷の洋服店にいるような居心地の悪さがあるじゃないですか。これはできあがって間もないからだと思うんです。空間というのはどこかを壊したり汚したりしながら次第に人間になじんでいくものだと思います。同様に、長い年月にわたって演じられている劇場には、独特なよさがあります。《歌舞伎座》が新しく建て替えられましたが（隈研吾、二〇一三）、解体される前に、歌舞伎俳優の中村勘三郎さんに建物の中を見せてもらったことがあります。奈落に入ったら、ものすごく古くて使い勝手としては悪いのだけれど、やはり「ここはいい劇場だ」と感じさせるものがあったのを覚えています。

演劇と建築の誘導性

――続いては、事前に『パイパー』（NODA・MAP第一四回公演、二〇〇九）をご覧いただきました山本先生と山内先生からの質問になります。まずは山本先生からです。「野田さんは芝居をどなたに向けてつくっていますか」。

野田　『パイパー』をつくっているときは、観て考えることが好きな人や想像するのが好きな人に来てほしいという思いがありました。じつはあまりこういうことはしないのですが、『パイパー』のときは大江健三郎さんに「観に来ていただけませんか」と手紙を書いてお願いしました。千秋楽に来ていただいて、すごくおもしろがってくださった。私は「今回の客層に関して自分のなかで自信がない」とお伝えしていたので、大江さんからは「客席から観ていて、お客さんたちは信頼していい方たちだと私には見えましたよ」とお返事をいただきました。

山本　じつは私の質問には、「業界人や批評家に向けてつくっていますか」というすこし下世話な意味もあったんです。先ほど私は建築をエンド・ユーザーのためにつくっているのだと言いましたが、そうは言ってもやはり、長い建築の歴史のなかで自分の建築がどう位置づけられるのかが気になるわけです。その評価を担っているのは基本的に業界で、これと同じような構図が演劇でもあるのかと気になったのですね。

野田　日本では劇評にそれほど影響力があると思っていないので、私はほとんど無視してきたかもしれません。ですが、例えばロンドンでは劇評によってお客の入りが決まるということがいまだにあります。そのとき誰に向けて演じているかと言えば、もちろん劇評家のためだけではないけれど、意識せざるをえないところがあります。新しい土地で芝居をやるときには、現地の演劇文化に根づいた伝統的な部分を継承する部分はありますね。

山本　じつのところ、私は『パイパー』を観ていてすごく疲れてしまったんですね。なぜこんなに疲れるのかと考えたのですが、それは私が野田さんが想定している観客にならなければならないと考えていたからだと思います。この作品は不特定多数の人に対してというわけではなくて、こういう観客に観てほしいという野田さんの意図が露骨に出ていたように感じました。そこに誘導されていくなかで疲れたのだと思います。

野田　それはすごく集中して観てくださったからだと思います。集中して観ていると、役者が使う呼吸と同じように息をしているときがあります。だから役者がたくさん台詞をしゃべり続けていると、観客も知らないあいだに息がつまっていたり、リラックスして観られなくなることがあるんです。

山本　建築にもすごく近いところがあると思います。ふだん私たちは、建築に対してほとんど無自覚です。つまり、自分がある空間の中にいるという意識をもって空間の中にいることは滅多にありません。ところが建築のつくり方によっては、ある特定の場所に意識を集中させたり、あるいは、切り離されるべき空間相互の関係をいっしょにしてしまったり、その場所に対する使う人の意識を意図的に操作することもできるのです。

野田　エレベーターがいちばんわかりやすいですよね。入った瞬間に全員が黙って階数の表示板を見上げている。
また、お寺や教会の天井はものすごく高くつくられています。天井が高ければ高いほど人の声は小さく聞こえますから、その結果、聖なるものを感じさせられるわけで、宗教が選んだひとつの空間なのだと思います。

山本　圧倒的なスケールの空間の中に入っただけで非日常的な経験になりますから、それだけで宗教的な空間らしさが生まれるんですね。例えばヒトラーはベルリンの都市計画を考える際、モニュメンタルなネオ・クラシシズムの設計を得意とするアルベルト・シュペーアに強くこだわりました。それはヒトラーが建築の力を十分に理解していたからなんですね。天井を低くしたり高くしたり、建築のスケールと人間の関係を操作しながら設計されているからこそ、建築は多くの人が思っている以上に人々を誘導する力がある。野田さんの芝居にもそのような感覚があったので、誰に向かってつくっているのかすごく興味があって質問させていただきました。

空間の制限がうみだす想像力

――最後に山内先生からの質問です。『パイパー』は渋谷のシアターコクーンで上演されていましたが、劇場に限らずまちなかなどを含めて、自由に場所を選べるとしたらどこで演じたいですか」。

野田　劇場を選んだら、もうそこしかないという意識をもって取り組みます。もしここ《情報学環・福武ホール》で芝居をやれと言われたら、別のやり方を考えることができるでしょう。私は演劇をするのに無駄な空間はないと思っています。

山内　質問の仕方を変えたほうがいいかもしれません。シアターコクーンの舞台は一四メートル×一四メートルほどの大きさだと思うのですが、『パイパー』を観たときにものすごく広く感じたんです。これはすごいと思って、劇場を構成するミニマムな要件とはなにかを考えさせられました。どうすれば広さを表現できるのかをお聞きしたい。

野田　劇場に制限があることが、われわれの想像力を駆り立ててくれるんですね。『パイパー』ではシアターコクーンという限られた範囲内で火星を表現し、さらには宇宙船の着陸を見せなければいけませんでした。こういう場合は、見えない部分を観客にいかに想像させるかが重要な鍵になってきます。例えば舞台に二人の人間が並んで立っていて、ひとりは下を見て、もうひとりは上を見ているとします。二人が掛けあう声の大きさによって、お互いの距離を一メートルにも一〇〇メートルにも表現できる。空間を感じているのは、じつはお客さんの頭の中なのです。だから演出側のアイディアとしては、お客さんの知識や想像力にどう訴えかけるかが大切になるのです。
ただし、アイディアがあっても、それを行なう技術が伴わないと表現できません。例えば無重力空間にいるように見せるためには、役者たちの柔らかい動きが必要です。しっかりと足腰を鍛え、スローモーションを表現できるだけの身体的な技術を習得していなければなりません。お客さんの想像力を引き出すためには、演者の技術を高める努力が絶対に必要なのです。そういう意味で言うと、役者の身体とは音楽家の楽器と同じだと思います。

建築／演劇／教育のワークショップ

――ここからはコーディネーターが用意した問題提起をふまえて、鼎談に入っていただきたいと思います。まず、問題提起のひとつ目として、お三方が共通して実践されている「ワークショップ」についてお伺いしたいと思います。山本先生は設計のプロセスとしてユーザーとのワークショップを重要視され、野田さんはお互いの共通言語をもつためにワークショップをされている。また山内先生は創発的な学びを生み出す仕掛けとしてワークショップを研究されています。それぞれ違う領域でご活躍されているお三方ですが、なぜワークショップに注目するのでしょうか。

山本　建築設計において、ワークショップを行なうことで興味深いのは、私自身が初めに思い描いていた建築からどんどん変わっていくことです。先ほど紹介した《公立はこだて未来大学》では、ある空間に対して、ユーザーである先生方から、どういう教育システムが可能なのかを提案してもらいました。それまで「すでに決められている学校の教育システムに則してつくってください」と言われていたのが、エンド・ユーザーである策定者委員会とのワークショップのなかで決めていくことになったのです。最初はスタジオ棟や講義室棟などに分かれた分棟式だったのですが、話しあいの結果、最終的に一体型の大学建築になりました。私にとってはコミュニケーションのなかで設計が進んでいくという実感がありましたね。
また、私が関わった「邑楽町《おうらまち》役場庁舎」（二〇〇二）では、住民の方たちの意見を採り入れる前提でコンペが行なわれました。二五分の一スケールのレゴブロックのようにさまざまに組み合わせ可能なスタディ・モデル（ORAユニット）を使い実際に住民たちとワークショップを通じて設計をしていきました。すると「議会が真ん中になくてもいいのではないか」とか「住民の集会室をつくろう」といった意見がたくさん出てくるんですね。さらに、ワークショップを重ねるごとに参加者それぞれのキャラクターがだんだんわかってきて、なにを尊重すべきなのかがその場のみんなに共有されていく。そしてある発言をきっかけに革新的な方向へ向かっていったりする。建築家が一方的に「俺の言うことを聞け」と言ってつくるのとはまったく違うプロセスだったと思います。

野田　二〇〇八年に、《金沢21世紀美術館》で、総勢九〇人規模のワークショップを行なったことがあります。そのうち約半数は役者をした経験のない人たちでした。実際の公演の際に稽古の前段階でいつもすることと同様に、芝居に必要な共通言語をつくる目的がありました。
例えば演出家が「テンションを上げろ」と言っても、演じる側にはなかなか伝わりません。理解してもらうためには、自分が思うテンションをきちんと言葉で説明できなければならない。私の場合は、テンションを1から7までの段階に分けています。1は寝ているだけ

「邑楽町役場庁舎」のワークショップで使われたORAユニット
（「つくりながら考える／使いながらつくる」展より、TOTOギャラリー・間、2003）撮影＝藤塚光政

の状態で、２は朝起きた直後の意識が朦朧としている状態。３は舞台上で最も邪魔をしないニュートラルな状態です。例えばいま誰かが目立たないように、私たちに水を持ってこようとした場合でも、意外にその動きは目立ってしまうんですね。人間はそれぞれ癖をもっていますし、目立たないように意識することで、逆に目立ってしまうこともある。ここでのニュートラルな状態とは人に気配を感じさせず、目立たないことです。４は遠くで物音が聞こえたときに人間が自然に反応してしまう状態です。このあたりから芝居が始まり、人が見たいと思うような身体になっていくんですね。５は、いまちょっとやってみますけど（ぐっと山本氏に近づいて）、これくらいの距離感の状態です（笑）。６は叫んだりする状態、７はパニック状態です。

このように、すこし遠いところでの物音に気づくようなレベルなのか、パニックすればすれなのか、状態によってテンションの上げ方はまったく違ってきます。こういった共通言語をもてるようになると、演じることに対するコミュニケーションがひじょうに取りやすくなるんですね。このような身体感覚を身につけるためには、ワークショップが有効な手段だと思っています。

山内　私の場合、なぜワークショップを行なうのかというと、人間の可能性を引き出したいからなのです。理由は二つあります。

ひとつには、人はふだん「私はこういう人間だ」と自己規定して、自分で自分を縛ってしまっている部分が少なからずあります。けれども、じつは――専門的にはコンピテンスと言うのですが――隠された力をもっているのだけれど表に出てきていない場合が多いのです。一方、ワークショップでは人間関係がフラットになり、決まりごとのない空間をつくることができる。ワークショップが一種の祝祭的な空間として働き、日常のなかで人々を縛ってるものをほどき、潜在的な力を引き出す作用があるのです。
また、当たり前のことですが、ワークショップはひとりではできません。必ず誰かとやることに意味があって、いろいろな人と協働するなかで引き出される能力があるのです。きょうも野田さんと山本さんがいるから、このような話ができる。要するに、人と一緒に活動することで既存のコードを外し、人間の可能性を引き出そうというのが、私がワークショップをやる動機なのです。

野田　演劇のワークショップの場合、体さえあれば事足ります。また、なにか道具を使うにしてもほとんど身の回りにあるものでまにあわせます。だからあらかじめ「こうしよう」という決まりごとはなく、基本的になんでもありです。例えば、私たちは都会にいると暗闇に出会う機会がなかなかありません。そこでワークショップの参加者に目隠しをさせたり、目を閉じた状態で音をつくらせたりします。「ある空間をイメージしながら音をつくれ」とお題を出して、夕方の駅前の踏切音でもいいし、人のいない山の音でもいいからつくらせてみる。その後、それぞれがつくった音について全員で考えていきます。なかには宇宙の果ての音などを選んでくる人がいたりしますが、それはそれでいいのです。このように自由になにかが始まっていく感じは、台詞をきちんと話さなければいけないと思っている役者にとっては、それまでとはまったく違う経験になると思います。
日本でよくないのは、稽古初日に演出家と役者たちが対面し、役者がひとりずつ「誰々です。よろしくお願いします」と自己紹介をした後に始まることなんです。そうなれば先生と生徒の関係になってしまって、どうしても役者は教わろうとしてしまう。だから私は、稽古にはワークショップ的な空間から入っていくほうがやりやすいですね。

山内　ワークショップでは「権威や権力になるような人がいない」ことがとても大事です。私が行なっている子ども向けのワークショップでも先生はいません。ファシリテーターが場の方向づけはするけれど、見ているだけであり、基本的に介入はしません。そうすると、子どもたちは予期しないことを始めたりするので、われわれの刺激や学びにもつながっていくんですね。

振る舞いを変える仕掛けとはなにか

――では、二つ目の問題提起に移りたいと思います。ここからは人々の活動を創発する「空間的な仕掛け」について、それぞれの先生方に個別に質問したいと思います。

山内先生はこれまでにも、われわれが慣れ親しんできた教室での先生の振る舞い方を変えようとされています。旧来の空間感覚をもった先生たちに、どのような空間リテラシーを獲得してほしいと考えられているのか。そして、そのために「人工物」をどのようにデザインされているのでしょうか。

山内　椅子や机やホワイトボードといった個別の人工物については、人と人がどういう関係にあるのかを考えながらデザインします。例えば会話をする活動であれば、それを支えるためになにが必要かを考える。その場でファシリテーターと学習者が協働して使い方をデザインしていくこともあります。実際に会話をしながら、その場でデザインしている人たちにとって必要なものがなにかを考えるので、私の場合、メタデザインをしていると言ったほうが近いかもしれません。つまり、自分でデザインしているというよりも、デザインすることをデザインしているわけです。冒頭で「駒場アクティブラーニングスタジオ」の「まがたまテーブル」について紹介しましたが、駒場の教養課程の学生たちにとってたまたま活動しやすかったのがこのテーブルだったということであって、別の空間では違うテーブルのほうがうまくいく場合があります。私はそうした学習環境について総合的に管理する立場として、空間を捉えている側面があります。

——山本先生はご著書のなかで、建築について「いざそれができ上がってしまうといかにも厳密な基準あるいは根拠があってでき上がっているかのように見える。そう見えてしまう」（山本理顕『建築の可能性、山本理顕的想像力』［王国社、二〇〇六］、一四五頁）と述べられています。例えば《横須賀美術館》では、美術館なのかレストランなのかあえてわからないように設計をされ、美術館を目的に訪れる人以外であっても入ることのできる空間をつくられています。山本先生はこのように外部と交流する場を「閾（しきい）」と呼び、都市にはこの閾が必要であると述べられていますが、一方で、このように多目的用途の建築はなんでもできる場所であるがゆえに、なにもできない場所になってしまう危険性もあるのではないでしょうか。どこまで利用者の自発性を信じるのか、「閾」を設定する基準に

山本理顕《横須賀美術館》外観
撮影＝大橋富夫

ついてお伺いしたいと思います。

山本　先ほど新しい建築をつくるプロセスにおいてコミュニケーションが必要だと強調しましたが、一方で、どんな建築をつくるときでもそれがつくられてしまうという責任はつねに感じています。引用していただいた箇所でもふれたように、建築はいざ建ってしまうとそれらしく見えてしまうからです。建築は、本当はそのような空間である必然性などなくて、ある仮説をもとにしてできあがっているだけなのですが、いざ建設されると結果としてその仮説があたかも正しいように見えてしまう。そういう意味で建築家にはつくってしまう責任があると思いますし、建築とは、じつはものすごく恐ろしいものなのだという実感があります。

ご質問にあった「閾」という空間ですが、これは多目的な空間という意味ではありません。それはまったくの誤解です。「閾」は二つの異なる性格をもつ空間のあいだにあってその両者を調停する役割をもった空間です。二つの空間の境界という役割でもあるし、それを相互に結び付ける役割でもある。そのような空間です。あらゆる建築空間は「閾」によって相互に結び付けられています。住宅とその外側は「閾」によって結び付けられています。例えばそれは座敷と呼ばれたり、客間と呼ばれたり、あるいは都市の中の町屋では「見世」と呼ばれたりしてきました。機能的な空間把握ではけっして発見することのできない空間概念です。中間領域のような場所ですが、重要なのはその「閾」が住宅と都市の中間にあるわけではなく、住宅という私的空間の中にあるということです。つまり、「閾」は個々の建築が集合するときに欠かせない役割をもった空間なのです。ところが近代建築はこの「閾」という空間を全面的に否定してしまったのです。いま、都市がそれぞれに孤立した建築で構成されるようになってしまっているのはそのためです。

物や言葉が空間を変える

―― 最後に野田さんにお聞きします。演劇ではさまざまな場面転換が行なわれますが、空間的な制約から照明を変化させたり、あるいは暗転してセット全体を変化させるなどして、ひとつの舞台上に複数の空間がつくり出されます。例えば『パイパー』では、中央に据えられたソファーが後ろに下がると過去の場面になるという演出がなされていました。そこで質問ですが、場面転換や空間の使い方に関してどのような意図をこめられているのでしょうか。

野田 二〇代から三〇代のとき、空間を変えるためにあえて二本足の椅子を使うなど、いろいろなことを試しました。その頃は演劇の空間を変えることをすごくおもしろがっていたような気がします。けれども、ここ一五年くらいは自分が歳をとったこともありますが、どんどん単純になってきました。四本足の椅子はそのままでさまざまなものに見立てることができる。つまりふつうの椅子が空間にひとつあるだけで多くのことが表現できると思うようになっていったんですね。
ただ、いまでもおもしろい素材を見つけたことによって、舞台の空間が一気に変わるときがあります。例えば段ボールを裏返しにして五〇メートルくらいの長さに貼りあわせる。その上を役者たちが歩くと足跡が付いて、まるで砂丘のような空間を演出できるんです。また、『キル』（NODA・MAP第一三回公演、二〇〇七－二〇〇八）のラストシーンでは、オーガンジーの薄いブルーの巨大な布を垂らすだけで一気にモンゴル草原になりました。こういう単純なことで空間はガラッと変わってしまうものなのです。そういう意味では、いま目の前にいるみなさんが、座席にまんべんなく座っている状態は、演出家からすると最もおもしろくない。例えば全員右側に寄せて、左半分を誰もいない空間にすると、それだけでドラマが生まれる可能性があるんですね。人間の体の位置や向きを変えるだけで、空間の意味がまったく変わるのです。

ほかにも、人間の言葉が空間を変えることがあります。例えば『パイパー』のラストシーンでは、役者をまったく動かさずに台詞だけで空間を表現しました。六〇人くらいの人間が火星から脱出する喧噪のシーンをつくった後、残された二人の女性（宮沢りえ、松たか子）の台詞のやりとりを五分続けて、廃墟を歩いていくようすを表現しました。自分としてもかなりの冒険だったのですが、この作品のなかで最も印象的なシーンになったと思っています。大江さんにもそう言っていただきました。最後は言葉の力に賭けたんです。六〇人が絶叫したあとに二人だけでしゃべるという動と静のコントラストが、言葉だけで空間を変える力を生んだのではないかと思っています。

山本　私もラストシーンにいちばん感動しました。みんなが逃げ去ってしまった火星で、二人の女性がこちらを向いて、ひじょうに速いスピードで疾走している。実際にはこちらを向いて立っているだけなのですが。その二人が話す言葉、つまり野田さんが書いたその言葉による都市の風景が現実の風景をはるかに超えている。どんな都市の風景もこの言葉による都市を超えられないと思いました。街の風景が激しい言葉で語られている。私はこれを聞いているうちに、自分がまるで廃墟の街を歩いているかのような気になりました。言葉だけなのにこれだけの空間を感じたのは初めてです。言葉はもともと空間的なのだと改めて思いました。言葉に空間が付属しているのか、このように言葉によって空間を表現することができるのだと感動しました。

山内　私もそのシーンにいちばん感銘を受けました。空間は、言葉などの「意味の世界」と深く関係しているのだと感じました。山本さんにお聞きしたいのですが、建築の世界では物理的な空間を対象としていますが、同時に「意味の世界」も意識していかなければならないのではないか。むしろそう感じるからこそ、建築の設計のプロセスにおいてワークショップを大事にされているのではないかと想像したのですが、いかがでしょうか。

山本　「意味の世界」について私なりに解釈すると、物理的な空間との関係だと思います。どんな言語もある種の空間なのだと私は感じています。もし私がいまの状況を記憶しているとしたら、言葉だけではなくて、この空間とその登場人物をまるごと記憶しているのだと思います。私たちの脳は、さまざまなものごとを映像として記憶している。映像として記憶することは動物の最も本質的な部分で、それが「意味」と関係しているのではないかという気がします。ただし現代社会においては、空間ができるだけ負荷を与えないようにできていて、その中にいることが当たりまえになってしまっていて、空間が「意味」に重要な役割を果たしていることにわれわれが無自覚になっているのではないか。だから『パイパー』のラストシーンで二人が叫んでいるシーンが強く印象として残ったのではないか。ただ言葉だけなのだけど、その言葉の一つひとつが映像なのです。空間の中をものすごいスピードで疾走している感じを受けたのだと思います。

野田　じつはあのシーンは「池袋が廃墟になった」とイメージして、実際に池袋を歩きながら書いたんです。山本さんが疾走している感じを受けられたのは、演じた女優さんたちがうまかったのだと思います。ただひとつ言うと、音というのは、昔から空間を変えるために最も便利な道具として使われてきました。だから、政治や宗教などに利用されているときには、それに惑わされないように注意しなければならない。とくに音楽は簡単に人間の理性を奪い取ってしまうものです。だから芝居をあまり観たことがない人をてっとりばやく感動させようと思ったら、照明を暗くしてクラシックを大音量でかければいい。そうするとかなりの確率で感動してしまう。ときに音楽は最も卑劣なものになりかねないので、使う場合にはすごく気をつけています。

――ありがとうございました。ここで会場から質問を受け付けたいと思います。

演劇作品の外側

質問者1　野田さんに質問なのですが、いまの若い劇作家たちについてどのような印象をおもちですか。空間と身体の使い方や物語の書き方などが変化していると感じられますか。

野田　最近、賞を獲った若い人たちの作品を一〇本ほど読んだのですが、すべて「愛と家庭」のようなものしか書かれていませんでした。なにが欠如しているかというと、作品の「外」が描かれていないんですね。例えばいまの若い人たちのものは、いじめやその人間関係についての話が多いにもかかわらず――そのテーマ自体がまったく駄目だとは言いませんが――、いじめに至る「外側」がどうなっているのかが描かれていない。つまり、登場人物の内側だけで世界ができているのではないと思わせるような、なにかゾッするものがないんですよ。いつごろからこうなったかわかりませんが、日本という社会が「外側」を考えなくても生きられる社会になったことも関係があるのかもしれません。こういうものを書いている劇作家を見ると、海外に行ってボロクソに言われてこいと思いますね。
また、いまの若い人たちには、もっとハッタリを書いてほしいと思います。先ほど山本先生から、いざその建築ができあがってしまうと、いかにも正しい根拠があってそれが存在しているように見えてしまうというお話がありました。演劇の場合も同じで、あらかじめ決められたかたちなどないんです。さらに演劇は建築と違い現実に残るわけではないので、まるでそれがあったかのように嘘をつくことがいくらでもできる。『パイパー』では、火星に地球人がただ来るだけではどこかで見た話のようでおもしろくないので、迷いましたが、金星人まで登場させました。いまの若い演劇人には、そういうリスクに踏み込んでいくことをしてほしいと思いますね。

空間を共有すること

質問者2　演劇が映画やテレビドラマと決定的に違っているのは、演者と観客が「空間を共有している」点です。客席の雑音などを含めて、同じ空間で行なわれているところにおもしろさがあるように思います。同じく建築でも同じ空間に人が集まることに意味がある。教育の場合も、昨今はインターネット学習などがありますが、やはり実際に同じ空間で学ぶことに意味があるように思います。お三方にお伺いしたいのですが、同じ空間で人がなにかをすることについてどのようにお考えでしょうか。

野田　演劇では、相乗効果が起こることがあります。毎回とはいきませんが、演じる側がいい芝居をするとお客さんのテンションが上がって、それが役者に伝わることがあるんです。このような相乗効果やインタラクティヴィティは、たしかに映画やドラマにはないものですね。「ミス」についてもそうです。演劇ではミスをすることを前提にしています。ピアニストなども同じだと思いますが、本当にすごい人でも必ず少しは間違うものです。そのときは「きょうはこういう演奏なの」というように装っている。毎回完璧にはいかないわけですね。役者も同じです。ちょっと台詞が出てこない瞬間を「間だよ」というフリをして装ってしまう。お客さんが台詞の言い間違いに気づくときもあるけど気づかないで続いていくときもある。こういうところは演劇のおもしろさで、何度見ても楽しめる要因だと思いますね。

山本　それぞれにまったく違う人たちが、なぜお互いに話ができるかというと、同じ空間の中にいるという意識を共有しているからなのです。いま私たち三人がこちら側にいて、聴いていらっしゃるみなさんがそちら側にいる。こうした関係をもった空間の中にいるわけです。同じ空間を共有している。ここでは、私は野田さんと山内さんに向かって話をしているけれども、一方で聴いていらっしゃるみなさんの顔色をうかがっている。ちょっとは受けることを言いたいと思っている。つまり聴衆とともにひとつの空間を共有しているということは、その空間の中で、それぞれにどのように振る舞うのか、それがよくわかっている。暗黙のルールのようなものがあると思うのです。この空間に参加する人は、そのルールをわきまえている。それが前提です。あらゆるコミュニケーションはそのコミュニケーションに応じた空間を必要としているのです。コミュニケーションが劇場というひとつの空間の中に局限化されるのが演劇空間なのだと思います。でも、日常の空間もまたコミュニケーションのための空間なのだと思います。逆に言えば日常の空間もまた演劇空間なのです。私たちはその空間が命じるように演技していると言っていいと思います。振る舞いというのは空間に命じられて演技する、という意味なのだと思うのです。

山内　私はインターネット上でもコミュニケーションは成立していて、ある目標のなかでは活動を成立させることができるだろうと思っています。そうしたインターネットにおけるコミュニケーションの制約を経験するからこそ、実空間を豊かに感じることがあるわけです。ただ、おっしゃるように実空間でのコミュニケーションや学習は、ほかの場合と比較にならないくらい密度が濃く速度が速いものです。やはりインターネットでは、事実関係を調べるには適していますが、みんなでなにか新しいことを考えることは難しい。その意味で、創発的なものは実空間でなければつくれないというのが私の実感です。私たちには身体があって、言葉をもち、空間の中に生きている。このことの豊かさを再発見することで、可能性が広がっていくのだと思います。

構成＝松山秀明

10 KEYWORDS／10 BOOK REVIEWS

10 KEYWORDS

松山秀明

アジア的身体　梁石日（ヤン・ソギル）が同名の書籍内で提唱した概念。シンポジウムでは姜が韓国の《屏山書院》に入ったときの身体感覚を「アジア的身体」と表現したが、梁の言う「アジア的身体」とは、「抑圧された身体」あるいは「捨象された身体」のことを指す。デカルト以来、肉体と精神は二元論として語られ、分離したものとみなされてきた。それゆえ肉体は精神に従属したものとみなされ、この見方が欧米の帝国主義的植民地主義と結びつくと、第三世界に生きる人々の身体を白人中心主義に従属させる契機ともなった。梁は、「近代という枷にとらわれた身体の差別構造」を暴くことで、被抑圧者の側の身体を取り戻すことの必要性を説く。したがって「アジア的身体」とは、西洋中心主義の規範力学から「はみだし溢れ出る身体」を問うことであり、「生きられる身体」を捉えなおすことでもある。

群島（アーキペラゴ）　辞書的には「ある海域にまとまって点在する多くの島々」のことを指すが、思想・哲学的には「大陸」と対峙するために思考されたひとつのヴィジョンのことを指す。アーキペラゴ（archipelago）は「原型」を意味するarchiに、「海」を意味するpelagoをつなげた「始原の海」のことであり、アーキペラゴには多文化的、多言語的な「混淆の場」が存在する。そもそも、アーキペラゴという言葉には「群島」と「多島海」の二つの訳語があり、「陸」と「海」の両義的な意味があらかじめ内在されている。ここに世界を見る視点や認識の転換の機会が隠されており、「群島」という両義的な概念を用いることによって地理学的視線を「大陸」から「海」へと反転させることを可能にする。このような「群島」というヴィジョンは文化人類学や民俗学へと接続し、柳田國男や折口信夫、宮沢賢治らの思想を更新しようとしている。詳しくは、今福龍太＋吉増剛造『アーキペラゴ——群島としての世界へ』（岩波書店、二〇〇六）を参照。

東アジア共同体　EU（欧州連合）のような政治経済統合を目指して、東アジアに構想された地域共同体。二〇〇五年一二月にクアラルンプールで開催された東アジア首脳会議で目指すことが確認され、日本では鳩山由紀夫政権（二〇〇九－二〇一〇）のときに盛り上がりを見せた。日本において東アジア共同体構想は、「二〇一六年福岡オリンピック誘致計画」へと応用された。これは姜の〈東アジア共同の家（コモンハウス）〉をコンセプトに、磯崎新が制作総指揮にあたったもので、具体的には、交易の窓口としての「博多湾」全域を主会場に設定し、南北五キロメートル、東西一五キロメートルの湾内に主要競技会場の八〇パーセントを集中させるプランであった。こうして東シナ海にも通じる「ひとつの海」をめぐってオリンピック競技がなされることが構想された。詳しくは、福岡オリンピック制作総指揮室＋磯崎新＋石山修武ほか「二一世紀型オリンピックのための博多湾モデル」『10＋1』No.43（LIXIL出版、二〇〇六）を参照。

書院　古くは中国・宋時代（一〇－一二世紀）に流行した私学校のことで

あるが、シンポジウムでは韓国の「書院」について言及され、この場合、一六世紀の韓国・李王朝時代に勃興した「儒学教育のための施設」のことを指している。当時、韓国では儒学の隆盛とともに私立教育施設の需要が高まり、郡司から遠く離れた地に次々と「書院」が建設された。その始まりは一五四二年、周世鵬が朱子の「白鹿洞書院」にならって、「白雲洞書院」と名づけたこととされている。一八世紀には「書院」は大小六〇〇を数え、郷学校に代わる学問、道徳の修行の場として重要な役割を担った。著名な韓国の書院として《陶山書院》《紹賢書院》などがある。なお、日本の「書院造り」も、略して「書院」と言う場合があるが、これは寝殿造りを原型とした古典的住宅形式のひとつのことを指している。

アルカイック　未完さ、古拙さ、素朴さのこと。とくに初期ギリシア美術に見られる、原始性を残した芸術様式のことを指す。もともとアルカイックとはギリシア語で「始原」、「太古」を意味するアルケー（arche）に由来する言葉である。シンポジウム内で藤森は、韓国の《陶山書院》と《屏山書院》のデザインや形状のことを「アルカイック」と表現した。とくに《陶山書院》の窓枠の高さが微妙にずれているさまや、《屏山書院》の床の張り方が、西欧列強のコロニアル建築とは異なる素朴さを生み出していると指摘した。こうした藤森のアルカイックへの興味は、建築技術における素人性への志向としてあらわれている。「ぼくは素人がつくるものに興味があります」（『藤森照信読本』［エーディエー・エディタ・トーキョー、二〇一〇］、一〇八頁）といった発言や、建築のディテールにおいて「精度をはずす」（『藤森流自然素材の使い方』［彰国社、二〇〇五］、六三頁）ことへの欲望は、彼の洗練された構造物への批判として受け取ることができる。

劇場建築　西洋の劇場建築の歴史をまず振り返ってみれば、劇場建築の原型は古代ギリシアにまで遡る。初期の劇場は屋外で、自然の傾斜地を利用した扇状の「観客席（テアトロン）」と「舞台（プロスケニオン）」とが相対するように設計されていた。これがローマ時代になると劇場は平地に造成されるようになり、建築的に自立した公共建築となった。その後、古代演劇が一旦途絶えた後、ルネサンス期に古代劇場が復興し、一七世紀の初めにはジョヴァンニ・バッティスタ・アレオッティが設計した《ファルネーゼ劇場》（一六一八）が建設されるに至って、近代劇場建築の一大特色である「プロセニアム・アーチ」が完成した。この「額縁」の誕生によって、演劇空間と観客席がはっきりと二分されるようになり、一八世紀以降のオペラ劇場へと発展した。

一方、日本の場合、劇場建築が初めて登場したのは、七五九（天平宝字三）年、舞楽用に宮廷内に設けられた舞台であったとされている。その後、鎌倉–室町時代に入ると田楽能、猿楽能を中心に、屋根をもった舞台が登場するようになり、江戸時代に入ると常設の劇場が建てられるようになった。明治時代以後は、外観を洋風にした《歌舞伎座》（一八八九）が新築開場され、鉄骨コンクリート造の《帝国劇場》（一九一一）や、《新宿コマ劇場》（一九五六）、《国立劇場》（一九六六）などと続いていった。こうした流れを汲みつつ、一九六〇年代後半に仮設テントで公演を行なう唐十郎の「紅テント」などの小劇場運動を経て、近年ではさまざまな場所を回遊し劇場を公演の場としない実験演劇が登場している。以上のような劇場建築の歩みは、「演技者」と「観客」との空間の関係性を問いつづけた歴史でもあった。

ワークショップ　もともとは「仕事場」「工房」を意味する単語であるが、近年では「ある共通の目的をもった参加者たちが主体的に発言・行動し、協働して作業を行なう学びや体験の場」のことを指す。学校教育や企業研修、市民活動、演劇、ダンスなど、さまざまな現場においてその手法が活用されている。その始まりは、一九四六年、アメリカ・コネティカット州での心理学者クルト・レヴィンらによる人種差別をなくすための活動であったとされている（中野民夫『ワークショップ——新しい学びと創造の場』［岩波新書、二〇〇一］）。

ワークショップの最大の特徴は、トップダウン的な知識伝達への批判として語られることである。教師から学生、建築家からエンド・ユーザーといった従来型の一方向的な知識伝達の在り方を否定し、それらの階級を排除することで、参加者たちの能動的な関与を促し、祝祭的な空間をつくりだす。こうしてワークショップは、参加者たちの潜在的な可能性を引きだしながら、問題解決のための糸口を探ることを目標とする。

学習環境デザイン　人間の学習は対話やコミュニケーションから生まれるものであり、その時々の状況や文脈に依存するという考え方（状況的学習論）に基づいて、一連の学習過程を組織化しデザインすること。この立場において学習とは、主体と環境の相互作用によって生起する意味作用のことを指している。表面的な知識獲得ではなく、学習者に反省的思考を促し、深層の認識や態度に変化を与えることを目的とする。

山内によれば、学習環境デザインのためには四つの要素が必要であり、それは、（一）学習を支える建築「空間」、（二）学習が生起しやすい「活動」、（三）あるテーマで問題や関心を共有した「共同体」、（四）学習を誘発する「人工物」（机やホワイトボードなど）である。これらの四つの要素が有機的に絡みあうことで、新しい創造的な学びの場が生まれ、持続的な学習が構築されることとなる。

閾（しきい）　パブリックやプライヴェート、コミュニティといった空間的な概念を論理的に記述するために、山本が使用した用語。「閾（しきい）」とは一般的には「敷居」のことを指すが、ここでは、性格の違う領域と領域が出会う境界面のことをいう。山本によれば「閾」とは、「ふたつの相互に性格の異なる空間の間にあって、そのふたつの空間を互いに切断し、あるいは接続するための空間的な装置」のことである（山本理顕『［新編］住居論』［平凡社、二〇〇四］、八一頁）。

したがって閾とは、Aという性格をもった空間からBという性格の空間を切り離す役割を果たし、その結果、Bという自律的な空間ユニットをつくり出す役目を担っている。それゆえ、外部と交流する場所としての「仕掛け」の意味ももつ。こうして閾の概念を導入することで、建築を「空間の配列」あるいは「空間相互の関係」として捉えなおすことが可能となる。

アフォーダンス　一九六〇年代にアメリカの知覚心理学者ジェームズ・J・ギブソンによって提唱された概念。「与える」を意味する英語の他動詞アフォード（afford）から派生した、ギブソンによる造語である。アフォーダンスとは、「動物との関係として定義される環境の性質」のことである。言い換えれば、環境が動物の行為に提供する「価値」のことである。例えば、椅子は「座る」ことを、床は「立つ」ことを、階段は「登る」ことをアフォードする。アフォーダンスとは、そうした人間（動物）との関係において環境に内在する「価値」（反価値を含む）や「意味」のことを指す。したがって、それらの認知は個々人の経験によって左右され、人によって異なるアフォーダンスが知覚される。

シンポジウム内ではこのアフォーダンスについて直接言及されることはなかったが、山本の「空間が人の振る舞い方を強制する」という発言はこれに近い。優れた概説書として、佐々木正人『アフォーダンス——新しい認知の理論』（岩波科学ライブラリー、一九九四）などがある。

10 KEYWORDS／10 BOOK REVIEWS

10 BOOK REVIEWS　松山秀明

青木保＋姜尚中＋吉見俊哉＋四方田犬彦ほか篇『アジア新世紀』
（全八巻、岩波書店、二〇〇二―二〇〇三）

二一世紀のアジアを展望するために編まれた全八巻の講座シリーズ。各巻のテーマは「空間」「歴史」「アイデンティティ」「幸福」「市場」「メディア」「パワー」「構想」である。本シリーズは、冷戦体制が崩壊し、急速にグローバル化する世界のなかで「変容するアジア」に焦点を当てている。二一世紀は、西洋という他者のまなざしによって構築されるアジアではなく、自律的に存立した新しいアジアが求められていると本シリーズは強調する。そのためにはアジア全体を広域的な空間とみなし、「開かれた地域主義」として考えていく必要がある。例えば第一巻の「空間」において磯崎新は、東アジアを「群島共同体」とみなし、共同体の核となるような場を「島」として創り出すことで、アジアを〈虚体〉の都市とみなす考え方を提唱した。

梁石日『アジア的身体』
（平凡社ライブラリー、一九九九）

朝鮮―日本―在日の問題を扱った評論集。著者である梁石日（ヤン・ソギル）は、在日朝鮮人二世の小説家であり、代表作に『狂躁曲』（一九八一）、『血と骨』（一九九八）、『闇の子供たち』（二〇〇二）などがある。本書で梁は、アジアおよび第三世界の抑圧された民衆の視座において、アジアを「生きられる身体」として捉えなおすことを主張した。執筆当時、日本ではバブル経済が崩壊し、世界では社会主義国が崩壊しつつあるなかで、本書は、身体を「生きる権利を主張する喚起力」であるとみなし、被抑圧者の側の身体を問いなおすことで、今後のアジアにおける「生きられる身体」とはなにかを問うた。

村松伸監修
『アジア建築研究――トランスアーキテクチャー／トランスアーバニズム』
（INAX出版、一九九九）

「アジアの建築、都市に関する情報、理論、考え方を体系的に整理、紹介」

し、「アジア建築史を構想する」ことを目的とした、季刊誌『10＋1』の別冊。本書がアジア建築史を構築しようとした背景には、一九八〇年代以降の中国への関心の高まりを端緒とした「アジア建築ブーム」があり、日本人建築家たちがアジアで多く仕事をするようになり、日本人学生たちもアジアを留学先に選び、さらにアジアからの留学生も多く来日する相互的な状況があった。

本書は大きく三部構成「アジア建築への視線」「国際協力としてのアジア」「アジア建築の現在」から成っており、執筆は若手研究者を中心に、西洋建築から東洋建築へのまなざしの非対称性、アジアの建築フィールドワーク、建築保存、現代建築など、アジア建築の理論と実践が記述された。本書では、アジア建築を西洋建築や日本建築の対比として捉えるのではなく、自国の建築史としていかに叙述し、植民地下の建築をどのように活用・保存していくかといったアジア建築の自律的な視点が強調された。

今福龍太『群島‐世界論』（岩波書店、二〇〇八）

「大陸」中心の近代世界に抗い、「群島」という新しいヴィジョンの構築を目指した著者による、多島海をめぐる群島論の大著。本書の目的は、「近代」という大陸の原理による歴史的秩序を、海の姿に反転させ、「群島」として解き放つことである。そのために著者は、ウィリアム・フォークナーや島尾敏雄、ジェイムズ・ジョイスなどの文学作品から無名の語り部までを横断的に引用しつつ、彼らの群島的思考が喚びだす世界について言及する。

こうした「群島‐世界」論の背景には、大陸史観の否定とともに、多くの人類学者たちが学問としての客観性のために、思考と身体とを引き離してしまうことへの不服があった。ゆえに著者は文学的・詩的な筆致のもと、思考や感情がまだ身体と分離していないうちに文章を書き留めていく。こうして本書では、言葉が身体性をもつことによって、「言葉による群島航海」が試みられていくことになる。

ベネディクト・アンダーソン『定本　想像の共同体——ナショナリズムの起源と流行』（白石さや＋白石隆訳、書籍工房早山、二〇〇七［原著＝一九八三］）

アメリカの比較政治学者による、ナショナリズム論の古典。同書でアンダーソンは、ナショナリティやナショナリズムは近代以降の「文化的人造物」であるとし、「国民とはイメージとして心に描かれた想像の政治共同体（Imagined Political Communities）である」（二四頁）と主張した。

かつては聖なる言語を媒介とした「宗教共同体」、血統にもとづく「王国」、即時的現在において過去と未来が同期する「メシア的時間」によって世界は支えられていた。しかし、近代以降、出版資本主義の登場によって、それらは新しい「想像の共同体」へと移行する。すなわち、特定の聖典語が真理に近づくための手段ではなくなり、中央によって支配される信仰も消え、時計と暦によって計られる「均質で空虚な時間」が普及するようになった。こうして近代以降になると、たとえ互いのことを知らずとも、人々のあいだで想像された「国民」や「民族」が誕生することになったのである。

ヤーコプ・フォン・ユクスキュル＋ゲオルク・クリサート
『生物から見た世界』
（日高敏隆＋羽田節子訳、岩波文庫、二〇〇五［原著＝一九三四］）

生物と環境の関係性に着目した、ドイツの動物学者ヤーコプ・フォン・ユクスキュルによる生物学の古典。一七―一八世紀、生物学は生物を複雑な機械とみなす「生物機械説」が主流であった。ユクスキュルは、そうした機械論的な生物学を否定し、新しく生物を主体として捉えることで、「環世界（Umwelt）」という概念を提唱した。環世界とは、生物が自らの意味あるものを選びだし、構築する世界のことである。すべての生物が、それぞれの環世界をもっている。

例えばユクスキュルは、本書の冒頭でダニを例に環世界を説明する。彼によれば、ダニの世界には三つの機能環しか存在しない。第一に、獲物の皮膚から出る酪酸の匂いに反応し、肢を離して木から落下すること。第二に、自らの触覚によってなるべく毛のない皮膚に到達すること。第三に、温かさを知覚して獲物の血を吸うことである。こうしてダニは、自らの意味ある三つの機能を主体的に抽出し、独自の「環世界」を構築している。これはダニのみならず、その他の生物、例えばヒトや犬もそれぞれ独自の「環世界」をもつこととなる。

イーフー・トゥアン『空間の経験――身体から都市へ』
（山本浩訳、ちくま学芸文庫、一九九三［原著＝一九七七］）

中国系アメリカ人の地理学者、段義孚（イーフー・トゥアン）による地理学の古典。一九七〇年代半ば、数理的に空間を把握する「計量地理学」がいきづまりを見せていた頃、トゥアンは新たに「現象学的地理学」を提唱した。この立場では「人間が世界をどのように経験し、理解するか」に主眼が置かれ、人間の身体に基づいた空間認知について明らかにしようとする。ゆえに現象学的地理学における空間とは、経験によって構成された世界のことであり、「人間の身体の形態と構造」や「人間と人間の関係」によって組織化され、意味づけられたもののことを指す。

本書には「建築的な空間と認識」という章があり、ここで建築は「構築された形態と空間」であるとされている。構築物としての建築は「教育の機能」をもつことになるとトゥアンは言う。「一個の建物や集合建築は、ひとたび完成すると、そこに住む人びとに影響をあたえる力をもった環境になる」（一八三頁）。こうして本書は、「空間の区分と価値」は人間の身体に依存することによって意味づけられることを説き、建築や都市計画はそれに自覚的であるべきだと主張した。

美馬のゆり＋山内祐平
『「未来の学び」をデザインする――空間・活動・共同体』
（東京大学出版会、二〇〇五）

さまざまな学習の事例を紹介しながら「未来の学び」について考える、二人の教育学者による手引書。学習者の記憶の内容は覚えたときの状況や文脈に依存するという考えのもと、「空間」「活動」「共同体」の三つの側面から「未来の学び」を解説する。

まず「空間」では、一般的な学校建築である「ハモニカ校舎」（西側を黒板とし、南側から採光する校舎）を否定し、ＭＩＴメディアラボなどに見られるオープン・スペースやガラスを多用したフレキシビリティの高い学習空間を著者たちは推奨する。とくに《公立はこだて未来大学》では策定委員会を設置し、山本理顕との共同で、学習を誘発する空間設計のプロセスが示されている。また、未来の学びのためにはコミュニティ（仲間）を形成して「つくって・語って・振り返る」一連の活動や、相互の価値観を共有した実践共同体の必要性が示され、学習環境をデザインするための方法論が提起されている。

山本理顕＋山本理顕設計工場『つくりながら考える／使いながらつくる』（TOTO出版、二〇〇三）

本書は、建築事務所のなかのスタッフ同士の会話をそのまま収録する異色の建築本である。タイトルが示すように、建築家たちがどのように物事を決定していくのか、その設計のプロセスをあえて明示することで、建築を設計していくうえでのコミュニケーションの重要性を指摘する。その理念は、本書の冒頭にて次のように示されている。「建築をつくるという場合、そのプロセスこそ重要だと思った。プロセスがすでに建築なのである」（一〇頁）。

このように考えるのは、一方的に物事を決めつける建築家への懐疑があったからにほかならない。できあがった建築はその周辺環境に変化を与え、使う人にも大きな影響を及ぼしてしまう。建築とはそうしたなんらかの社会性を有するものであることにつねに自覚的でありながら、それに関わる多くの人たちの意志の共有が大切であると本書は強調する。

徳永京子＋藤原ちから『演劇最強論——反復とパッチワークの漂流者たち』（飛鳥新社、二〇一三）

本書は、主に二〇〇〇年代以降に活躍する演劇作家たちの活動の記録である。著者である二人の演劇ジャーナストによる、小劇場作家たちの紹介、インタヴュー、評論、アンケートなどで構成されている。著者によれば、二〇〇〇年代以降の小劇場作家たちは、他ジャンル（映画、音楽、建築など）を演劇に混ぜ込んだ新しい実践を試みているという。それは、一九六〇－七〇年代に唐十郎や寺山修司、鈴木忠志をはじめとするアングラ的な「小劇場運動」や、八〇年代以降の如月小春や野田秀樹が牽引した「小劇場ブーム」ともまた異なる、二〇〇〇年代半ばからの新たな潮流である。それらの演劇は起承転結の物語に捉われない多様性をもち、既存のものを繰り返したり、継ぎ接ぎしたりする「反復とパッチワーク」的な性格をもつ。そして、彼ら／彼女らの会場は小規模で、さまざまな土地を回遊する。二〇〇〇年代以降の演劇は、回遊する小規模な空間を舞台として、劇場から都市へとはみだし、現代口語を多用するなど、その新しい身体性の獲得が目指されている。ほかにも小劇場空間に着目したものとして、『ユリイカ』二〇一三年一月号、特集＝「この小劇場を観よ！ 二〇一三」(青土社) などがある。

インタヴュー 隈研吾

聞き手＝松山秀明＋柳井良文＋南後由和 構成＝松山秀明

――異分野の人と議論することにどのような可能性があるとお感じでしょうか。「アジアの際」で鼎談をされた感想からお聞かせください。

隈研吾 私は仕事柄、異分野の人と話をする機会が多いほうだと思いますが、これは自分でも積極的に行なっているところがあります。それは、いろいろな人と話をしたほうが自分の建築の立ち位置が見えやすくなるからです。例えば、私は一九八六年に、当時の建築界への反発から『一〇宅論――一〇種類の日本人が住む一〇種類の住宅』（ちくま文庫［初版＝トーソー出版］）を書いたのですが、業界内では一種のジョークのように受けとられてしまったんですね。けれども、その後に、梅棹忠夫さんや上野千鶴子さんなど異分野の人と対話をするなかで、私の本を位置づけてもらって、自分の思考を明確にすることができたんです。つまり、彼らと対話をすることで、自分のなかで安心して次のステップにいくことができたんです。それ以降、建築をつくるときには異分野の人と対話することを重視するようにしています。

「アジアの際」の鼎談では、中国や韓国に対する問題意識を共有できたのがよかったと思います。ふだん、私の事務所では仕事が始まってしまうと、その建築の社会的意義について自らに問いただすことはほとんどありません。とくに中国や韓国で頼まれる仕事に関しては、周辺住民と対話をする機会がほとんどなく、私とクライアントの一対一の関係になってしまいます。そうすると、いまやっているプロジェクトが社会のなかでどのような位置づけなのか見えにくくなってしまうわけですね。そうした意味で、「アジアの際」での鼎談は、自分の建築がアジアのなかでどのような歴史的意義や社会的意義があるのかを考えさせられる貴重な機会になったと思います。建築とは、つねに超時間的な審判を意識しながら設計しなければならないのだと改めて感じます。

――いま、日本人の建築家がアジアで仕事をすることに、どのような意味があるとお感じでしょうか。

隈　アジアから日本人の建築家に対して、ある二つの複雑な感情が絡みあっているように私は感じています。ひとつめは、日本が建築という領域において、いまだにアジアのなかで優位性を保っていることです。例えばＩＴ産業では韓国、鉄鋼業では中国が急成長を遂げている現状があり、これらの産業についていま日本に優位性があるとは言いきれません。しかし、建築、ことに建築デザインや技術に関しては、いまでもなお日本の優位性が存在しています。それは日本が近代建築を他のアジア諸国よりも先行して取り入れることができたことが大きく影響しています。そもそも建築という領域は、日本人の職人的体質にあっていたのかもしれません。一方、中国や韓国では、近代建築をうまく取り込めなかった事情もあって、いまだに世界的な建築家が育ってきていません。だから、いまでも中国や韓国の人は、日本人建築家の繊細な感性を求めて、建築デザインや技術を日本に頼っている側面があるわけですね。

けれども、日本人建築家を積極的に使いたいと思っている一方で、アジア諸国では日本に対する反発がどんどん強くなっている現状があります。これが、二つめです。アジアの国々にとって、日本人の建築家に設計を依頼することは、自国の文化を否定してしまうことにつながるのではないかという危惧があります。だから、技術的には使えると思っていながらも、心の底では、日本人がなにか変なものを背負ってくるのではないかと危険視もしているわけです。

こうしたアジアの日本への二律背反的な態度は、仕事上での緊張感にもつながっていきます。ヨーロッパやアメリカで仕事をする以上に、アジアではクライアントとストレスフルな関係にあるわけですね。逆に言えば、こうした緊張感こそが、日本人の建築家がアジアで仕事をすることの最大の意義であるとも言えるのです。

――当日の鼎談の最後で姜先生が、アジア各国にある「記憶の聖地」を越境的に日本や韓国や中国の建築家が設計しあうことの可能性について言及されていました。隈先生は、この発言についてどのようにお感じになられていましたか。

隈　私も姜先生がおっしゃった越境的な巡礼は、とてもおもしろいことだと思いました。じつはいま、私もアジアで寺院関連の仕事をいくつかやっています。なかでも杭州で一番大きい「霊隠寺の分院」の設計を依頼されているのですが、これは明らかにその都市の聖地にあたるわけですね。中国の人は聖地の設計を、日本人である私に依頼してきているわけで

隈研吾「霊隠寺の分院」外観イメージ
提供=隈研吾建築都市設計事務所

す。なぜそのようなことが起きているかというと、中国の僧侶のなかには自国の仏教が文化大革命で切断されたという意識をもつ人が多くいて、彼らは日本の仏教や寺院に対してある種の敬意を抱いているからなんですね。つまり、彼らは日本的な仏教の考えでもって、自国の聖地をもう一度修復しようと試みている。これはまさに、姜先生が仰っていた巡礼がすでに始まってきているひとつの例であるとも言えます。このような聖地の設計は、建築家である私にとっても貴重な経験で、ふだんより相手のことを深く理解し、敬いながら設計することになります。これは上から押しつけてしまいがちな建築的考え方とはまったく異なるものです。

では、逆に、日本の聖地ではどうかと言うと、まだ日本ではアジアの建築家たちを受け入れる素地が整っていないように思います。例えば日本では、聖地とされる場を欧米の建築家によく依頼しますが、そもそも彼らの日本に対する関心はすごく薄いわけですね。もしこれを中国や韓国の建築家につくらせたら、おもしろいものができるのではないでしょうか。日本を表象する場合は、日本のエッジにいながら日本に対して敏感な人たちのほうがいいと私は思っています。とくに韓国や中国の人たちは、身体のなかに日本的なものを共有しています。それは私自身もまた彼らの文化を共有している意識があるのと同じことです。ナショナリズムとは、自分の国や文化をいかに客観的に見られるかということでもあります。このようなアジアの建築をめぐる境界人たちが、自由にナショナリズムについて議論し、お互いを巡る機会が増えれば、もっと新しいアジアのかたちが見えてくると思いますね。

――鼎談以後の隈先生のアジアでの建築的思考の展開、そしてこれからの建築について考えていることがあれば教えてください。

隈　鼎談以後のアジアでの仕事で言えば、韓国の済州島でのプロジェクト《Jeju Ball》〔〇五一頁参照〕が一番気に入っています。このプロジェクトは韓国の建築家やフランスの建築家などと参加して、それぞれがほぼ同一条件で済州島に住宅を設計しようというものでした。他の建築家たちは、白いモダニズムの住宅や自分の様式にこだわったものを設計していたのですが、私からすれば、そこには済州島で設計することの緊張感が感じられませんでした。そこで私は、済州島の石を屋根に敷き、団子のような住宅をつくりました。これは自分のなかでもひとつの実験的な試みだったのですが、ここで目指した批判性は、韓国の人たちにすごく評価されました。その土地土地で、ストレンジャーの手で掘るからこそできる実験があるんだと思います。

いまアジアでは、急速に都市が変貌するなかで、同じ様式の建築に固執しているだけでは批判性は見えなくなりつつあります。建築はあるひとつのスタイルに固まるのではなく、絶えずクリティカルなものを求めながら、新しい実験をするべきだと私は思います。たしかに、かつてモダニズムも良質的なものに対する批判として、ひとつのスタンダードな様式を世界に伝播しました。けれども、それは集団主義的工業化に向かい、建築を均質的でつまらないものにしてしまいました。いま、私たちはそういう世界にいません。むしろ、これからは「継続する批判性」を建築でもう一回取り戻さなければならないと思っています。これは今回鼎談した藤森照信さんとも共有している思考だと思います。藤森さんはそこでプリミティヴなものに回帰することで批判性を創出されているわけですが、私の場合はむしろ、そうした批評性の毒を「現代的な技術」と交えることで見せていきたいと思っています。

［二〇一四年八月四日、隈研吾建築都市設計事務所にて］

インタヴュー　藤森照信

聞き手＝松山秀明＋柳井良文＋南後由和　構成＝松山秀明

――藤森先生が「国ごとの文化の違いに対する興味がどんどん薄れている」とおっしゃっていたのが強く印象に残りました。それぞれの文明に分化していく直前、とくに新石器時代に注目するようになったきっかけを教えてください。

藤森照信　以前、私は歴史家であると同時に歴史の教員でもあったので、建築のすべてを見なければいけないと思っていました。それが、設計を始めるようになって、ヨーロッパ建築に対する見方が変わり、自分の好きなものだけを見ればいいと考え方が変化しました。そもそも建築家の歴史像とはいい加減なもので、好きな建築だけを見ていても成立するものなんですね。それで私もきょうから好きな建築だけを見ようと思いたち、まずゴシックに興味がなくなったので、次にロマネスク、初期のキリスト教というように興味の対象がどんどん時代を遡っていきました。このままどこまで遡るのだろうと感じながら、カルナックのスタンディング・ストーン（フランス、新石器時代）を見に行ったとき、ものすごく感銘を受けて、それ以降、世界各地の新石器時代のスタンディング・ストーンを見るようになりました。ただ削りだした石が高く立っているだけなのだけれど、世界中に散らばる建築の原理を示していた。新石器時代まで戻れば、それぞれの国の建築の固有性はなくなるのだと感じました。

フランス、カルナックのスタンディング・ストーン
撮影＝藤森照信

それで気がついたのは、建築のインターナショナル・スタイルは二回あるということでした。ひとつは二〇世紀で、もうひとつがこの新石器時代です。新石器時代は、地域ごとの文明的差異が生じる直前という意味で、れっきとしたインターナショナル・スタイルだと思います。いままで意外にそういう見方で建築を論じた人はいませんでしたし、実際、私はそこに建築的なリアリティを感じることができました。新石器時代のスタンディング・ストーンには「高さ」しかありません。この「高さ」に横幅を足してエレヴェーションをつけたものが、エジプトのピラミッドであると考えればわかりやすい。ピラミッドは、新石器時代から青銅器時代へと移るなかで文明が地域ごとに固有化していく接点にある建築なんですね。ここがまさに、人類史的「際」だと思います。

――今回のテーマである「アジア」は、国ごとの固有性を考えることでもあったと思います。アジアを「群島共同体」として捉え、モダニズムのネガとして見ることの可能性も議論されましたが、どのようにお感じになられていましたか。

藤森　アジアをモダニズムのネガとして見ることは、きわめて遅れた考え方だと思います。モダニズムのネガとして考えることは別にアジアに限った話ではないし、そもそも、モダニズムはヨーロッパにとっても異質なものでした。日本では、丹下（健三）さんではじめて、モダニズムと日本の伝統様式を深くつなぐことができましたが、おそらく韓国や中国では、まだそのような伝統をふまえた建築のモダニズム表現ができていません。もしそれができたなら、アジアをネガとして考える思考もなくなるのではないでしょうか。

秋田県鹿角市十和田の大湯環状列石
撮影＝藤森照信

スコットランド、カラニッシュの
スタンディング・ストーン　撮影＝藤森照信

これからのアジアは、伝統という問題にきちんと向き合うべきだと思います。アジアの一番の問題点は、自国の建築デザインがどんどんできるようになったときに、世界がすでにポストモダンだったことです。アジアではたまたま日本がモダニズムの成立期に同調できましたが、日本以外のアジアの国々――韓国や中国、台湾、フィリピン――では、その始まりが根拠のはっきりしないポストモダンに巻き込まれてしまったのは悲しいことだったと思います。けれども一方で、モダニズムを経験することはいつでもできることです。時間はかかるかもしれませんが、アジア建築はもう一度、伝統をふまえた建築のモダニズム表現から始めるべきだと思います。モダニズムの応用問題は、世界の数だけあるんだと思いますね。

――いまの日本の建築界に対してはどのようにお考えですか。逆に、建築の伝統性に対する関心が薄れてきているように感じられます。

藤森　若い人たちの議論を見ていると、たしかに歴史性や地域性を考えなくなっていると感じます。けれども、いまの日本の建築界は、初めて「よくわからない」状態にまで至ることができたのだとも言えるのではないでしょうか。ヨーロッパでもアール・ヌーヴォー以降、時代の最先端は、参照する手本がないために「よくわからない」ものでした。日本では丹下さんの頃まではル・コルビュジエという手本がありましたが、それ以降になると次第に手本がなくなっていきます。だから、いまの日本の建築家たちの「よくわからないけれど、とりあえずやってみよう」という状態は、じつは時代の先端の特徴ではないかと思います。

――〈建築の際〉は、建築という専門領域の自閉性を、異分野と対話することで打ち破ろうとする試みでした。しかし一方で、そもそも建築という領域自体が、学際的だとする見方もできるかもしれません。今回、異分野の方々と鼎談されてみて、藤森先生が建築に対して改めてお感じになられたことはありますか。

藤森　建築を異分野と掛け合わせることが往々にして失敗してしまうのは、建築界にいると飽きることがないからなんだと思います。建築家同士で政治から経済、文化から芸術までなんでも語りあうことができるので、たいていの話題は建築の内部で完結してしまいます。以前、ある人から、どうして建築家はいつも建築家同士で話しているのかと聞かれたことがあります。それは、建築を通して、あらゆるジャンルのことが話せてしまうからなんだと思います。建築はバケツみたいなものです。なんでも入ってくるけど、そこからはなにも出ていかない。ブラックホールみたいなものです。

だから、建築は雑多なものを総合はするけれど、専門知というものはないと思います。そもそも建築学科でも、設計、構造、設備、歴史などに分かれていて、それぞれが違うことをやっています。構造や設備は基本的に数学を基盤としていて、設計のデザインになると数学から芸術へと逸脱していき、構造家が形と数学のあいだを調整している。逆に、これは相当優れたシステムだとも言えて、まったく役割の異なるものが最後にはひとつのまとまりになっています。二〇世紀以降、「億円」を超える産物のなかで、根拠もなくバラバラなのは建築だけではないでしょうか。自動車や飛行機などを見ればわかるように、合理性を追求すればするほど形は似ていきます。けれども、建築だけはあいかわらず多種多様で、施主からもいまだにほかとは違ったものをつくってほしいと要求される。その「純度の低さ」が建築の魅力なのかもしれません。建築の場合、どんなに抽象的なことを論じていても、ガラスやコンクリートなど、最後には必ず具体的なもののレヴェルまで落ちていきます。しかも、その作業はあまりに即物的で、曲げたり、組んだり、突き合わせたりといった、子どもでもできる。こういうおもしろさは他の領域にはない魅力だと思いますね。だからこそ、純度の高いものをたまに入れたくなるのではないでしょうか。文学や芸術、音楽など、純度の高い領域の専門家たちと接してみて、その対話をバケツのなかに入れてみたい。それは、建築が不純で雑多でしかいられないがゆえの、「安心感」なのだと思います。

［二〇一四年八月五日、藤森照信事務所にて］

インタヴュー　山本理顕

聞き手＝松山秀明＋南後由和　構成＝松山秀明

――山本先生は〈建築の際〉以外にも、『徹底討論　私たちが住みたい都市』（平凡社、二〇〇六）の編者をされるなど、異分野の方と積極的に対談されている印象があります。異分野の方と対談をすることは、建築の設計にどのような意義があるとお感じでしょうか。

山本理顕　私は設計をし始めた当初から、建築、とくに近代建築の枠組みがひじょうに狭い範囲に閉じられていて、不自由さをもっていると感じていました。それは建築の歴史や計画学、デザインにしても「これが建築である」という枠組みがひじょうに狭く限定されているという実感からでした。例えば住宅と家族の関係を見てみても、われわれはある枠組みにとらわれていて、住宅のなかに一定の家族像――お父さん、お母さん、子どもというセット――を無意識に想定しています。建築学科で住宅の課題を出されるときでも、これにせいぜい犬が加わる程度で、これでは建売住宅の設計と変わりありません。これは美術館や図書館、博物館であっても同じで、すでにあるビルディング・タイプがあり、そのプログラムに従って設計することを求められるという現状があります。多くの人が共有しているこのようなステレオタイプな建築の見方を疑うことが、そもそも異分野の人と話をしてみたいと思った動機です。

空間的に捉える思考方法は、建築だけがもっているものではありません。社会学や経済学、法律学、数学も、それぞれが空間認識の方法をもっています。建築家はそういう異分野の空間解釈を積極的に学び、話をする機会をもつべきだと思います。それはとくに建築の空間の場合は、社会制度と深く結びつくものだからです。『思想』（岩波書店）での連載「個人と国家の〈間〉を設計せよ」（全五回、二〇一四）でも詳しく触れましたが、建築とは社会制度の空間化なのです。けれども、われわれはそのことを忘れていて、いざ建築ができあがってしまうと建築が社会的制度であることを意識せずに、機能的必然があってそこにあるかのように受け止めてしまう。それは空間の無意化につながります。それが管理された空間だとはもはや思ってもみないという意味です。こうした空間の無意識化が管理システムとして、ひじょうにうまくできているのです。これを自覚するためにも、まず、いろいろな人と対話をすることが必要なのだと思いますね。

――社会的制度としての建築を自覚するために、山本先生はエンド・ユーザーとのワークショップを重視されているのでしょうか。

山本　そうですね。そもそも建築家は「誰に向って建築をつくっているのか」ということに自覚的でなければならないと思います。建築は機能的にオートマティックにできあがっているものではないのです。例えばマンションをつくるときでもふつう施主がいて、資本を出す人がいて、彼らに利潤を還元するように頼まれるわけですが、そこにはマンションに住む人が誰なのかという問いがありません。いままでの多くの建築が、こうして都合よく抽象的な住人を想定してつくられてきました。けれども、まず考えなければいけないのは、そこに住む人とは何者かということであるべきです。建築家が自分の思想を伝えるのは資本家や行政の担当者ではなく、エンド・ユーザーとしての住民なんですね。ですから、ワークショップとは、建築家個々人の思想を伝える相手を見つける場なのです。本来建築はワークショップのようなかたちで、問いかける相手を発見しなければつくることができないと私は思っています。建築は、資本主義社会のなかでただ利潤をあげる人のためにつくるものではないのです。

しかし、最近、言葉の曖昧さゆえに、ワークショップ自体が変質してきていることもたしかです。建築家が問いかける相手を、行政側があらかじめ準備してくる場面が出てきて、例えば地域の有力者などが集まって、形式的にワークショップと呼ばれることをする。ワークショップは認識されはじめた一方で、しだいに形骸化し、「さまざまな人たちの意見を聞く」という名目のために行なわれてしまう危険性もあるわけです。建築家は、設計者の主体がどこにあるのかをつねに問うていなければならないのだと思います。

――当日の鼎談で山本先生は、野田秀樹さんの『パイパー』のラストシーンをご覧になって、「言葉だけなのにこれだけの空間を感じたのは初めてだ」とおっしゃっていました。「言葉」と「空間」の関係とはどのようなものだとお感じですか。

山本　あのラストシーンはすごかったですね。私も演劇に詳しいわけではありませんが、あれほどすごい場面を見たことがありませんでした。二人の役者がそこに止まっているのに、すごいスピードで空間を移動しているように見えました。観客はあのラストシーンに至るまで彼女たちの物語を見て同じ空間を共有していたからこそ、彼女たちが話し始めただけでその共有する空間が見えたのだろうと思いますね。あれがファーストシーンだったらきっとよくわからなかったと思います。これが演出のすごさだと思いました。あのラストシーンのために、おそらく野田さんは観客たちとともに共有されるべき空間を設計しつくりあげたのだと思います。この空間の共有とは、同じ劇場にいるすべての人が私と同じ空間を感じているだろうなと思う感覚のことなんだと思います。同じ空間を共有している、同じ空間の中にいるという感覚のことを、ハンナ・アーレントは「リアリティ」と呼びました。野田さんのあの演出はまさに「リアリティ」の創出だったと思いますね。その意味で言えば、先のワークショップもみんながもともともっているイメージを言葉として共有し、そこに「リアリティ」をつくっていく作業であるとも言えます。

——鼎談後、山本先生はＫＡＡＴ神奈川芸術劇場で『トカトントンと』（原作＝太宰治、演出＝三浦基、地点＋ＫＡＡＴ神奈川芸術劇場、二〇一三）の舞台美術を担当されています。演劇の創作は建築とどのように異なるのでしょうか。

山本　舞台美術をするのは初めてだったのですが、演出家の三浦基さん（「地点」）の過去の公演とは違うものにできないかという思いはありました。それで後方のパネルで風を表現し、役者の足元が見えない演出をしたのですが、とくに足元を見せない舞台をやってみて私としてはおもしろかったですね。足元が見えないと歩いていることすらわからなくなり、行動や身体の見え方がまったく変わってくるんですね。演劇はそうした日常空間ではありえ

KAAT ×地点『トカトントンと』
（原作＝太宰治、会場＝ KAAT 神奈川芸術劇場大スタジオ）
撮影＝青木司

ないことを演出し、従来の見え方に対する「違反」ができるということの発見でした。おそらくおもしろい演劇というのは、われわれがふだん考えている振る舞い方を批判し、観客に「えっ」と思わせるものなのだと思います。実空間を演出によって虚構の空間へとつくりかえることが、演劇の醍醐味なのではないでしょうか。これはあるできあがった空間の中で約束に従って振る舞うことよりも、はるかにおもしろい創作だと思いますね。

――最後に、これからの建築の「振る舞い方」や「閾」について考えていることを聞かせてください。

山本　私が原広司研究室にいた頃、何度も集落調査に行ったのですが、あるときそれぞれの集落や住宅が機能的ではなくて、そこでの振る舞い方に則っていることに気がついたんです。そこでは空間が生活のルールをつねに再現できるようにつくられていました。近代建築は、こうした建築の振る舞い方を機能や用途に解体してしまいました。例えば男女で違う振る舞い方をする空間があったら、その空間は機能的ではないとみなしてしまう。振る舞いのためにできている住宅の空間を過去のものであるかのようにみなしてしまうのです。いまの社会ではすでに役割を終えた住宅であるかのように見てしまうわけです。振る舞いに則ってできていた住宅は、それぞれの住宅が相互に関係しあう仕組みをもっていました。外から来る人を迎え入れる空間が準備されていたのです。そうした空間を私は「閾」と呼んでいます。私が調査した集落の住宅にはすべて「閾」のような空間が準備されていました。そうした空間によって集落全体がひとつのコミュニティを形成できたわけ

です。しかし近代以降の住宅には「閾」はありません。ドアを閉めてしまえば住宅は完全な密室になってしまいます。そのような外から隔離された住宅に、私たちはいま住んでいるわけです。そうした「一住宅＝一家族」システムがいまの居住システムです。私はもう一度、この「閾」という空間を考えなおすことから建築や都市を考えなおしたいと思っています。それはアーレントのいう「権力」について考えることでもあると思います。ここでいう「権力」とは、支配者のそれではなく、〝自分たちのことを自分たちで決めることができる力〟を意味します。コミュニティの本質は、ただ仲がいいとか、ただ集まるということではありません。そのコミュニティに自分たちで決めることができる「権力」がありうるかという問いかけが必要なのだと思います。そうしてはじめて、コミュニティという意識が生まれ、私たちが共有する空間という意識がつくられるのだと思います。

［二〇一四年八月八日、山本理顕設計工場にて］

第2章 メディア／差異／両義性

形式の際

青木淳＋菊地成孔＋岡田猛

映像の際

鈴木了二＋黒沢清＋田中純

メディア／差異／両義性

文＝難波阿丹

「形式の際」と「映像の際」では、建築、音楽、映画における創作プロセス、時系列にしたがっての形式（様式）の進化、および制作をめぐる方法論の生成について議論した。「形式の際」では建築と音楽を、「映像の際」では建築と映画を題材に、異なる分野の創作者によって、時間や空間の設定に関する対話がなされた。建築は空間を、音楽は時間を前提として、変形を加えていく。創作プロセスにおいても、建築と音楽の全体的な印象とそれを構成する単位を融合する手法が対比された。一方、建築と映画については、二〇世紀に制度的なシステムが確立した映画と、古代から存在する建築を対照する手がかりとして、「気散じ」（ベンヤミン）的な受容経験の共通点や、記憶媒体としての役割を議論した。

二つの鼎談では、異なるメディアを制作の手段とする創作者によって対話がなされたが、そこで明らかになったのは、第一に、時間、空間との関係性、そしてそれを扱う創作のプロセスを固定化しない試みであった。時間や空間は先回りして創作者やユーザーの行為や感覚を規定するが、即興や偶然の出会いを孕んだものとしてそれらと自由な関わりを結ぶことが、創作者によって模索される。また第二に、映画と建築の非対称でありながら類同的な創作態度が浮き彫りにされた。両者はサスペンスの時空間を設定する。鈴木が黒沢映画に指摘する「踊り場目線」や「階段」に代表されるように、宙づりにされ、上下に分類されない曖昧な位置にサスペンド（保留）された視線が、静的な「空間」概念に収束しない意識の隙間を見出していく。二つの鼎談を通して、方法は異なれど、従来の安定的な時空間の秩序を前提とせず、揺さぶりをかけることが、創作態度の共通項として認められた。

第2章 メディア／差異／両義性

形式の際

青木淳＋菊地成孔＋岡田猛

映像の際

鈴木了二＋黒沢清＋田中純

「形式の際」は、

文＝難波阿丹

建築家の青木淳、音楽家の菊地成孔、認知心理学者の岡田猛を招いて、建築、音楽、モダン・アートなどの各分野で、メディアの特性を活かしながら創作を試み、制作のメカニズムを提示することを狙いとした。とくにモダン対ポスト・モダンの構図からモダニズムをやり直すこと、またジャズのレコンキスタ（失地回復運動）としての、コンピュータによる制作および鑑賞方法の変化など、建築と音楽の制作環境をかえりみる一方、作品の構造に差異を生みだしながら創作するプロセスについて語ってもらった。

例えば、青木は《N》や《青森県立美術館》という自作を「曖昧さ」をキーワードに説明する。空間の配置やスケールのずらし、また、市松模様やメビウスの輪のように表裏の関係を反転させる操作によって、作品に両義性や曖昧さを生じさせる不安定な宙づり状態への関心が示された。また、菊地はアルバム『DEGUSTATION A JAZZ authentique/bleue』から楽曲を紹介し、従来のジャズの中心原理からの逸脱が生みだす独自の創作技法や時間概念について語った。さらに岡田は、現代アーティストが自身の「創作ヴィジョン」を手に入れる段階をつぶさに観察することによって、「ずらし」の理論を提起した。三者の制作および研究に共通するのは、すでにある状況の差異化によって、別のモードや様相へと変化をもたらす新しい認知のフレームワークである。

——本日は、認知心理学者の岡田猛氏には、研究者の立場から現代美術のアーティストの創作プロセスについて、また建築家の青木淳氏と音楽家の菊地成孔氏には、ご自身の制作スタイルや方法論についてそれぞれお話しいただき、各芸術分野の歴史的な形式と個人的な形式の関係について探っていきたいと考えています。

曖昧さや宙づり状態をつくる

青木淳　いくつかのプロジェクトを例にお話ししていきたいと思います。最初に紹介するのは、横浜の港北ニュータウンにある《N》(二〇〇七)です。この住宅はどの部分をとっても周りに建っている住宅のコピーのようなものになっています。ですから建物を正面から見てもそれほど違和感がないはずです。屋根はよくある形ですし、屋根面の素材にしても、後で白く塗っている以外は、周囲の建物と変わりません。十字に切れている窓の形もよくあるタイプのものです。周りの建物と同じように樋を付けています。ですから、見に行っても気がつかないかもしれません。しかし、上から見ると、家が思いがけず小さく、土台からちょっとはみ出る感じで手前のほうにちょこんと建っているので、じつは周りの建物とつくり方が違うことがわかると思います。斜めから角度をつけて見ると、ふつうの建物よりもだいぶ奥行きがないことがわかります。さらに、周囲とは建材の付け方やつくり方が少しずつ違うので、全体の印象はなんとなくいびつな感じを受けるかもしれません。つまりこの建物は、周りのニュータウンの建物の感じと、ニュータウンの建物ではない感じと、その両方を同時に感じられるようなつくりになっています。断面を見ると下に大きな

青木淳《N》の周囲のようす
提供=青木淳建築計画事務所

同、外観　撮影=阿野太一

空間があるのがわかると思います。建物の中は、地下は天井が高く大きな空間なのに対して、上階は天井の低い小さな空間になっているため、下にいると自分を小さく感じ、上に行くと逆に自分が大きくなったように感じる。つまり内部に入ったときには自分の大きさがゆらぐ感じがあり、そういう意味では、先ほど言ったようにニュータウンに典型的な建物の感じとそうでない感じの宙づり感と併せて、曖昧でアンビヴァレントな建物になっていると思います。

こうした曖昧さはほかのプロジェクトにも表われています。例えば青山の《SIA青山ビルディング》(二〇〇八)は、窓が規則正しく並んでいるような、並んでいないような、ちょうど手描きのスケッチを三次元に起こしたような外観をしています。なぜかというと窓をフリーハンドで描いたかのように「ほぼ正方形」とか「ちょっと曲がっているなにか」というような曖昧な見え方にしたかったんですね。また、窓の大きさもガラスのへこみ方もそれぞれ何種類かパターンがあり、大きい窓ほどガラスを浅い位置にしているので、その組み合わせによって不思議な効果を出すことができます。さらに、建物の高さはおよそ六〇メートルで、階高を各階六メートルほどと通常より高くとり、ひとつの階にそれぞれ窓を二段配置することで、外から見た時に何階建てなのかが判別しづらいようにしています。周りの建物と比べ、曖昧でどっちつかずでかなり不思議な表情になっていると思います。

《青森県立美術館》(二〇〇六)は、隣接する三内丸山遺跡から着想を得て設計しています。発掘現場のトレンチ(壕)の幾何学模様のように凹凸に掘った敷地の上に建物の量塊を覆いかぶせるかたちになっており、さらには建物の下の面を凹凸にすることで、噛み合

青木淳
《SIA青山ビルディング》外観
撮影=阿野太一

同、内観　撮影=阿野太一

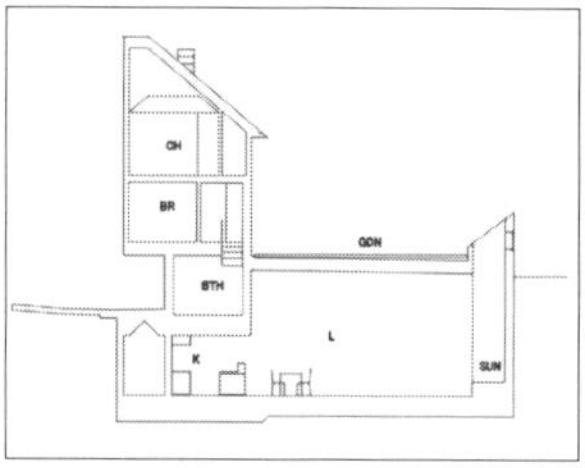

青木淳《N》断面図
提供=青木淳建築計画事務所

わせの悪い歯並びのように隙き間をつくりました。建物内部のホワイトキューブの空間だけでなく、土の床、土の壁の、これらの隙き間も展示空間になっています。こうした断面のアイディアを、次に平面にどう展開するかを考えました。この断面形からそこでの空間体験を想像すると、土の空間から隣の部屋に移動すると、いつのまにか建物の中に入ってしまい、またそこからさらに奥に移動すると、土の部屋に出てしまうというように、二つの部屋が交互に出てくるようなことがイメージできます。そこで、そうした前後左右どちらに移動しても交代が起こる関係を平面形で考えると、それは市松模様によるプランになるでしょう。ですので、最初に市松模様のように「ホワイトキューブ」と「土」を配置して、そこからくっつけたり、ずらしたり、ちょっと大きくしたりして、平面をつくりました。ここで重要なのは、市松模様がそうであるように、二つの部屋は地と図が反転し続ける関係になっていて、主従関係が曖昧になっている点です。この美術館では迷子がひじょうに多いのですが、物理的な大きさが原因というよりも、地と思っていたら図で、図と思っていたら地になっていたというアンビヴァレントな宙づり状態を強いる構造になっているためだと思います。建物の外側はレンガを積んで白く塗っています。遠くから見ると白い塊に見えるのですが、近づくとレンガだということがわかります。断面が斜めにカットされているので、すごく薄っぺらく見えるんですね。だから、レンガが積んであるようにも、たんにウォールペーパーを貼っているだけにも見える。この建物ではさまざまな次元においてどっちつかずの両義性が実現されているのです。

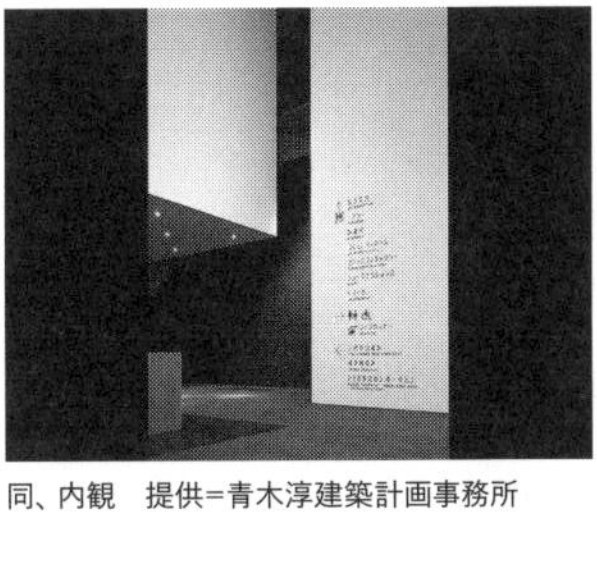
同、内観　提供＝青木淳建築計画事務所

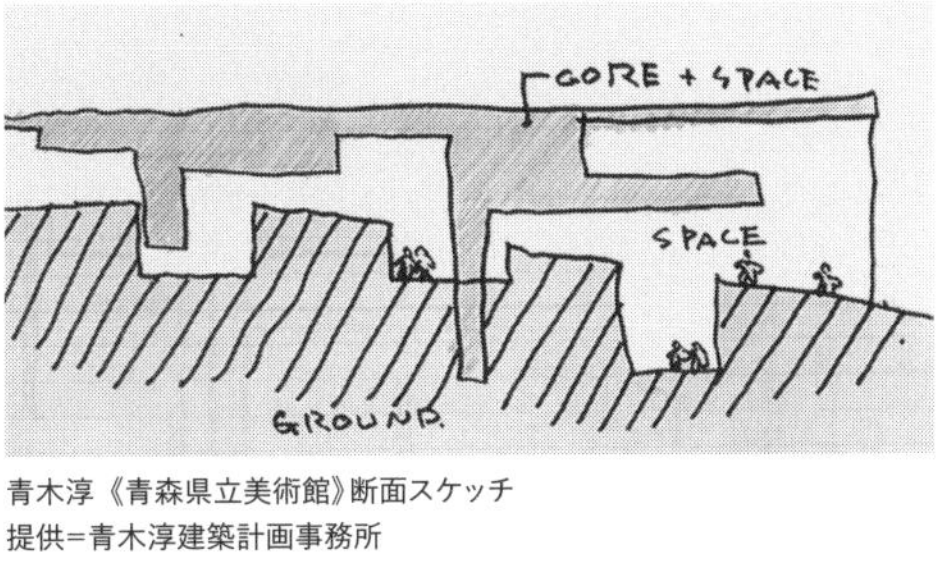

青木淳《青森県立美術館》断面スケッチ
提供＝青木淳建築計画事務所

アーティストの「創作ヴィジョン」と「ずらし」

岡田猛　私は、基本的には認知心理学を専門にしており、最近では現代美術のアーティストたちの創作を探る研究をしています。

二〇〇八年の秋に、東京大学大学院総合文化研究科・教養学部駒場博物館において「behind the seen アート創作の舞台裏」という展覧会を行ないました。一般的にアートの展覧会では完成した作品を見せるものですが、ここではアーティストの創作プロセスの裏側を見せようと考えました。

われわれはアーティストの創作プロセスを、複数のスパンに分けることで捉えられるのではないかと考えています。ひとつの作品ができあがっていく過程も創作のプロセスには違いありませんが、もう少し長いスパンで見たときになにが見えてくるのか。

最初に、最も長いスパンである「創作ヴィジョン」の熟達についてお話しします。「behind the seen」展では、展覧会企画の準備段階で、一三人のアーティストに作品のポートフォリオを見せていただきながら話を聞いていきました。インタヴューの結果、年齢にばらつきはあるものの、ほぼ全員のアーティストが、作品制作における熟達の段階として三つのフェイズを経ることがわかりました。

第一のフェイズとして、アートの学校を卒業してから最初の四、五年ほどは、ほかの人の作品の真似をしてつくろうとする時期があります。あるいは逆に「アイツとは違うのだ」という思いから真似をしないようにするのだけれど、結果として近いものになってしまうということが起きます。外部の基準に囚われたまま、なんとかしようとしたがために似て

同、外観　提供＝青木淳建築計画事務所

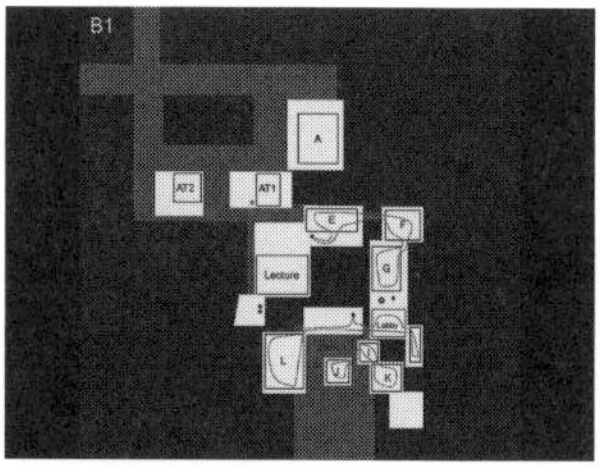

青木淳《青森県立美術館》
各室の配置と導線
提供＝青木淳建築計画事務所

しまう。

そうしたなか四、五年経ち再びいきづまると、自分の外側から内側に向かう一種の自分探しが始まる。これが第二のフェイズです。この段階では自分に関係した作品、例えば自画像や自分をモデルにした立体などが多くつくられる傾向があります。

しかし、それもしばらくするとやはりいきづまってきて、もう一度作品がガラッと変わる時が訪れます。最初はなぜ作品が変わったのかがよくわからない。外からの評価が変わったり、自分のなかでもなにか手ごたえを感じていろいろ考えていくうちに、多くの人は、「これが自分のやりたかったことなのだ」と気づくのです。生と死の問題や、コミュニケーションとはなにか、あるいは「見る」とはどういうことなのかというような、一般的な、あるいは抽象的な視点が出てくる。これをわれわれは「創作ヴィジョン」と呼んでいます。いったん「創作ヴィジョン」ができあがると、作品はヴィジョンに沿ったかたちで次々に展開していく。

「創作ヴィジョン」とは、アイディアやコンセプトの生成に関わっている認知的な枠組み、フレームワークのようなものです。そうしたヴィジョンがあるために、個々の作品の表面的な形は違っていても、誰が見てもあの人の作品だと言えるようなスタイルができあがっていく。創造には「新しい」という概念と「独自の」という概念が含まれますが、独自の部分がつくられるためには、毎回違うことをやるのではなく、一貫したひとつの作品世界を積み重ねていくことが必要で、それが「創作ヴィジョン」に関係しているとわれわれは考えています。

次にひとつの作品制作という比較的短いスパンでの創作プロセスについてお話しします。

「behind the seen アート創作の舞台裏」展
撮影＝山田亘

展覧会では二人のアーティストを取り上げ、ひとつの作品の制作プロセスにおいての変化と展開を調べ、「ずらし」という概念を提示しました。心理学において「類推（アナロジー）」は、人がなんらかのターゲットを理解する文脈で使われます。それに対してわれわれは、創造の文脈、つまりターゲットをつくる文脈において「類推」を扱おうとしました。典型的な例として、原子の仕組みを理解するために、似た仕組みをもつ太陽系をモデルにする方法があります。原子に太陽系を当てはめる（マッピングする）ことで、原子の仕組みを理解する。ここでは類似性という考え方が重要です。しかし、創造の文脈では、もっと別の考え方が求められてくる。例えば、アレクサンダー・カルダーが友人であるピエト・モンドリアンのアトリエに行って抽象絵画を見たときに、赤く塗られた部分が風になびくとおもしろいのではないかと考えたことから、彼独自のモビールという、風になびく彫刻のスタイルができあがった。ここで重要なのは、モデルと類似したものをつくることではなく、構造の差異を生み出すことです。これをわれわれは「ずらし」と呼んでいます。この「ずらし」は、大きな構造を維持しながらも新しいものを見出していくときに使われる方法だと言えるでしょう。

さらにわれわれは「ずらし」には三つのタイプがあることを発見しました。第一に、ある表現技法をさまざまな主題に当てはめてずらしていく「主題のずらし」、第二に、上位概念のなかで異なる表現技法や違う構造を見出す「構造のずらし」、第三に、さらに上のヴィジョンへと向かい新しい概念を生み出す「概念のずらし」という方法です。

整理しますと、現代アーティストの創作を支えているものとして、ひとつには、長い期間にわたり作家をガイドしていくような「創作ヴィジョン」がある。また、より短いスパンでは、いままでのものを乗り超えて新しいものを見出していくような試みとして「ずらし」が行なわれている。この「ずらし」においては、まったく違うものをつくることが目指されるのではなく、以前の作品や他の作品から影響を受けながら新しいものが生み出されていくのです。

以上は美術におけるアーティストの制作プロセスの話ですが、これを建築や音楽に当てはめるとどのようなことが言えるのか、鼎談のなかで青木さんと菊地さんにお聞きできればと思っています。

モダン・ジャズと「形式」のずらし

菊地成孔　最近はアコースティック音楽を含めたあらゆる音楽において、録音から製作、納品に至るまでコンピュータが使われる時代になりました。そうしたなかで——音楽関係者のあいだでは汎用性の高いテクニカルタームですが——波形編集、つまり音を波形で見て編集することが可能になっています。極論的に言うと、音を聴かなくても絵を見て切ったり貼ったりして音楽をつくることができるようになったんですね。
ひとまず、私のアルバム『DEGUSTATION A JAZZ authentique/bleue』（ｅｗｅ、二〇〇四）から、いくつかのトラックを聴いてもらおうと思います（曲を流す）。

● 「アルト・サックス、ウッド・ベース、ドラムス、ハープによる無調クールジャズ風」［Track 2］
● 「アルト・サックス、ウッド・ベース、ドラムス、ハープによる無調クールジャズ風」［Track 3］

菊地成孔
『DEGUSTATION A JAZZ authentique/bleue』

● 「エリザベス・テーラー（カルテット）」［Track 7］

菊地　音楽では「1、2、3、4」とカウントした瞬間にある時間が設定され、プレイヤー全員が意識を集中させ演奏を行ないます。これに加えモダン・ジャズでは、プレイヤーが平等にソロをとり、好きなだけしゃべって（演奏して）退場するといったスタイルを採り入れることにより、演奏が長時間化していきます。ポップスでは決められたセリフをしゃべるだけですが、ジャズでは、プレイヤーは最初訥々としゃべっていても徐々に口数が多くなり、もうしゃべることがなくなるまでしゃべり続ける。モダン・ジャズ以前はソロを取る必要がなかったベースまでソロを取るようになっていきます。

こうしてジャズの演奏はどんどん長時間化していったのですが、いま聴いてもらった『DEGUSTATION A JAZZ』の三つのトラックは、それぞれ一分程度で終わります。好きなだけしゃべっていいわけではないという意味で、モダン・ジャズの形式をずらしていると言えなくもないのですが、じつは一分で演奏を終わろうとあらかじめ決めておけば、さほど難しいことではない。このアルバムにモダン・ジャズをずらす形式があるとすれば、もっと別のところにあります。

西洋では、時計で計れるような客観的な時間を「クロノス」、伸び縮みする主観的な時間を「カイロス」、時間がなにもない空間に発生する時間を「イーオン」と言うんですね。人は音楽の生演奏になぜ癒されるかというと、なにもない空間に「1、2、3、4」と時間を発生させるからです。ただし、発生させた時間も一分、二分と経つうちにクロノス化していくので、そのなかでイーオン化、つまり脱クロノス化するためには、音楽家が追いかけているのと別の時間を演奏中に設定しなければならない。そこでポリリズムが出てくるわけです。ポリリズムとは複層リズム、つまりリズムを、ある整数的なカウントで数えている、それと同時に違う単位で数えられる、そういったもののことで、ヨーロッパの音楽にはあまり含まれませんが、それ以外の民族音楽には豊潤に含まれます。さまざまな階層があるのですが、いずれにせよこの存在が、時間の発生感を促します。自分が、ひとつだと思っていたタイムラインに、別のラインがあることを自覚するわけなので。

じつは先ほど紹介した演奏では、プレイヤーは同じスタジオに集まっていません。それどころか、顔を合わせてすらいない。リズム隊であるドラムとベースとピアノのパートを、それぞれ個別にスタジオに呼んで、ひとりずつ録音しました。異なるＢＰＭ（Beats Per Minute）で演奏してもらい、それらの音源を僕がミックスしました。といっても、アタマを揃えただけの簡単なものです。それぞれ三分くらい演奏してもらっていますが、使えそうなところを僕がチョイスして一分くらいにする。おしゃべりが始まって、いいことを言うまえに切ってしまう。あるいは、いいことをすぐに言わざるをえない状態をつくってしまう。これはじつは臨床心理のアナロジーです。ジークムント・フロイトの考案した臨床システムは五〇分という決められた時間に対して報酬が支払われるものでしたが、ジャック・ラカンの場合は、重要なタームが出たらそこで診療は終了しました。このやり方は臨床精神分析学のポストモダニズムと言われたわけですが、ジャズのアドリブを発話と考えた時、モダンはとにかく発話していく、したいだけする。それで制限時間がきたら終わるという感じでした。そこで、このアルバムでは、いよいよ言いたいことが出た、という瞬間で、どんなに短くても終了させてしまう。そのように編集します。

このようにリズム隊の音源を簡単にミックスしたものを、今度はソロをとるサックス奏者に聴かせます。ちなみに僕はサックス奏者なのですが、僕自身はこのアルバムでは曲によって吹いていたり吹いていなかったりするんですね。一般的にはジャケットに名前を冠したり顔写真を載せたりしている人間が演奏することが暗黙の前提なのですが、このアルバムにおける演奏者としての僕の立場は不明瞭で、「宙づり」になっています。ここではサックス奏者がリズム隊の音源を聴きながら演奏するわけではありません。サックス奏者には最初に音源を聴かせて、あとで思い出しながらプレイしてもらう。最後に再び僕が編集してできあがったものが、いま聴いていただいたトラックです。

モダン・ジャズでは、共有されている幻想としてのクロノス時間に対して、プレイヤー全員が演奏しながらずらしていくことを発達させてきたので、このくらいのズレは通常のズレの範囲内だと受け入れられる点にミソがある。ところが実際は、いま説明したように、同時に演奏しながらある決まりに則ってずらしていくというやり方の限度を根底から超えている。楽器をやったことのある方、なかでもアンサンブルを重視する音楽をやっていた方はわかると思いますが、ふつうは人と合わせるように訓練されているわけですから、このまま演奏しろと言われても、ふつうはできない。ところが、先ほどの楽曲にはライヴ盤もあるのですが、そのときは合わないようにリハーサルをしました。何年も合わせる訓練を積むことでプロフェッショナルとしてやってきたプレイヤーたちが、そのスキルをマイナス方向に磨き直してステージに上がったわけです。

ここで重要なのは、一つひとつの音の素材は、過度にカリカチュアライズされたと言っていいほど「ジャズっぽい」わけです。このアルバムが出た当時、ほとんどの人は「ふつうのジャズっぽい」というような反応をしたのですが、それは音質が揃っているためでしょう。以前僕はもっと露骨に奇矯な音楽をやっていたので、このアルバムではむしろ保守化したと言われたくらいです。ただ、律動や時間に対して敏感な感覚がある人からは、「これはなにかの間違いじゃないですか」という反応がきたんです。さらに言うと、ずれていることが気持ち悪いと感じる人と、気持ちよく感じる人がいるわけで、これに関して音楽家がどうこう言えることではない。そういう意味では、聴衆の存在とその理解、そしてそれに関連した売り上げなどが、例えば建築などのジャンルとの最大の違いかもしれません。

建築と音楽におけるモダニズムの再発見

――鼎談に入るにあたって、いくつか補助線を引いておきたいと思います。ひとつは創作プロセスです。具体的には、青木さんと菊地さんが作品をつくるときにどのようなことを考えているのか、コンセプトやつくり方をお伺いしたいと思います。また、ご自分の創作を、それ以前に存在した歴史にどう位置づけ、あるいはどうずらそうしているのか。そして、最終的にはお二人が、建築と音楽を通してどのような世界を実現しようとしているのか、建築や音楽の未来にまで話がつながっていけばいいと考えています。

菊地　例えば、「モダン」「ポストモダン」という言葉自体が雑な用語です。ジャズはあるときから「モダン・ジャズ」と言われるようになりますが、商用的に使われる音楽のジャンルで「モダン」という語が付いたのは、大きなテクニカル・タームとしてはモダン・ジャズだけで、なにがモダンなのか問われずに定着したわけですね。モダン・ジャズがあるならば、プレモダン・ジャズやポストモダン・ジャズもあるはずです。

私は一九六三年生まれですが、ちょうど思春期にあたる一九七七－七八年頃、ロックの先にあるものとしてニューウェイヴが出てきた。勢いイギリスのユースカルチャーでは、ロックをはじめとしたいろいろな音楽ジャンルにおいて「ポストモダン」のレッテルが貼られ始めました。ジャズも例外ではなく、ある種の曲は「ポストモダン・ジャズ」ともてはやされたわけですが、僕にはそれはたんにモダン・ジャズに奇矯なガジェットを載せたようにしか聴こえなかった。もしポストモダンがあるとしたら、ひじょうにモダンに似ているけれど、よく見ると根本からつくりが違っているものじゃないかと二〇歳の頃から思っていました。モダンがどのようにできているか構造を読み取ったうえで、全部外していけば、おのずとモダニズムの解体になるだろうと、ひじょうに図式的ではありますが、そのように考えていたんですね。

岡田　モダン・アート以前は、神様がつくり給うたこの美しい世界を描き写すことがアートの目的でした。一方、モダン・アートではそれまでのアートを覆していく目的が設定された。菊地さんがやっていらっしゃることは、それに近い感じがします。コンテンポラリー・アートでは、社会、文化、歴史というアート外の文脈と結びつきながら作品をつくる方向に動いていく。

青木　建築の場合は、かつて存在した過去の建築がある一方で、私たちを取り巻いている既存の建物もあります。そういう意味で個人的には、建築をする動機として、過去を超克することよりも、目の前にあるものをどう変えていくのかに重きを置いているのかもしれません。いろいろな約束事にがんじがらめになっているように見える既存のものを、どのように変えていけるのか。しかも、がらっと変えてまったく新しいものをつくりたいというよりも、いまあるものを違う様相にしたいという願望が大きい。

モダニズムの時代の建築においても、本当にいいものは、そのようにつくられている。いわゆるポストモダン建築の文脈では、モダニズム建築に対し「ミニマル」で「機能的」で「非人間的」だとレッテルを貼って、攻撃の標的にしたわけですが、じつは個々の建築の中身をあまり見ていなかったのではないか。例えばモダニズムを代表する建築家であるミース・ファン・デル・ローエの建築は、遠くからと、近づいたのでは、見え方が変わるので、どういう建築か断定することを許さないところがある。その点がミースの建築をすごいものにしているのですが、ポストモダン的な建築批評においては見落とされている気がするんです。

そういう意味で僕たちは過去のものを壊すより、モダニズムをもう一回やり直している。しかもそれまでは見えていなかった部分に着目してやり直していると言ったほうがいいかもしれない。一方でポストモダンというのは、建築的にはたいした意味はなくて、多くは菊地さんがおっしゃるように表面だけを変えたにすぎない。

菊地　当時は「ポストモダニズム」ということにされていましたけれど、結局、いまから俯瞰したら「80's マニエリズム」という括りでよかったのではないかと思います。要するに一九八〇年代には好景気に支えられた躁病的なマニエリズムがあって、もとの文法を極端に肥大化しカリカチュアライズすることで、まったく新しいことが起こったような顔をしていたものが、時代の空気としてあらゆるジャンルではびこっていたと。しかし、それらが「ポストモダニズム」という言葉で括られたとき、その理念の濃度は、さほど濃いものではなかったような気がするんです。

いま青木さんは、モダンの見落とされたところをもう一回見るとおっしゃいましたが、まったくそのとおりだと思います。一般的にモダン・ジャズは歴史のなかで完全に咀嚼された定着文化だと思われていますが、濾過されずに残っているものが山ほどある。そのなかに金が眠っているわけですね。音楽史のなかでも「バック・トゥ・バッハ」という新古典主義——古典のなかから新鮮なものを読み取ろうという動き——が二〇年周期ぐらいで起こりますが、そうした動きはどのジャンルにもあると思うんです。

建築と音楽における「差異」と「ずらし」

青木　菊地さんにとっての音楽と違い、自分の場合は、建築を始めたのは大学に入ってからと遅かったのですが、設計をする際に、目の前にある既存のものに対して、新しいものをもってきてもきりがなく、またモノとしてだけでなく、やろうとしているコトさえ、スクラップ・アンド・ビルドでいくのは、嫌だなと思っていました。でもあるとき、目の前にある既存のものが見方を変えるだけで違う様相をもっていることを発見して、それでようやく、進むべき道が見えたような気がしました。これは、僕にとっては切実な問題でしたが、同じような切実さを僕は、菊地さんに感じるのです。

菊地　以前マイルス・デイヴィスの研究本『M/D マイルス・デューイ・デイヴィスⅢ世研究』（大谷能生と共著、エスクワイア マガジン ジャパン、二〇〇八）で、レヴォリューションとモードチェンジの違いについて書きました。レヴォリューションは目の前を一瞬にして変えてしまうけれども、モードチェンジはゆっくり漸次的に変えていく。音楽家には革命家と、モードチェンジを志向する二つのタイプがあって、才能のあり方はまったく別なんです。

僕も一瞬にして全部変わるのは嫌なんですね。昔、ジャズはポップ・ミュージックだった。YouTubeなどで一九五〇年代のジャズコンサートを見ると、花束を持った若い女の子が失神したりして、まるでビートルズのコンサートみたいなんですよ。それがある時期からジャズは、もっと若いカルチャーであるロックンロールにその地位を奪われていく。この状況に対して、僕がやっていることはジャズのレコンキスタ（失地回復運動）なんです。ロックとの比較で言うと、若者文化であることや売り上げに還元されるのでしょうが、もっと根深い失地への感覚が僕のなかにあって、それを取り戻そうとすると生きた心地がするんです。

次に、モダンの解体につながる話をします。日本でモダン・ジャズは、主にジャズ喫茶という、世界でも類を見ない特殊な空間で聴かれてきたんです。端的に言って、この消費のされ方が悪かったと僕は思っています。そのせいで日本においてモダン・ジャズは、咀嚼して消化して血肉化されなかった。例えば、ジャズ喫茶では、めいめいが膝でリズムをとりながらジャズに没入していますが、全員バラバラなんですね。単純にリズムが合っていないんです。プレイヤー全員が違うリズムを刻むという、先ほど紹介した僕の方法論は、おそらくそうした状況へのアンチテーゼにもなっている。それこそフロイト的な読み方ですが（笑）。これをやらなきゃ生きていけないというくらいの切実さをもっています。

編集的行為と時間の関係

青木　僕というひとつの主体があるとして、その主体の投影としてつくられた建物に、僕は嫌悪感を感じるんですね。それから、建物をつくるときに、最初の時点でまず完成形を思い描いて、それを実現していくという方法が建築では一般的なんですが、そういうつくり方にも嫌悪感をもちます。なぜなら、その実現というのは、つまり「労働」ということだから。最終的なところにきて、そこで初めて、その内容がわかるものをつくりたいと思っています。

具体的に言いますと、建物を建てる場合、まず計画を立てるわけですが、それが全体像を決めることのないようにしようと思っています。ただ、形式だけがあって、内容をもっていないルールだけがあるような感じですね。そして、いっしょにやっていくスタッフたちは、その形式に則って、自分たちの関心で案を考えていくわけです。それで僕は、その案を見て、採用したり、却下したりする。彼らの「意図」はある意味、どうでもよくて、その案が入ってくることで、全体像が豊かな方向にいくかどうかを測ると言ったらいいか。ただこういうやり方は、計画というものがそもそも内包している方向から大きく逸れているわけで、かなり難しいことでもあるわけです。やっていて、おおまかな方向を決めるディレクターとしての役割と、その後出てくるエレメントを編集するエディターとしての役割に分裂していることを感じます。

岡田　いま編集のバランスについてお話がありましたが、そのあたりがエキスパートと素人の違いが最も表われる部分だと思うんです。建築界で活躍される青木さんは「これでいこう」と建築を判断できるし、音楽家の菊地さんは「ここを使おう」と音楽を判断できる。しかし、例えばマルセル・デュシャンの《泉》（一九一七）という便器を使った作品は、その当時誰もわからなかったわけですね。その分野に熟達した人たちでも判断できない、決定的に新しいものが突然生まれてくることも歴史のなかではあるかと思うのですが、それについてはどのようにお考えですか。

菊地　先ほどもちらっと申したように、革命的な才能をもった人間はやはりいます。オーネット・コールマンが出てきたとき、誰も聴いたことがないジャズだと嵐のような賛否両論が起こった。それは山火事のようなもので、一晩で、ある一画が丸々焼き払われてしまったようなインパクトがあったわけです。時を経て聴くとそれ以前の伝統とうっすらつながっていることがわかりますが、そうはいっても最初の衝撃が完全に消えることはありません。その一方で、出たときはさほど変わっていないと受け取られたものが、長い時間を経て、じつはかなり大胆な試みを行なっていたとわかることもある。例えばマイルスの作品が、ほかの多くのモダン・ジャズと違い、周到に編集されたものであることは、いまでは常識になりつつあります。しかし彼はミスティフィカシオニスト、つまり自己神格化に長けた人物で、長いあいだそのことについては沈黙していました。彼の作品にはなにかわけのわからない異様な魅力があるわけですが、録音物として変わったことをしていたという事実が端的にわかるまでには、長い時間を要しました。ですから、一気に変える力とゆっくり変える力は別物で、僕や青木さんの作品がどちらのタイプに分類されるかは時間の問題、つまり過去や現実を変えていく速度の違いによるのではないかと思っています。

質問者1　菊地さんから時間や編集についてのお話がありましたが、編集は時間を操作する行為と言ってもいいかと思います。そのような編集的な時間に対して、菊地さんはどのようにお考えでしょうか。

菊地　基本的に編集とは、長時間の素材を短く圧縮することで、一〇分の素材のいいところを抽出して二分にする行為です。短時間の素材を長い時間に引き延ばすという逆のパターンもなくはないですが、それは圧縮と表裏の関係です。いずれにせよ、そのような編集に少なくとも時間という観点でのおもしろさはない。むしろ長時間の素材を短くしても圧縮された感じがしない、短時間の素材を反復しても遅延された感じがしない状況になったときに、なにか新しいことが起こったような気がします。それとは別にずっと編集をしていると、もっと不思議なこと、魔術としか言えないようなことが起こるんです。その瞬間を僕は探しているのです。

自作を解説することの意味

質問者2　菊地さんにお訊きします。一見モダン・ジャズだけれども、つくり方がまったく異なるというお話は、作品のタネ明かしのようなものだったと思います。一般的に言って、作家が作品のタネ明かしをするチャンスは、頻繁に与えられないと思うんです。『DEGUSTATION A JAZZ』を聴いた多くの人たちが「ふつうのジャズに回帰した」と言うとき、作家が意識的に行なうプロセスを含めて評価されていないのだとフラストレーションを感じることはないでしょうか。

菊地　作品の解説をする機会がないわけではなく、音楽誌は作品の解説をしろと迫ってきて、いまや音楽家は説明責任を負わされています。音楽家に限らず、いまは露出の時代で、説明責任を負わされていない一般の人でも、ブログを書いて、タネを明かさなくていいようなことまで喜んで明かすわけです。そのような時代にあっても、音楽家なんてタネ明かしをおもしろがられる職業の最たるものです。問題はタネを明かしたときに、作品がどうなるかです。僕はいまのようなタネ明かしが当たりまえになった時代だからこそ、タネを明かしてもまだ神秘が残るものと、タネを明かしたら霧散してしまうものの違いが問われていると思うんです。マイルスの作品はタネ明かしをしても魅力はなくならない。それどころかタネを明かしている瞬間にも、新たなミスティフィケーションが生じて、いっそう神秘をまとったりする。

自分のやっていることについてはわかりません。フロイディズムに準ずれば、自分のやっていることだけはわからないわけですから。ただ、タネを明かしているのに誰も理解してくれないとフラストレーションを感じるとしたら、説明すればするほど、わかってくれないと感じるわけですから、こんなにつらいことはない。だったらそのギャップを楽しむしかない。ふつうのジャズに聴こえる人からすれば、明かしたタネのほうが嘘に聞こえるし、タネの部分まで聴き取れる人には、多くの人がふつうのものとして聴いていることが嘘に聞こえる。すなわちどちらの側からも僕は嘘つきに見えるわけで、その状況を楽しむしかない（笑）。黙して語らないという建築家はいるんですか？

青木　いますけど、それは、たんに「いいものはいい」から語る必要がないと考えているか、言葉を経由して考える習慣がないからでしょう。むしろ、建築の場合、建築家自らがタネ明かしをしないと誰もしてくれないという状況があります。建築批評家と呼ばれる人たちは、音楽や美術に比べて圧倒的に少ない。だから自分でつくって自分で語るしかないという側面があります。

岡田　アートでも音楽でも建築でも、タネ明かしをしても伝わらない部分はあるかと思いますが、それが唯一の正解でもないですよね。それを受け取る側が長い時間をかけて、ときには個人的な事情と結びつけることで、新しい発見をすることもある。そうなると、つくり手によって明かされたタネはあくまでも多様な受け取り方のひとつで、そこからいろいろな発見が起こることが大事なのではないかと思います。

青木　もちろん、言葉による説明は、言葉で説明できることしか説明できない。また自分のことを自分がいちばんわかるというわけでもない。だから、どこまでいっても、タネ明かしが作品とイコールにはならないですね。

菊地　音楽家が多弁ではいけないとか、自作に言及してはいけないという批評の趨勢もあるんですよね。僕は本を出しているし、自作の説明もするので、それがよからぬことのように言われることもあるのですが、いまの一〇〇倍しゃべったとしても音楽を説明したことにはならないという態度で、ずっとやり続けています。
批評がないというのは、言い換えれば自作について言及する余地があるのだと言えます。音楽家はしゃべるな、黙って音楽だけをやっていろという力がどこからくるかというと、言葉しか使えない批評家からなんですね。ですから、この世に音楽批評家がひとりもいなかったら、音楽家が批評するしかない。要するに青木さんが置かれている状況と同じ状況になるわけで、しゃべることに対してのヒステリーも起こらなくなると思います。

構成＝難波阿丹

第2章 メディア／差異／両義性

形式の際

青木淳＋菊地成孔＋岡田猛

映像の際

鈴木了二＋黒沢清＋田中純

「映像の際」は、

文＝難波阿丹

建築家の鈴木了二、映画監督の黒沢清、表象文化論の田中純を招いて、建築と映画の文法に着目し、その共通点と相違点について議論することを狙いとした。そのなかで、登壇者は映画内に映り込む建築の様相や、都市・東京の「階層性」「空隙」「空洞」といった概念について議論した。また、ロベルト・ロッセリーニの「雑さ」から見える映画と建築の接点や、ヴァルター・ベンヤミンの「散漫な知覚」、あるいは「触覚的知覚」という語をめぐってなされる、映画と建築の無意識的な記憶について考察を行なった。

鈴木は、一九八〇年代から二〇一〇年代の自身の設計した建築に現われる微妙な曲率を「空隙」モデルとしてとらえ、二〇一〇年以降の「空洞」モデルと比較をしつつ、隙間のある都市・東京の特性と対照させた。また黒沢は、映画に映らない領域、フレーム外への注意を喚起し、観る者をどこか欲求不満にさせる、それゆえなにかとても気になる「いかがわしさ」を抱えながら進行していく映画表現について語った。さらに田中は「非都市」や「テラン・ヴァーグ」（イグナシ・デ・ソラ＝モラレス・ルビオー）といった概念を提示し、曖昧な空間性をもった都市表象の特徴を東京の境界性に見出した。三者の視点が交錯する位置に、ベンヤミンが論じた「散漫な知覚」および「触覚的知覚」をとおして、無意識に記憶されている建築や都市のテクスチャーが立ち現われる。

――「建築は映画をどう捉えてきたのか」「映画は建築をどう捉えてきたのか」をテーマに、建築家として映画から多く創作のインスピレーションを得られている鈴木了二氏、映画監督として都市・東京を舞台にさまざまな映画をつくっていらっしゃる黒沢清氏、都市の無意識や記憶を拾い上げる方法として「都市表象分析」を試みられている田中純氏をお招きしています。建築と映画を架橋する可能性や、都市・東京から得られたインスピレーションを建築や映画として表現する方法などについてお話いただきたいと考えています。

東京の変遷と自作との関わり

鈴木了二　僕が黒沢監督を知った最初のきっかけは、ご著書の『映像のカリスマ――黒沢清映画史』（フィルムアート社、一九九二）でした。とにかく文章がかっこよくって。こういうものをいつか自分も書いてみたいと思ったくらいでしたよ。ただ、正直に告白しておきますと、黒沢監督の肝心の映画に関しては、自分の気持ちが入るまでに十数年の歳月がかかってしまいました。なぜそんなに時間がかかったのかというと、単純に黒沢映画が怖かったから。僕は映画は好きなんだけど、例外的にホラー系の映画がまったく苦手で、これだけはできるだけ観ないようにしてきた。ところが、なにかの弾みで『CURE』（一九九七）を迂闊にも試写会で観てしまったことがあります。そのときには、あまりの怖さにショックを受けてしばらくトラウマになった。でも怖ささえ我慢すれば、黒沢さんの映画に魅力を感じていたんですね。ですから挫けずに、あいだを空けて、気持ちを切り替えて何度かチャレンジした。その努力の結果、やっとここ数年で耐えられるようになり、その怖さの意味と、独特の映画の活力に気がついたんです。

黒沢さんがプロの監督として映画をつくり始めたのは一九八〇年代だったと思いますが、僕が独立して仕事を始めたは一九七〇年代の中頃。ですから八〇年代以降はお互いに、三〇年以上にわたって同じ時期の東京で仕事をしてきたことになりますね。僕の思い込みもあるのでしょうが、黒沢さんの映画にはそれぞれの時代に連動して、いろいろと共感することがあったような気がしています。

そこでここでは、時代ごとの特徴の変化を追うような感じで、自作をいくつかピックアップしてもってきました。

まずは、八〇年代半ばの《物質試行23　標本建築》（一九八七）という仕事を紹介しましょう。広義に捉えると、建築家はデザイナーということになりますが、僕は当時から設計をやるときに、なぜかなるべくデザインをしたくないという気持ちがあった。「デザインをする」ということがどこか恥ずかしいわけ。しかし、いざ建築をつくるとなると、実際にはデザインをすることになってしまうわけで、そこにいつも建築家としてのジレンマがあったんですよ。当時は高度成長も飽和状態に達し、東京はものすごい勢いで建物が建設されていましたが、それは同時に、それまであったものが急激に壊れていくような状態でもあった。こっちの側面のようすを少しでも記録しておこうと、壊される寸前の建物のファサードを、真正面から捉えるように、あちこちで撮影していきました。うち捨てられていてもう誰も住んでいないようなすさんだ建物の投げやりな感じ、非デザインとでもいうべきファサードに圧倒された。しかしそうやって写真を撮っているうちに、だんだんそれだけでは建物にもうしわけないような気持ちになってきた。そこで、撮った写真をもとに

鈴木了二《標本建築》写真

いくつか図面を描いてみました。壊す寸前の建物なので、実際は物質的にものすごく荒れまくっているのですが、図面にすると質感が飛んで、新しいものと変わらない状態に還元されます。図面を描くことによる漂白効果ですね。その図面を、誰かが新しく設計したデザインとして見直してみると、これがなかなかすごいデザインなわけです。あまりにすごすぎて自分にはとても真似ができない。そうやって驚きながら図面化すると、今度は、その図面をもとにして模型がつくりたくなってきた。といっても、建物全体を模型にできるほどには情報がないので実際につくったのはファサードだけですけどね。この図面を新しい建築と同等のものとして、それぞれに合いそうな素材を選んでレリーフをつくりました。レリーフができるとやりたいこいとがまた増えて、その上に紙を敷いてフロッタージュをつくった。こうしてみると、竣工写真、図面、模型、ドローイングでワンセットになります。しかし作業のプロセスは、いつもの設計と真逆になりましたが。

次は「空隙モデル」です。八〇年代から九〇年代にかけて自分のつくった建物のなかに、とくにそれを強く意図しているわけではないのに、敷地との関係やプランを考えていると、なぜか緩い曲率で反っている壁がところどころで使いたくなることに気づき、これを後になってから「空隙モデル」と名づけ図面化してみた。それがこの図です［一四六頁］。壁の反りといっても曲率は緩く、しかも小さな壁面なので、現場で近くに寄ったり触ったりするとわかるけれども、遠くから見ただけではなかなか気がつかない。しかし、その曲率を敷地の外にまで仮想で延長していくと、大きな円がいくつか重なっていることが見えてくる。だからなんだといわれてもよく説明できないのですが。ただ東京は、ヨーロッパの都市のように街区のワンブロックに建物がひとつだけめいっぱいにあるというような都市構造に

同、フロッタージュ

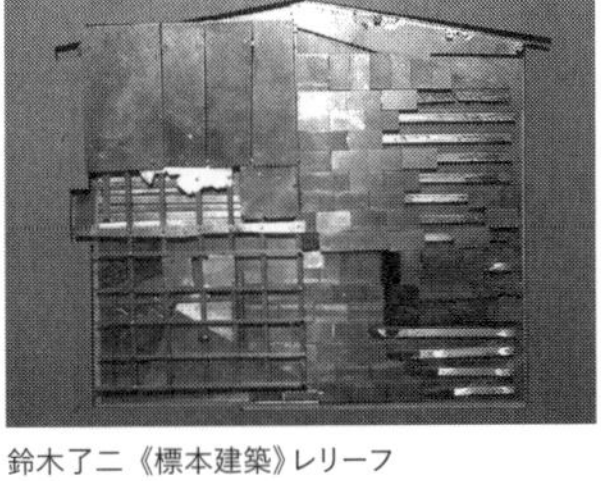
鈴木了二《標本建築》レリーフ

鈴木了二「空隙モデル」の例

はなっておらず、個々の建物が粉々にばらけて建っている。日本独特の土地の所有権の問題や、江戸時代からの地震や火事対策もあったのでしょうが、そんな理由はともかく、そうしてできた東京の空隙は無数の直線によって構成されていることは確かで、それがハリネズミの体のトゲのように錯綜しているわけです。いま考えると、たぶん、それに違和感があったのではないかと思います。東京の地面を覆い尽くしている直線のなかに、それに対抗するように緩い曲率をもった空隙をつくろうとしていたのではなかったかと、後になって思いました。

それとも関連しますが次にお見せするのは「空隙写真」です。建築写真ではふつうはもちろん建物自体を撮るわけですが、僕はあえて建物そのものではなく、建物と建物の隙間を撮ったことがありました。空隙に太陽の光が射す時間帯を狙って、建築のあいだだけを狙って撮っていた。そのように空隙の写真を撮っていくと、隙間にもいろいろな性質があることがわかります。東京の空隙のおもしろいところは、建物の中の不必要なものが吐き出されてゴミ溜めのようになっており、人が入れないような状態にさえなっていることじゃないでしょうか。これほど無駄で、使いみちのない空間もない。建築家もそこは見ないふりをしている。そんな空隙に、東京という都市の性質が端的に表われている気がしました。空隙を建物とどう関係づけるか、そして内部にどう引き込むのかが当時の関心事でした。

次も「デザインをしない」というコンセプトに関わる作品ですが、「空地・空洞・空隙」展（ギャラリー・間、一九九四）に出展した《家具〈アンジェリコ〉》です。一五世紀にフラ・アンジェリコが描いた《最後の審判》（一四五〇年頃）をもとにして設計し、実際に制作しました。しかし「家具」とはいっても、そもそも大きすぎるし、なにに使うのか

鈴木了二《家具〈アンジェリコ〉》
（「空地・空洞・空隙」展より、
TOTOギャラリー・間、1994）撮影＝鈴木了二

鈴木了二「16の空隙都市」より

は僕にも皆目わかりません。室内にあるから「家具」なのであって、それはなにか、都市の「模型」であったのかもしれません。墓地自体が都市である、そういう気持ちが僕にあったことは確かですが。もっとも、つくってくれたのは一流の家具職人たちですから、ディテールや仕上げは高級家具の水準でできていました。

アンジェリコの絵画《最後の審判》には、画面の真ん中に墓地が描かれているのですが、この部分がルネサンスにしては驚くほどシンプルで、むしろ極めて現代的に感じられました。そこで、これをそのまま再現してみたいと思った。ですから、この作業もやはり「デザインをしない」でつくることになりますね。アンジェリコの絵画には、ルネサンスのその頃に流行してくる一点透視図的な構図があまり使われていません。きっと深い奥行き感が嫌いだったのだと思います。ところが《最後の審判》はアンジェリコとしては例外的に、一見、とてもわかりやすい一点透視図法で描かれている。なぜアンジェリコが最後の審判という主題のために、あえて一点透視図法を採用したのかは謎ですが、そこに、並々ならぬ覚悟があったことは間違いないと思う。アンジェリコの絵画は、背景に建物の壁などが置かれて奥行きが遮られているために、画面が二次元的でフラットな感じになるのですが、しかし《最後の審判》の背景は空ですから焦点は明快に把握できるので、三次元を二次元に変換する図法である一点透視図法を逆に利用すれば、絵画の奥行きをほぼ正確に三次元として再現できる。そこで、墓地の部分だけを抽出してトレースし、そこから図学的に展開して、正確な平面図を描いてみました。《最後の審判》に描かれている墓地と寸分違わないものができたと思います。

これを見ると、絵画を見ているだけでは気がつかなかった墓地に穿たれた穴の大きさや位

《最後の審判》に描かれた墓地

フラ・アンジェリコ《最後の審判》（1450年頃）

置や配置のリズムが、けっして機械的ではなく、なかなか変化に富んでいることがわかるでしょう。また、墓穴のフタのように見える破片にしても、最初に思っていたような単純な正方形ではなく、それぞれが微妙な違いをもっていることにも気がつきました。どのくらい正確に再現できたかというと、できあがった「家具」を、絵画と同じアングルで写真に撮ってみると、《最後の審判》の画面とぴったり同じというくらいに写りました。ただ、この墓の表面はわかったものの、地中に埋まっている部分は絵画には描かれていないので、そこは僕たちがアンジェリコになり代わったつもりになって考えた。その部分はデザインしたことになりますが、でも、あくまでもアンジェリコの方法で考えるわけです。

二〇〇〇年代に入ってから東京の都心で、《物質試行42　池田山の住宅》（二〇〇一）、《物質試行45　神宮前の住宅》（二〇〇三）、《物質試行48　西麻布の住宅》（二〇〇六）という三軒の住宅を手がけました。これらをまとめて「空洞三部作」と呼んでいます。このときの僕たちの関心は、なるべく形にならないように「空洞」をつくることができないかという点でした。また、「空間」を基準にせず「空洞」をベースにしたときの建築のプロポーションについても関心がありました。

例えば《池田山の住宅》では、家からはみ出すほどの、住宅としては途轍もなく大きな窓をつくっています。僕は映画のなかでトンネルが出てくると衝撃を受けることがあります。トンネルは異なる世界を繋ぐものですからね。それが建築としてのトンネルとしての能力です。そういう異次元を繋ぐ能力は橋にもありますが、トンネルの場合は開口部以外は闇ですから、橋よりもそれが徹底している。トンネルの開口部は、映画館の闇のなかのスクリーンではないでしょうか。ですから、映画のなかにトンネルが出てくるときは、スクリーン

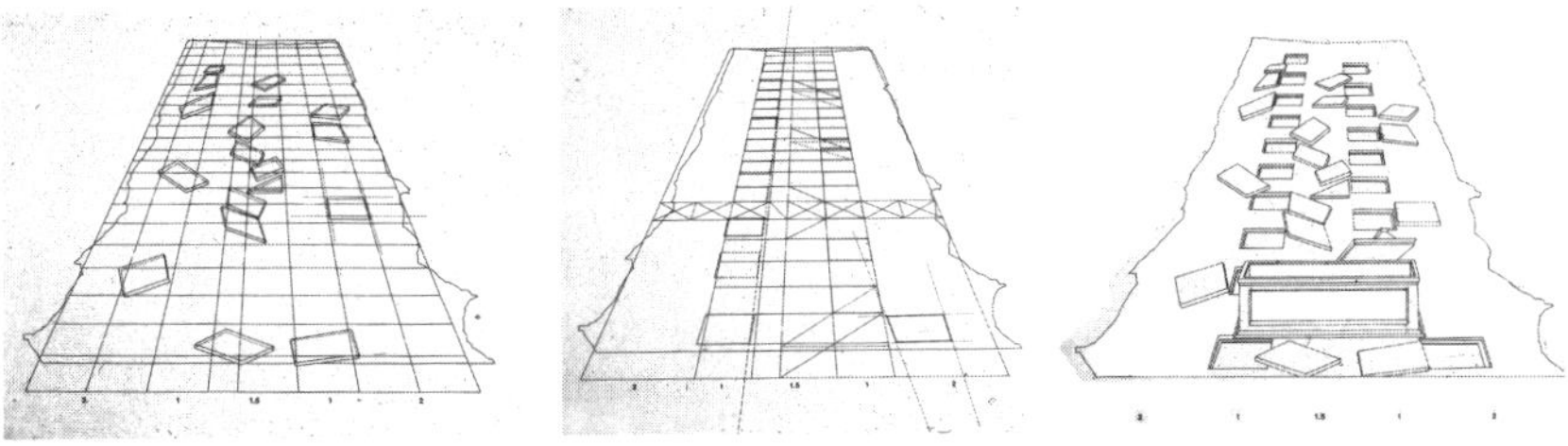

《最後の審判》の墓地の部分を抽出しトレースした

のなかにもうひとつのスクリーンが出てくることになる。いわばダブル・スクリーンですね。

そこで、建築としてそれをモデル化できないかと考え、《池田山の住宅》に採り入れてみました。同一断面を引き伸ばしたようなトンネル状の空間を用意して、そんな場所で異質なものを出会わせてみるとどうなるのか見てみたかったんです。空間の性質ばかりではなく、このときは「圧縮／膨張」や「希薄さ／高密度」や「光／闇」といった対照的な要素を、調和させるのではなく、むしろ思いきり離れたままにしておくことに関心をもっていたように思います。離れていてもトンネルならばきっと繋がるんじゃないかと期待していた。映画でも、トンネルのなかではなにが起こっても不思議ではありません。そこは異次元が接する隙間なのですから。距離が離れているばかりではなく、闇と光の強烈なコントラストのただなかとしての隙間でもある。すぐれた映画監督はそのことをよくわかっていて、彼らの映画のなかにトンネルが現われたら要注意ですよ。必ずとんでもないことが起こります。

次は《神宮前の住宅》の屋上階段です。階段は大きなテーマで何度も試みてきており、ここではクライアントの要望もあってつくったのですが、この住宅で重要なのは、階段の上にグラウンドレベルが設定されている点です。東京の場合、本来のグラウンドレベルであるはずの地盤面の空地率が極めて低いために、設計上のグラウンドレベルを地面に設定すると、周りの環境はほとんど地下のようになってしまいます。そこで、《神宮前の住宅》では建築によって敷地全体を階段化することによって、設計していくうえでのグラウンドレベルそのものを考え直そうと思いました。最初からそこにあった遺跡のようなものです。その階段の踊り場や屋上を、グラウンドレベルの前提として捉え直したわけです。それは建物をつくりながら、外部の階段という「空地」を新たにつくることにもなる。というこ

アンジェリコの方法で考えてつくられた《家具〈アンジェリコ〉》の下部　撮影＝鈴木了二

《家具〈アンジェリコ〉》を絵画と同じアングルで撮影　撮影＝鈴木了二

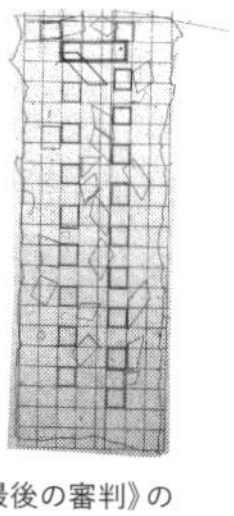

《最後の審判》の墓地を平面図に起こした

とは、階段の下と上とでは地上と地下ほどの違いがあり、そのコントラストを積極的に使いたいと思いました。全体を、建物というよりむしろランドスケープのように考えたので、既成サッシュのようなスケールの窓はありません。光は、南側に広がる大きな中庭と、階段のところどころに開けられたトップライトやハイサイドライトから採り込んでいます。道路側から見ると窓はひとつも見えませんが、でも内部はとても明るいんですよ。

内部空間は、太陽の位置などによる外部環境の光の変化に対して強く反応するようにしたいと考えました。言い換えると、階段を闇の塊として捉え、その闇を穿つように光を採り入れるというような感じでしょうか。大理石の塊のような闇を光のノミで掘っていくように、です。そう考えると、内部空間の光の分布する状態は「闇のグラデーション」であるようにも思えてきます。そこで、この「闇のグラデーション」をドローイングで描いてみたいと考えました。ドローイングの表現方法としてリトグラフを採用したのは、絵の具と異なり版画であるリトグラフだと、カラフルな色のタッチの重なりの上に、それらを濁らせることなく黒のインクを載せることができるから。この場合、黒の濃淡は闇の分布を示します。建物の内部写真を見ると、実際に闇がグラデーションになっているのがわかるのではないかと思います。

空洞三部作の最後にあたる《西麻布の住宅》ですが、大きなキャンティレバーが、住宅地にしてはかなり高いところからいきなり飛び出したかたちになっています。通りがかりの人はちょっと驚くかもしれません。建築で人を驚かせてどうするんだと言われそうですが（笑）。このときは《神宮前の住宅》とは反対に、むしろ影のない光がほしくなりそれをコントロールするための開口部と光の関係を考えてみました。何層かのブラインドが組み込まれた

鈴木了二《神宮前の住宅》外観　撮影＝鈴木了二

鈴木了二《池田山の住宅》外観　撮影＝鈴木了二

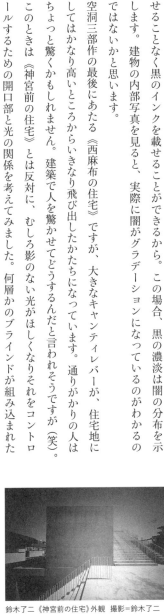

南側のカーテンウォールや、トップライトから外壁まで一続きの折れ曲がる細長いスリットや、吹き抜けに置かれた巨大なレフ版のような広くてなにもない白い壁なども、すべてはそのための装置のようなつもりです。

「空洞三部作」の時期と並行して、琴平（香川県仲多度郡）の金刀比羅宮で仕事をしました（《物質試行47　金刀比羅宮プロジェクト》、二〇〇四）。突然、歴史的な建物に関わることになったので、周囲からは驚かれましたよ。たとえるなら黒沢監督が急に時代劇を撮り始めたような感じでしょうか（笑）。こちらとしては以前に一度だけお寺を設計したことはあったものの、神社については知識もノウハウもありませんから、ほとんどゼロから勉強することになりました。建築の場合、われわれのような事務所に、伝統様式と関連する社寺のような仕事がくることは極めてまれなことなのです。それを一手に専門としている事務所があるくらいですからね。しかし、だからこそ僕はおもしろかったし、また、このように「歴史」と「伝統」と「自然」に真っ向から取り組んだ経験が、東京での「空洞三部作」にリアクションとして活きたのではないかと思っています。

次にお見せするのは、まさに進行中のプロジェクトで「DUBHOUSE」と名づけているものです。僕にとって「物質試行」は、これまではひとつの作品がひとつの「物質試行」に対応していましたが、この「DUBHOUSE」はいくつかの「物質試行」にまたがっています。例えば《物質試行50　下田の住宅》と、「建築はどこにあるの?」展（東京国立近代美術館、二〇一〇）に出品した《物質試行51　MOMATDUB》は、両方とも「DUBHOUSE」がテーマなんですが、前者は住宅で、後者は美術館の内部につくった巨大な模型ですから、ものは違います。いや、同じというべきか（笑）。どうしてかというと、両方ともプラン

《神宮前の住宅》における「闇のグラデーション」の版画

はまったく同じなんですよ。ただ「DUBHOUSE」は伸び縮みするんです。ですから、それぞれは、横方向、縦方向とも比率が違います。同じプランをもとにして、それぞれ「圧縮／膨張」させたような関係になっている。少なくともこの二つは、実際の家とその模型というような関係ではない。どちらにプライオリティがあるというのではなくて、両方でワンセットになっています。どうしてこんなことにいま関心が向いているのかごく簡単に要約してみますと、建築では昔から様式の時代も含めてつきつめると結局はプロポーションの問題にいきついてしまいます。少しでもプロポーションが変わってしまうと、建築の性質はガラッと変わってしまうものだと思われてきた。ところが「DUBHOUSE」のプランに限っては、プロポーションを変えても「DUBHOUSE」の根本的な性質はまったく変わらないように思われたのです。《下田の住宅》の設計の最終段階でその性質に気がつきました。僕たちにとっては大きな発見でした。まだ実験中といった段階でうまくその正体を説明できないのですが、これは案外、現代の問題に繋がっているような気がしています。現代はデジタル時代といわれ、ダビングやサンプリングやスーパーサイズは日常的に行なわれている。圧縮や膨張もごくふつうにやっています。しかしそのために、デジタルでは輪郭だけが尊重され、もとにあった質感のほうは希薄になり、あるいは揮発してしまう。映像も音も同じです。かといって、アナログのほうがよかったと言っているばかりだと昔を懐かしむだけに終わってしまい、これも嫌ですね。そこで、ダビングやサンプリングなどの現代的な影響を受けても、基本は変わらない原型のようなものはないのかと思っていた矢先に、この「DUBHOUSE」が出てきたような気がしているのです。ですから場所と用途を変えて「DUBHOUSE」は、今後も出てくる可能性があるような気がします。

《西麻布の住宅》の大きく飛び出るキャンティレバー
撮影＝鈴木了二

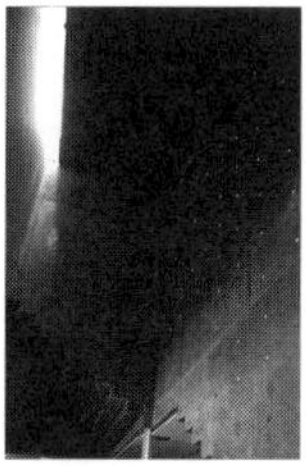
《神宮前の住宅》内観。
闇のグラデーション
撮影＝鈴木了二

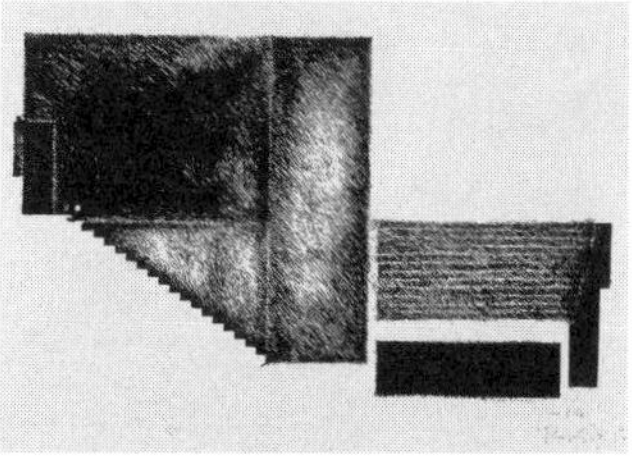
《神宮前の住宅》における
「闇のグラデーション」の版画

なにしろスケールがないようなものですから敷地は選びませんからね。最後に紹介するのは、最近になって、東京がまた変わってきたという印象をもったので描いてみたドローイング「書割都市」（二〇〇九）です。東京は、もはや、最初にお話しした一九八〇年代の「空隙都市」ではなくなってきていて、最近はいくつかの書割状化した断面が積層しているような感じを受けます。スカイラインさえ重層化してきた。空隙は残されていますが、それがほとんど見えなくなってしまうほど、その上に覆い被さるようにマッスのブロックが巨大化しています。しかも郊外は、むしろスカスカになって平坦化しているので、遠くから見た東京は、まるで海に浮かぶ巨大な船のようにさえ見えます。それはちょうど、黒沢さんの作品である『回路』（二〇〇一）の最後の場面に登場する船のようです。『回路』は東京についての映画だったと思いますが、その最後の最後に、気の遠くなるほどの高い上空から真下の俯瞰で撮られた、広い海のただなかに一隻ポツンと浮かんだ船が出てきますが、まさにあれが東京のいきつく果てではないかと思いました。

映画が備えている出来損ないで異様な本質

黒沢清　これまで僕が監督した作品のいくつかのシーンを、自己紹介を兼ねてお見せします。一口に映画監督と言っても、仕事内容は多岐にわたります。撮影場所を決定するのも監督の重要な仕事のひとつですし、また、撮影の際のアングルも監督が主に決定します。まず『トウキョウソナタ』（二〇〇八）のワンシーンをお見せします。ある一軒家のリビング・ルームを、それぞれ九〇度ずつ違った四方向から撮影し、二つのシーンに分けて見

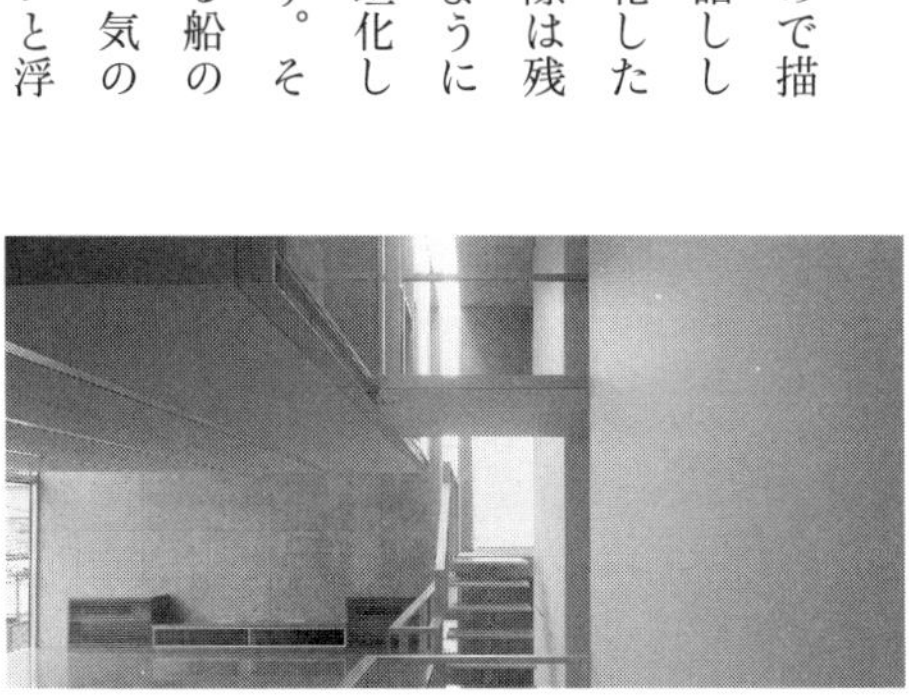
鈴木了二《西麻布の住宅》内観。影のない光を得るために
コントロールされた内部空間
撮影＝山岸剛

せています。最初に夜のリビングで夫婦が夕食をとっている場面が2カットあります。これを仮にA、Bとします。次に朝になって、同じリビング内の食卓周りでの芝居はA、B方向ではなく、C、D方向から撮影しています。これらA、B、C、Dを合わせると、このリビング・ルームの全貌が把握できることになります。

とはいえ、この二つのシーンを見ただけでは、この部屋の空間を把握できた気はまったくしないのではないでしょうか。それはあたりまえで、まず第一に、この映画はこの場所を紹介するためにつくられたわけではありません。カメラが向く方向には必ず人がいてピントが合っています。映画を観る際に、ふつうの観客は、俳優の言動を主に見つめるように習慣づけられているはずです。

第二に、これこそ本日僕が指摘したい重要な点なのですけれども、カメラには絶対に写っていない場所がある。それはフレームの外側です。そこにはまさにカメラそのものが置かれている。また、画面の反対側も写りません。もちろんカメラを一八〇度回転させれば反対側を写せますが、しかしその途端、いままで映っていた場所は視界から消えてなくなる。いくらていねいに四方向から撮ったとしても、カメラがそのとき向いていない方向は絶対に見ることができない。カメラとはもともとそういう機械であり、映画とはそういう表現なんです。

この点において、映画とはなんだかとても不自由で、ひどく出来損ないの表現であると同時に、謎めいていて、わけのわからない可能性を秘めているような気が僕などはしてくるわけですが、映画の登場人物ばかり見ていると、このことにはまず気がつかない。あるいは映画の物語を楽しんでいると、ほとんどどうでもいいことのように思えるかもしれません。けれども、ひとたびそれが撮影された場所を想像しながら見てみると、映画の思わぬ

鈴木了二
《物質試行51 MOMATDUB》模型
撮影＝安斎重男

鈴木了二《下田の住宅》 撮影＝山岸剛

鈴木了二《金刀比羅宮プロジェクト》
撮影＝山岸剛

弱点や奇妙な特徴が、おのずと浮かび上がってくるんですね。

カメラに写っていない空間の不気味さをもっと露骨に表わしている例を紹介しましょう。『叫』（二〇〇六）のなかの、警察署の取調室のシーンです。この奇妙な部屋はいったいどういう構造になっているのでしょうか。置いてある二枚の鏡によって、カメラの反対側の空間をぼんやりと見せてはいるのですが、そのことで観客はかえってフラストレーションを感じるのではないでしょうか。カメラの反対側が見えそうで見えない。それは明らかに存在しているのだけれど、存在していないフリをしている。『叫』は鈴木先生がお嫌いないわゆるホラー映画で、幽霊をテーマにした作品です。この「存在しているような、いないような」というのは、まさに幽霊のことでもあります。映りそうで映らない反対側——もちろんそこにカメラがあることは、誰もが知っているわけですが——をないものとして観客は物語を追っている。しかし、写り込むかどうかのギリギリのところに鏡を置くと、ひょっとしたらカメラが映るんじゃないかとなんとなく不安になります。いまは映っていないカメラを向けた反対側の空間について、おそらくそこにはカメラの前と同じような広がりがあるだろうと想像しながら見ているはずです。ですが実際には画面には映っていないわけですから、ひょっとするとそこには、まったく見たこともない場所が開けているかもしれない。そういう未知の、どこか欲求不満になる、それゆえなにかとても気になる、奇妙な謎をいつもワンカットごとに抱え込みながら進行していく——これが映画という表現ではないかと思っております。おそらくアニメーションには、カメラの反対側という概念はありえないでしょうし、演劇でもきっとこうした欲求不満は起こらないのではないかと思います。演劇の舞台の反対側にはふつう観客席がありますから、振り返って後ろを見

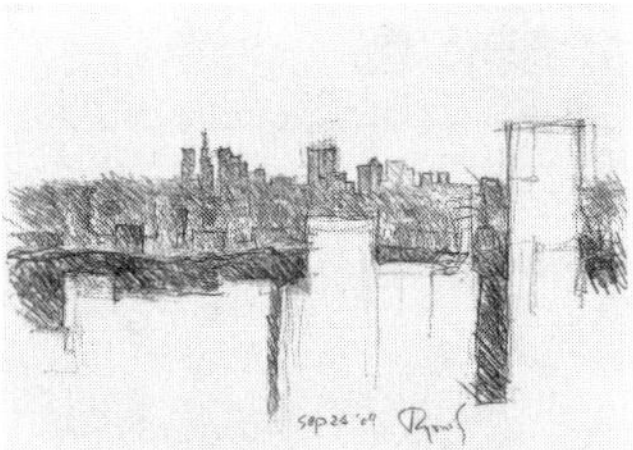

鈴木了二「書割都市」
書割の断面が積層する東京のドローイング（2009）

ればそこが劇場だということは明白です。

次に紹介するのは『ドッペルゲンガー』（二〇〇三）の役所広司さんと柄本明さんが喫茶店で会話しているシーンです。ロケ地は秋葉原なのですが、カメラは建物の外にあり、まちの喧騒がガラスに反射しています。どうということもない映像ですけれども、なんとなくしっくりこない感じがするのではないでしょうか。もしそういう雰囲気が漂っているのだとしたら、明らかにこの場所をこの方向から撮っていることに起因している。このシーンではずっとある一定の方向から撮影しているのですが、途中で最初より少し寄ったサイズのカットに切り替えている。いつも奇妙だと思うのですが、ある方向から撮られたカットAの後に、まったく同じ方向の少し寄ったA'をつなげると、A'はAから一歩もはみ出ていないことが示されるため、世界は安定しているように思える反面、なにか騙されたような、得体のしれない感じが醸し出されはしないでしょうか。そうまでして反対側Bを見せないのはなぜか。もしかするとそこになにかがあるのではないかという疑念が湧き起こります。同じ方向から撮るにしても、せめてカメラが引いて建物全体を見せてくれれば、いくぶん安心できるのですが、すでに知っている範囲を一歩も出ないために、余計に苛立つわけです。自分がどこにいるのかますますわからなくなるという意味において、おそらく建築的には最低のことをしているのだと思います。しかも、AとA'は編集によって二つのカットに断ち切られている。どんなにスムーズにつながっているように見えても、カットとカットのあいだの時間は飛んでいるわけです。飛んでいる時間は一秒かもしれませんし、一時間である可能性もないとは言えない。断ち切られたカットのあいだにこの二人がどのような会話をしたのか、そして会話はなぜオミットされたのかなどということが気になり出すと、もはや映画に対して信用できるものなどなにひとつないという気持ちになってくるのではないでしょうか。

こうしたどこか神経を逆撫でするような感覚は、僕の撮り方による部分もあるかもしれませんが、それ以上に、映画というものが根本的に備えている出来損ないで異様な本質からくるものだと言えます。最後に、世界最初の映画と言われているリュミエール兄弟の『工場の出口』（一八九五）を見ていただきましょう。工場の出口からぞろぞろと出てくるあの人たちはいったい誰なのでしょうか。どこへ行こうとしているのでしょうか。急に犬が入ってきたり、少女が横切ったり、馬車が出てきて、どこかへ向かっていく。フレームの外にはなにがあるのでしょうか。この方向の反対側では、誰がどんなふうにカメラを構えていて、その奥にはどんな世界が広がっているのでしょうか。あらゆることが気になります。それらはいっさい映っていませんが、一〇〇年ちょっと前の、この工場の出口の周辺に確実に存在していたわけですね。それを見てみたい。でも、振り向いてもそれは絶対に見えない。この興奮と欲求不満が、驚くべきことに世界最初の映画にも充満していたのです。これがどうやら、僕が考える映画というものの正体のようです。

建築と都市における境界性の経験

田中純　黒沢さんが言及された映画の出来損ない性や、鈴木さんが「空隙」という言葉で表わされた空間性を捉える理論的な概念装置について、都市に重点を置いてお話しします。
僕の場合は、都市のイメージ分析を「都市表象分析」と名づけ、これまで仕事をしてきました。ここで焦点となるのが「非都市」という考え方です。都市がある種のネットワークとして考えられるとしたら、そこからこぼれ落ちる残余によって都市を逆照射することができるのではないかという発想に基づいています。都市のイメージのなかに、現実の都市が反転して廃墟になった姿を求める作業だと言っていいかもしれません。そうしたなか、理論的装置として注目したのが、スペインの建築家イグナシ・デ・ソラ＝モラレス・ルビオーの「テラン・ヴァーグ」という概念です。彼は一九七〇年代以降の都市写真の表現のなかにこの概念を見出しました。「テラン・ヴァーグ」のもともとの意味は「空き地」ですけれども、「ヴァーグ」という語には、映画における「ヌーヴェル・ヴァーグ」という言葉に表われているように「波」という意味もありますし、「曖昧さ」という意味もある。つまり、波のように揺らめきながら曖昧な空間性をもった都市の表象——現実の場所というよりも写真表現で切り取られたときの特徴——を、彼はこの「テラン・ヴァーグ」という言葉で表わしました。

また、「非都市」ととりあえずは呼んでみたものを捉える視点として、鈴木さんの「建築零年」という概念を召還してみたい。これはもともと『ドイツ零年』という、ロベルト・ロッセリーニが一九四七年のベルリンを舞台に描いた映画から導かれた概念です。「零年」とは、ここでは直線的に流れる時間の起源のようなものではありません。それは、建築の歴史性が分散したコンスタレーションとして見えてくる視点、すなわち、歴史の外にある視点の時間性を表わしている。そのような意味で「非都市」と僕が呼んだものは、言い換えれば「都市零年」、あるいは最近の言い方をするならば「Ciry0.0」と言えるかもしれません。ただし、何度も言うようにそれは、起源としての「0.0」ではなく、「都市のヴァージョン1.0」や「ヴァージョン2.0」の陥没地帯、その空隙としてのゼロということです。都市表象分析のフレームで考える際に、最初は「非都市」という都市の全域性に対抗するゼロ地帯を思考の手がかりにしようとしていたのですが、そのような「非」の論理ではなく、次第にもっとミクロな、具体的かつ局所的な構造を考えるようになっていきました。そのような構造の例として着目したのが境界や敷居——まさに「際」です。局所的な構造を捉える方法を「都市の詩学」と呼び、都市や建築の詩的、言語テクスト的な原型的構造を通して、空間や場所をめぐる想像力の論理にアプローチしたいと考えた。

そこで大きな影響を受けたのがアルド・ロッシというイタリアの建築家の都市論や建築論、とくにそこで重要となる境界性の構造でした。例えば、彼の初期の理論的な仕事である『都市の建築』（一九六六〔邦訳＝大島哲蔵＋福田晴虔訳、大龍堂書店、一九九一〕）において、境界性は都市と建築の両義性として考えられていました。この『都市の建築』という不思議なタイトルの書物のなかでロッシは、建築が都市化している境界性の構造の例として古代ローマの円形劇場に着目し、円形劇場がもはや本来の用途をなさなくなった後で、円形の形態を保ちながら都市構造の一部になっていることを指摘しています。

あるいは、海と陸の境界＝際に建つ建築物へのロッシの執着の例として、第一回ヴェネチア・ビエンナーレに際してデザインされた《世界劇場》（一九七九－八〇）を挙げることができるでしょう。この建物はヴェネチアの郊外で組み立てられ、街の中心部に曳航されて持ち込まれ、さらにヴェネチアからアドリア海を渡り旧ユーゴスラヴィアのドゥブロヴニクまで運ばれることになる、いわば船としての劇場建築でした。また、灯台のモチーフに対する彼の執着も、海と陸の境界領域への関心からきたものと言えるでしょう。トロン

アルド・ロッシ《世界劇場》
撮影＝Antonio Martinelli

トにつくられた《灯台劇場》（一九八七）には、境界性をもつ場所へのロッシの強い関心が表われています。

このような海と陸との「際」に建つ建築を、ロッシはどうやら「貝殻」としてイメージしていたらしいのです。福岡の門司に《門司港ホテル》（一九九八）という彼の最晩年の建物がありますが、これなどはまさに海際に建つ二枚貝のような建築です。都市構造と化した円形劇場にしても《世界劇場》にしても、内部は虚ろでありほとんど骨格だけになってしまっている。そうした建築イメージに対し、ロッシは強い志向性をもっていました。ロッシの伝記によると、彼は中学生のときに、古代ギリシアの詩人アルカイオスによる貝殻が子どもの心を奮わせるという詩――「海貝よ／石と白む海の娘／汝は童の心をうち奮わす」――を読んで建築への関心を掻き立てられたといいます。そして、自分はスチールや石やセメントから成る「貝殻」として建築をつくっているのだと言うわけです。

そうした一連のロッシの思考にインスパイアされながら、僕自身も『都市の詩学――場所の記憶と徴候』（東京大学出版会、二〇〇七）において東京の境界について考えました。東京の境界というと、海と陸との境界としての湾岸が考えられますが、一方で内陸においては境界性が曖昧になっている。東京を行政区域ではなく周辺領域を含んだ大東京圏として考えるならば、外の輪郭は曖昧ですし、内部の境界性もある時期から顕著に失われていったと言ってよい。

では、境界の経験ははたして失われたのでしょうか。ここで、一九七〇年代から八〇年代にかけての超芸術トマソンや路上観察学を思い出してみたい。「純粋階段」にしても「無用門」にしても、無用化することで、境界性が強く意識されることになった。すなわちト

アルド・ロッシ《門司港ホテル》
撮影＝田中純

アルド・ロッシ《灯台劇場》
撮影者不詳

マソンや路上観察学は、境界そのもののシンボル性を発見する試みだったのではないか。近現代の都市においては、ヨーロッパ中世の都市のように、その内部に宗教的・象徴的な境界を抱え込んでいるわけではないため、無用化した境界こそが境界を意識させるという逆転がある。民俗学上の概念として、一度死んで蘇るかたちをとって——つまりある種の境界を経て——子どもが大人になる「通過儀礼」という儀式があります。ここではとくに二つの世界のあいだをゆらゆらと揺れるような境界経験が重要視される。路上観察とは、東京における想像上の通過儀礼としての境界を発見する行為ではなかったか。そして、通過儀礼というものが一時的な死の経験であるならば、それは異界と触れあう場としての境界を発見する営為だったのではないだろうか。

私たちにとって最も根源的な境界とは、生と死の境界にほかなりませんが、それは陸と海の境界と深い結びつきがあるように思われます。例えば、水棲動物から陸上動物への生命の進化と、羊水の中からの誕生という経験とを重ねあわせる思考に表われるように、人間の根源的な想像力の論理として普遍的なものではないだろうかと思うのです。それは結局のところ、川辺や海辺が神聖である、あるいは不吉であるとする考え方にも表われている。そうした文脈で考えると、中沢新一さんの『アースダイバー』(講談社、二〇〇五)がなぜあれほどまでにインパクトをもったかというと、たんに縄文時代の東京を提示したからというよりも、古代と現代とを重ね合わせた結果、現代の東京を、大洪水で沈んでしまった光景としてわれわれにイメージさせたからではないでしょうか。

このような都市表象分析の観点から黒沢作品にアプローチすると、どのようなことが言えるでしょうか。映像と都市との関係性を考えるにあたって、ここでも原型的な構造に着目

「無用門」(トマソン第3号。お茶の水三楽病院、無用門)
撮影＝飯村昭彦
出典＝赤瀬川原平『超芸術トマソン』(ちくま文庫、1987)

したい。それは例えば、湾岸や坂など、異世界への通路がもっている境界性の性格に関するものです。言うまでもなくそれは『叫』における湾岸や、もうひとつのエンディングで示される大洪水後の東京というイメージにも関わります。あるいは『アカルイミライ』（二〇〇三）のクラゲや、『トウキョウソナタ』における海も境界性に関係するでしょう。そしてなにより『叫』で水際に建つ黒い建物と赤い服の女は、僕にはセイレーンのモチーフを強く感じさせるのです。セイレーンとはギリシア神話の英雄オデュッセウスの一行を誘惑した女頭鳥体の魔物です。オデュッセウスの誘惑に失敗してセイレーンは自殺します。『叫』の赤い女は、叫び声の異様さも含めて、オデュッセウスに復讐したセイレーンなのではないか。そして、妻であるペネロペを殺したことに最後に気づいたオデュッセウスが、あの映画の主人公ではなかったかという妄想を膨らませております。

建築と映画のいかがわしさ

──鈴木先生のプレゼンテーションのなかで語られた「建築」というものに、映画監督である黒沢先生はどのような印象をもたれたのか、簡単な感想をいただければと思います。

黒沢　先ほど鈴木先生はやや照れながら「建築がなぜ人を驚かせる必要があるのか」とおっしゃっていましたが、実用的だと思われている住宅建築にも、驚かせてやろうという意図があること自体に端的に驚かされました。映画は娯楽にすぎませんから、建築とは違い必要不可欠なものではないわけですが、どこかで観客を驚かせたいと考えながらつくっている側面がある。その点では映画も建築も共通しているのではないかと素朴に思いました。

田中　黒沢さんは映画の「いかがわしさ」について指摘されましたが、鈴木さんの建築は「いかがわしい」という意味で映画的です。さらに、映画においてカメラが映りそうで映らない、その位置がわかりそうでわからない面があるとするなら、鈴木さんの建築には、すべてが可視的であるはずの建築において、どこか見えないものが確保されていると言えるかもしれません。《物質試行23　標本建築》を例にとるならば、バラックを写真に撮り、レリーフを作成し、さらにフロッタージュにするという方法は、「見えない位置」をメディア間の差異として探ろうとする試みだったのではないか。

鈴木　建築は全部が目に見えているようでいて、じつはほとんどが見えていないものなんですよ。柱の断面の中までは見えませんし、引き出しの中も見えません。そのくせ、ちょっと見回しただけで全部を見たような気になってしまう。映画なら、目さえつぶらなければフィルムの全部を見せてくれるのに。その意味では、建築そのものがすでに「いかがわしい」ものかもしれません。ですから「標本建築」で試みた作業も、たぶん、その見えない部分を、表現の方法をいろいろと変えることによって見えるようにしたいと思ってやったのでしょう。そうとでも思わないと、自分が頼まれもしないのに苦労していったいなにをやっているのかわからない。新しい建築を設計するだけならまったく必要のない無駄な作業ですからね。しかし、表現方法を変換する瞬間に、それまで見えなかったことが見えてくることがある。いま田中さんが指摘された「メディア間の差異」もそのことだろうと思います。

それをメディアの「空隙」と言ってもいいでしょう。

ところで、黒沢さんの映画の場合はいつも、「空地」や「空隙」でなにごとかが起きるんですよね。ですから黒沢さんの映画で「空地」や「空隙」が出てくると、もうそれだけで怖い。なぜ怖いかといえば、そこでは出来事が一回的に起こるからです。起こってしまったら、二度ともとにはもどらない。そのように映画は、一回的に起きる出来事の瞬間に立ち会うような経験を与えてくれます。そこが僕にはじつに羨ましいところなんです。建築では一回的な出来事を起こすことはなかなか許されない。もちろんそれは当たり前のことで、なぜなら建築は実用的なものですし、なにしろ公的なものですからね。いちいち一回的なことばかりやられていたらクライアントも使う人もたまりません。ですからそんなことはできませんし、そういう意味で建築は極めて不自由なものです。

しかし僕は、実用性や公共性は十分満たしたうえで、やはり建築でも、なにか一回的に起こることを待ち受けているようなところがありますね。建築でも一回性はありえますし、いやそれどころか、おそらく本来はそうであるはずのものではないかとも思っています。なぜなら敷地もクライアントも職人も一度として同じではありませんから。ですから、僕は設計しているときでも、現場でも、なにか一回的なことが起きないかといつも期待しています。それが起きる瞬間を直感的に摑まえて、それを追いかけているうちにその正体が徐々にわかってくる、そんな映画的なプロセスを、建築の設計においてもやってみたいと、いつも密かに思っているんですよ。

田中　鈴木さんは『建築零年』（筑摩書房、二〇〇一）のなかで、ロッセリーニの『ドイツ零年』

における廃墟のベルリンが、映画でありながら建築そのものにもなっていると指摘されています。そして、黒沢さんの「ロッセリーニは雑なところがある」という文章を引かれて、雑だからこそ、建築が出来事になっているという見解を示しておられたかと思います。ロッセリーニの「雑な」ところについて、黒沢さんにもう少し詳しくお訊きしたいと思います。

黒沢　映画であっても起きている出来事は一回限りのもので、それをカメラという機械で撮ることは、所詮「雑な」作業なのです。ですから、映画とは、起こったことを「それでいいんだ」と肯定して先に進む表現だと思っています。もっといいものが撮れるかもしれない、別のパターンもやってみようと、どんなに現場でテイクを重ねてみても、最終的に使われるのは、すでに起こった一回限りのことです。鈴木さんは二〇世紀初頭に歴史を記録するメディアが建築から映画へと変わっていったと書いていらっしゃいますが、映画に写っているものは、もう起こってしまって変えられない過去の出来事です。ロッセリーニの場合、直感的にそれがわかっていたのではないか。とりわけドキュメンタリーというジャンルはその傾向が強いと思います。一回限りの出来事を撮って「俺に責任はない、これは真実だ」と言い張る。もちろんロッセリーニの映画は狭義のドキュメンタリーとは違いますが「俺はその場に居合わせたんだ」と言ってすべてを言いくるめようとするロッセリーニのあの「雑な」姿勢こそが、映画の基本にある「雑さ」だと考えています。

鈴木　ロッセリーニの映画は、なぜか建築が強烈に印象深く映ってしまう。物語はすっかり忘れているのに、そこに写っている建物や廃墟は強烈に残っているんですよ。「建築映画」というジャンルがあるとすると、ロッセリーニは極めて上位の存在だと思う。なぜあれほどまでに彼の映画では建築が魅力的なのかを考えると、黒沢さんのおっしゃった「雑さ」が関係してくるような気がします。きっと、もう少し洗練させると、建築は映らなくなるのではないか。建築自体がそもそも「雑な」ものなのかもしれませんね。

黒沢さんの映画もやはり建築の存在を強く感じさせてくれますが、その理由は、しかしロッセリーニのような乱暴な「雑さ」とは少し違うような気もします。黒沢さんの場合には、うち捨てられたような、どう見ても粗雑な光景でありながら、それをじつに丁寧に撮っていますね。そのことで、どうでもいいようなものが隠しもっている「建築」性が急に見えてくる。だから、そういう比較の意味で、僕は黒沢さんの映画を観たときに、ロッセリーニの秘密がわかったような気がしました。

映画と東京の関係性

――ここでもう少しマクロな視点として映画と都市、とりわけ映画と東京の関係性について考えていきたいと思います。黒沢監督は東京を写すことにどれほど意識的なのでしょうか。また、映画で東京を表象することにはどのような可能性と限界があるとお考えでしょうか。

黒沢　身も蓋もない言い方になりますが、東京を撮ろうと意図的に考えてつくった映画はほとんどありません。予算やスケジュールの関係上、東京で撮られているにすぎない。そのせいか、東京で撮っているのに東京には見えないような場所を探すことになります。加えて、東京で撮影する場合、まちなかで撮ろうとしても許可が下りなかったり、俳優がいたりすると野次馬が集まってきて撮影にならないことが往々にしてあるんですね。そのため、おのずと東京の外れの人がいないような場所で撮影することが多くなります。ただ、最近になってようやく、事実としてこれだけ東京を撮ってきたわけだから、意識的に東京を撮ってみようと思うようになりました。それで恐る恐る撮り始めたのが『叫』あたりからでしょうか。『トウキョウソナタ』ではもう観念して、東京を積極的に撮ろうとしました。

――『トウキョウソナタ』では、津田寛治さんが亡くなったことを香川照之さんが知った後、数秒間、いかにも東京らしい風景が挿入されています。手前には低層の住宅群があり、その向こうには首都高速道路が走っていて、さらにその奥には中層構造の団地群、そしていちばん奥には高層ビル群というように、明確に階層構造を表象したショットになっており、意識的に撮られているように感じました。

黒沢　東京の場合、意外と簡単に階層構造が見えてしまうものなんです。高層ビルと古い低層住宅というような対比は至るところにある。むしろ僕はそれを撮るのは嫌で、あからさまな対比を見せたくないと考えていました。ただ、おっしゃるように『トウキョウソナタ』ではそういう風景を撮っていますし、それ以外にも意図せずにそうした対比が写り込んでしまうこともあります。『アカルイミライ』では遠くに都庁が写っていますが、遠くを見渡せるビルの屋上で撮ると写ってしまうんですね。ですから、「写ってしまったからしょうがない。誰かが建てたものが勝手に写ったのだ」と言い聞かせて、ロッセリーニ的な「いい加減さ」でやってきたというのが正直なところです。

映画や都市に無意識に蓄積される記憶

――鈴木先生は二〇〇〇年を境に東京においては「空隙モデル」から「空洞」的な感受性が卓越してきたという論を展開されています。そういった「空洞」的な感性を、黒沢映画のどういうところに感じられるのでしょうか。

鈴木　じつは、「空間」という言葉を使わないようにするために、「空地」や「空隙」や「空洞」を選択しているので、正直に言うと「空間」以外の言葉であればなんでもいいんです。「空間」を嫌うのは、きっと、僕が建築をつくり始めたころ「空間」という言葉が頻繁に使われていたからだと思います。当時は「空間」はほとんどイデオロギーのようでしたよ。いまはそんなことはなくなりましたが、なにしろ「空間的だ!」というのがほめ言葉でしたからね（笑）。

「空隙」から「空洞」へと変化した認識の背後には、バブル崩壊後に空き地が増えて、東京の空気感が変わってきていることが挙げられます。一九八〇年代から九〇年代あたりの東京の空間認識が、二〇〇〇年を境にして変わり、都市に「空地」が増えてきて、それまで感じられたような「空隙」感が希薄になったような印象があるのです。だから「空洞」のほうが感じやすくなっているのかもしれない。まあ、これは勝手な思い込みかもしれませんが、黒沢さんの映画を観ていると、「空間」から排除されている「空地」や「空隙」のようなそんな都市の境界への感受性がひじょうに強く感じられます。

田中　映画が、撮影されたロケ地においてこそつくられるという側面があるならば、東京を多く舞台にした黒沢映画において無意識的に蓄積されるテクスチャーの記憶に、われわれは魅惑されているのかもしれません。それは先ほどもふれたように東京の原型的な性格であり、具体的には湾岸や坂、「空隙」といった境界性として画面に立ち現われるものです。「都市の記憶」や「都市の無意識」は、われわれの記憶や忘却とは別に、物理的あるいは言語的な痕跡として残る。例えば地名というかたちで痕跡として残り、われわれが意識しなくても蓄積され、いつか思い出されるようなものこそが「都市の記憶」や「地霊」と呼ばれるものにほかならない。たとえ架空の街であっても、映画のなかで構成されたときに、ロケ地である都市の物理的・言語的なテクスチャーがわれわれの記憶のなかで別の現実を織り成す点が魅力的なのだろうと思います。

ロッセリーニの「いい加減さ」という話を先ほど導入しましたが、一方でヴァルター・ベンヤミンは、映画館で映画を観る観客たちは、建築と対峙するときと同様に散漫に知覚しているのだと、「散漫な知覚」という言葉を使って建築と映画を架橋してみせました。ベンヤミンはこれをまた「触覚的知覚」と呼び、別なところでは「トラウマティックな知覚」と言い換えていることからも、ここで言う「散漫」とはたんに弛緩した知覚とは異なるものです。すなわち、見たときには記憶できないのだけれど、無意識的には残っていて、やがて回帰してくるような知覚だと言うわけです。ロッセリーニはいい加減に撮っているかもしれないけれど、いい加減に捉えた部分が、意識的に意味をもった細部として立ち現われてくるのではなく、記憶したことすら気づかないようなかたちで蓄積されていき、映画を観終わったあとで還ってくるようなテクスチャーを織り成す。記憶したことが気づかれない、いや、忘れられることによってしか記憶されないからこそ必ず戻ってくるものがあるとするならば、それこそが亡霊でしょう。黒沢映画を通してわれわれは、「東京」の亡霊をそんな記憶のテクスチャーとして思い出すのだろうと思います。

質問者1　先ほど鈴木先生より、お描きになったドローイング［一五六頁］を交えながら、東京が変わってきているというお話がありましたが、もう少し詳しくお聞きかせいただけないでしょうか。

鈴木　黒沢映画に写り込む東京には「空地」がひじょうに印象的なかたちで存在しています。「空地」とは単純に広いだけの場所のことではなく、建物があって初めて成立する場所です。僕は映画をまんべんなく観ているわけではないので偉そうなことは言えませんが、こうした東京のイメージを映画として捉えた作品はこれまでほとんどなかった。ところが黒沢映画を観ると、それが随所に出てくるわけです。一九八〇年代の東京の「空隙」は、都市の各所にランダムに点在していて、たとえるならジャクソン・ポロック的なオールオーヴァーな混沌とした街のイメージだった。ところが、それが最近では「空隙」が垂直に立ち上がり出し、重層化するかたちに変形し、しかも「空隙」と「空隙」のあいだがところどころ「空地」になって空いてきている。さきほども言ったように「空隙都市」が「書割都市」に変貌を遂げようとしているのかもしれないですね。この東京の新しい書割性を図像化できないかと考えて、試しに描いてみたのが「書割都市」のドローイングなんです。

質問者2　先ほどはフレームの外部への意識についてふれられていましたが、黒沢さんの映画の場合、物語の対象だけを撮るのではなく、つねにショットのなかに外部が重層的に入り込んでいるような印象を受けます。外部の存在を取り込むことによって、映画になにをもたらそうとされているのでしょうか。

黒沢　映画の本質に関わることなので明快な答えは出ていませんが、映画にせよ写真にせよ、真っ白なところになにかを埋めていく作業ではなく、はじめから目の前に存在しているものを切り取っているんですね。映画は、所詮ざっくりしたものなんです。かつ外側に山のようにいろいろな存在や情報がある。だからなにかを撮ろうとしても、せいぜい被写体を真ん中に持ってきて、照明を当てて、ピントを合わせることぐらいしかできないわけです。四角いフレームのなかには、好むと好まざるとにかかわらずなにかが写って、なにかが外れていく運命にあるので、「それでいいのだ」とぬけぬけと撮り続けていくしかない。「なにがフレームの端に写り込んで、なにがこぼれ落ちたのかは、俺は知らないよ」とロッセリーニ的におもしろがって撮っていくしかないと思っています。

構成＝難波阿丹

10 KEYWORDS／10 BOOK REVIEWS

10 KEYWORDS　難波阿丹

形式　「形式」とは「型、手続き、方法」の意であるが、「形式の際」で「形式」と説明しているものは、第一に各分野の基礎となる構成要素、第二に古典主義やモダニズムなど時系列のなかで形成される様式、第三にそれらを踏まえたうえでの個人の方法論を指す。例えば、「形式の際」で青木淳は、住宅をつくるとき、住み手の意図をひとつの「形式」の表われと捉えた。人はみな、なんらかの「形式」のなかにいると青木は指摘する。したがって、創造を行なう現場において、制作者は各人にマインドセットされている典型例、ステレオタイプとしての「形式」を差異化し逸脱するという戦略をとることになる。

フレーム　絵画では「額縁」を意味する。動画では一コマを一フレームと数える。映画を構成する単位である画面の枠。映画を言語学の体系との類同性で読み解く文脈においては、「記号－対象」（ロマン・ヤコブソン）や「映像素」（ピエル・パオロ・パゾリーニ）などのようにイメージの基本要素として考えられてきた。これに対しジル・ドゥルーズは、「フレーム〈画面〉」を多数の部分をもつひとつの総体〈集合〉のデータとして、情報科学の体系のうちに捉えることを説いている（ジル・ドゥルーズ『シネマ1 運動イメージ』財津理＋齋藤範訳、法政大学出版局、二〇〇八）。このように「フレーム」は、映画の基本単位としてさまざまな文脈で定義されてきた一方、「フレーム」外の事象への議論をも誘発している。黒沢清は、不可視の領域である「フレーム」の外側こそを映画的な時空間を演出するものとして重視する。画面の反対側、または黒い枠組みで隠された上下左右の外側には、カメラそのものが置かれている。「映像の際」で黒沢は、視界から消える領域が映画にサスペンスの不穏さをもたらすことを語った。

宙づり（曖昧さ）　一九世紀から二〇世紀の転換期における知覚変容の様態を表わした概念。近代における知覚の論理構造を解明したジョナサン・クレーリーは、スペクタクル社会の成立時に、注視と散逸、集中と麻痺という対極の状態に知覚が据え置かれることによって、意識の「宙づり」が生じたことを指摘している。クレーリーは、とくにマネ、スーラ、セザンヌの芸術制作を取り上げながら、知覚の宙づりの経験が、表現者たちの創作プロセスにもたらした影響を強調する（ジョナサン・クレーリー『知覚の宙吊り――注意、スペクタクル、近代文化』岡田温司監訳、平凡社、二〇〇五）。

「形式の際」において青木は、自らの住宅において図・地、表・裏の関係性をたびたび転倒し、このような意味の宙づり状態を意図的につくりだそうと模索していたことを語った。関係性が反転し続けることによって、メビウスの輪の表裏の関係のように、意味の曖昧さや両義性が生じ、創造のプロセスにおいて宙づり状態ができる。

ずらし　認知心理学者である岡田猛が、現代アーティストの創作プロセスに見出した特徴。岡田は、アーティストがどのように自分の作品を変化させながら展開していくのかを調査し、「ずらし」という概念を提案した。

「類推」、あるいは「アナロジー」という心理学上の用語は、差異を生みだすプロセスを意味している。とくに構造上の差異に注目してずらすことを類推的な「ずらし」と呼び、大きな構造を維持しながらも新しいものを見出していくことに使われる。

「ずらし」には三タイプがある。第一にある表現技法をさまざまな違いに当てはめ、差異を生みだしていく「違いのずらし」、第二に上位の概念のなかで異なる表現技法や構造を見出す「構造のずらし」、第三により上位のヴィジョンにおいて新しい上位概念をつくりだす「概念のずらし」が挙げられる。結論として、現代アーティストの創作を支える長期的ヴィジョンと短期的ヴィジョンにおいて「ずらし」が機能し、いままでのものを乗り超え、他の作品から刺激を受けて新しいコンセプトを見出していくことが行なわれている。「ずらし」と創作プロセスの連関については、岡田猛＋横地早和子＋難波久美子＋石橋健太郎＋植田一博「現代美術の創作におけるずらしのプロセスと創作ビジョン」(『認知科学 一四』[日本認知科学会、二〇〇七]、三〇三―三二一頁）および、横地早和子＋岡田猛「現代芸術家の創造的熟達の過程」(『認知科学 一四』、四三七―四五四頁）に詳しい。

クロノス、カイロス、イーオン　ギリシアの時間概念における分類方法。時計で計測できるような一定の速度で流れる時間を「クロノス」、個人の主観として体感される時間を「カイロス」、なにもない空間に発生する時間を「イーオン」とする。エルヴィン・パノフスキーは「時の翁」(エルヴィン・パノフスキー『イコノロジー研究　上――ルネサンス美術における人文主義の諸テーマ』[浅野徹＋阿天坊耀ほか訳、ちくま学芸文庫、二〇〇二] 所収）において、古典古代から存在する「カイロス」とルネサンス期に生じた「クロノス」を対照的に論じている。

「クロノス」によって圧迫された「カイロス」が「イーオン」＝音楽によって癒されると考えた菊地は『DEGUSTATION A JAZZ authentique/bleue』において、演奏者全員が幻想として共有する「クロノス」のリズムに対して、それとの差異を生み出す「イーオン」を設定するために、それぞれの演奏者のBPM (Beat Per Minutes) を少しずつずらして録音した。この「クロノス」と「イーオン」との微妙な差異が、モダンジャズの範囲を超えた様相、方法論の変化をもたらしていく。

絵画、彫刻、写真、文学作品を題材に、「クロノス」と「カイロス」について論じた著作に、谷川渥『形象と時間――美的時間論序説』(講談社、一九九八）がある。

コーダル・モーダル　菊地成孔と大谷能生の講座で議論された音楽の特性。「コーダル」な音楽とは和音の進行を基盤にできている音楽、一方「モーダル」な音楽とはモード（調）の様相が変化していく音楽を指す。両者を融合した「コーダル・モーダル」とは、そのどちらともとれる音楽を意味し、感覚のゆらぎや二重の意味を内包する両義性をはらんでいるという点で、建築の特徴を読み解くうえでも適用可能と考えられる。「コーダル・モーダル」な建築とは、主題が構築的要素として働きつつ、様相としても見てとれる曖昧な関係性をはらんだ建築を意味する。

空隙／空洞／テラン・ヴァーグ　鈴木了二は、一九八〇年代から九〇年代にかけて自身が設計した建物のなかに出現する、わずかにゆるい曲率を「空隙」としてモデル化した。モデル化のプロセスをつうじて鈴木は、東京を、ワンブロックにひとつの建物が建てられるという西欧的な都市構想の考えでは捉えられない隙間だらけの都市と考えた。また、二〇〇〇年以降に鈴木は、自身が設計した住宅三棟のなかである種の「空洞」、あるいはトンネルが生じていることを説明する。そこで鈴木は建築で「空洞」＝トンネルをモデル化することを意識し、この時期の作品を「空洞」三部作と名づけている。鈴木が無意識に見出し、後に意識的に建築の制作過程に特徴づけた「空隙」そして「空洞」とは、スペインの建築家イグナシ・デ・ソラ＝モラレス・ルビオーが定義した一九七〇年代以降の都市の写真に見られる空虚で不安定な都市空間を意味する「テラン・ヴァーグ」とも関連する。「テラン・ヴァーグ」とは、そこでかつて起こった出来事を想起させながらも、資本主義原理に組み入れられず、生産性をなくした空虚で不安定な都市空間をさす（イグナシ・デ・ソラ＝モラレス・ルビオー「テラン・ヴァーグ」［田中純訳］、『Anyplace　場所の諸問題』［NTT出版、一九九六］所収）。

零年　一九四七年のベルリンを撮影した、ロベルト・ロッセリーニの映画『ドイツ零年』に由来する。都市の情報ネットワークから阻害され、異物として都市の内部に残留する空間を「非都市」と名づけた田中純の視点と交錯するように、鈴木了二は「建築零年」を提示する。「零年」とは、直線的に流れる時間の起源としての「零」ではなく、歴史に組み込まれない時間性を示している。これは、「テラン・ヴァーグ」と名指されるような都市の陥没地帯、あるいは「空隙」「空地」とも関連する。鈴木は『建築零年』（筑摩書房、二〇〇一）および『建築映画　マテリアル・サスペンス』（LIXIL出版、二〇一三）で「零年」をひとつのターニングポイントと考え、「零年」以降の終わった後に「建築映画」が現われるという批評を展開している。

境界性　イタリアの建築家アルド・ロッシの初期の理論書『都市の建築』（大島哲蔵＋福田晴虔訳、大龍堂書店、一九九一）において、境界性は都市と建築の両義性として扱われている。ロッシは古代ローマで円形の形態を保ちながら都市構造の一部になっている円形劇場を例に、建築であると同時に都市であるような境界性の構造に着目している。またこれと並行して、彼は一九八一年に『科学的自伝』（邦訳＝『アルド・ロッシ自伝』三宅理一訳、SD選書、一九八四）という、自伝でありながらアイデンティティを失うための自伝という複雑な性格をもった著作をものしている。田中純はロッシの「境界性」の議論を受け『都市の詩学――場所の記憶と徴候』（東京大学出版会、二〇〇七）において、東京の境界について考察している。田中は湾岸が東京の海と陸の境界として立ち現われてくる一方で、内陸においては境界性が曖昧になっていることに注意を喚起する。この事態は、一九七〇年代から八〇年代にかけて周辺領域を含んだ大東京圏の輪郭、そしてその内部の境界性が失われていく場面と軌を一にしているのではないかと田中は推察する。また田中は、この時期に実践された鈴木了二の仕事、ならびに「超芸術トマソン」や「路上観察」は、都市の境界の発見をめぐる時代状況を反映すると捉えている。

散漫な知覚　映画の視聴において経験されるような、対象への精神集中をさまたげられた知覚。ヴァルター・ベンヤミンは「複製技術時代の芸術作品」（『ベンヤミン・コレクション一　近代の意味』［浅井健二郎＋久保哲司訳、ちくま学芸文庫、一九九五］所収）において、ダダイズムの芸術作品の「触覚的」特性を論じ、これが映画の「散漫な知覚」経験を準備したとしている。画面が次々に移り変わる映画では、絵画を静観するような精神集中をともなう芸術の受容経験は前提とされておらず、そのショック作用によって連想が逐一打ち止められる。この特徴的な知覚経験に類するものとして、ベンヤミンは建築の受容経験を挙げる。建築とは古来より、くつろいだ状態で集団的に受容されてきた。このような「慣れ」による受容は、視覚や聴覚に特化した芸術経験ではなく、それらを多次元的に包摂した時間と空間の体験であり、無意識に記憶されるものである。

10 KEYWORDS／10 BOOK REVIEWS

10 BOOK REVIEWS

難波阿丹

青木淳『原っぱと遊園地——建築にとってその場の質とは何か』（王国社、二〇〇四）

本書では、使い手によって内容が変わらず、予定調和としてつくられていく「遊園地」と、使い手の実践によって内容がかたちづくられていく「原っぱ」という独創的な用語を対比させることによって青木の建築観が示される。なかでも、《潟博物館》《ルイ・ヴィトン表参道》《青森県立美術館》で青木が企図したことが、豊富な写真と自筆のスケッチを織りまぜて記述されている。

同書で青木は、「形式を徹底的に運用すること」で「形式」を超えることを主張する。これは「形式の際」でも提出されたことがらである。住宅をつくるとき、住み手の意図は構造化されているひとつの「形式」の表われと捉えることができるという。さらに、同書では人はみななんらかの「形式」のなかにいることが指摘され、住宅の設計とはそのような既存の「形式」の追認作業ではなく、「形式」を支えている基盤からストーリーを立ち上げる作業であるとした。既存の「形式」を内部から歪め「越える」こと、そして「形式」の制約を受けつつもその共同性の外部に出たかのような瞬間を創造することが、青木の「形式」と「自由」をめぐる制作の基本態度と言えるだろう。

ヴァルター・ベンヤミン「複製技術時代の芸術作品」（『ベンヤミン・コレクション1　近代の意味』［浅井健二郎＋久保哲司訳、ちくま学芸文庫、一九九五］所収）

一九三三年、ベンヤミンが亡命先のパリで視覚表象について論じた代表的著作。ベンヤミンは、複製技術の台頭による芸術作品の価値の変化を論じる。複製技術時代の芸術作品には芸術がもっていた一回限りの存在という特性、すなわち「アウラ」が欠けている。作品は複製されることによって伝統から切り離され、礼拝的価値ではなく展示価値をはらむようになった。このような複製技術時代に、人間と機械装置の釣り合いを表出した芸術形式が映画である。ベンヤミンによれば、映画は人間の自己疎外を生産的に利用するメディアである。

さらに「メディア／差異／両義性」という文脈に則して言うならば、本論考では映画の受容経験が、建築のそれと共通することが指摘されている。建築と映画は、その受容が多次元にわたる「触覚的」経験に基づいてなされる。これは精神集中を伴う芸術作品の受容とは異なり、「気散じ」的なくつろいだ受容だ。ベンヤミンが同論考を書き上げた時期、すなわちファシズムによって政治が美学化されるような歴史の転換期には、このような「触覚的」な知覚経験が重要な契機となるのである。

菊地成孔＋大谷能生

『東京大学のアルバート・アイラー――東大ジャズ講義録・歴史編』（メディア総合研究所、二〇〇五）

本書はジャズ史についての東京大学での講義録をまとめたものであり、歴史編をなす上巻が二〇〇五年に、キーワード集の下巻が二〇〇六年に出版された。歴史編では、多様な音源を参照しながら、二〇世紀のジャズ史の構造を発展的運動として捉えている。そのうえで重要なのは、ジャズ史を「一二音平均律」「バークリー・メソッド」「ＭＩＤＩ」という記号論的な変化の基準のもとに区分し、それらをジャズ史観のピーク・ポイントとして提出する点である。また同書では「電子化」と「磁化」という観点から、ジャズ史におけるプレ・モダン／モダン／ポスト・モダンの区別を試みる。キーワード編ではこのような歴史観をふまえ、二一世紀のジャズ批評の構造的欠陥を指摘し、批評的乗り超えが目指された。

本書に収録された東京大学での講義の前に、同氏は映画美学校で音楽史の講義を行なっており、その記録は『憂鬱と官能を教えた学校――バークリー・メソッドによって俯瞰される二〇世紀商業音楽史』（河出書房新社、二〇〇四）に収録されている。

黒沢清『映像のカリスマ 増補改訂版』（エクスナレッジ、二〇〇六）

本書は、著者が学生時代から、十数年をかけて書きためてきた映画評論を中心にまとめたものである。著者は評論にとどまらず、対談、脚本を並べながらアメリカ映画史という「物語」を意識的に立ち上げている。「映像の際」でも語られた、映画のいかがわしさ、映画の文法を逸脱していく性質、物語の結末が先送りにされることで、欲求不満をはらみながら進行する伏線やキーワードが、同書のあらゆる箇所に散りばめられている。

著者はジャン＝リュック・ゴダール、トビー・フーパー、小津安二郎といった世界の映画監督たちを取り上げた文章の端々に、映画史という「世紀の陰謀」の痕跡をたどりながら、彼らが登場する映画史という物語の余白に、自身のフィルモグラフィを添えている。

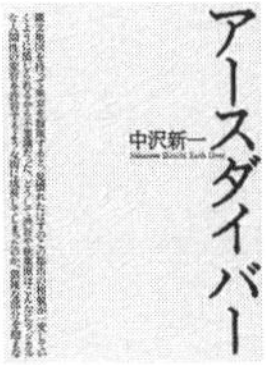

中沢新一『アースダイバー』（講談社、二〇〇五）

本書は、いまある東京という都市の各所について、縄文海進期の地層をダイビングするように記録したものである。一神教の神は宇宙をプログラマーとして設計したと考えられているが、都市・東京はそのようにかっちりと決まったプログラムではなく、地中の泥を材料につくりだされていると、著者は想定する。大地に潜るメタファーとしての「アースダイビング」を経ることにより、例えば神社や寺院といった資本主義の時間の浸食を受けにくい「無の場所」は、縄文地図における岬や半島の突端部にあることが明らかにされていく。

同書ははじめに無意識都市としての東京を俯瞰してから、死の刻印された地域として新宿および渋谷近辺を洗いだし、浮遊民の地域としての麻布から赤坂を経て、ファッション地帯である三田から青山へと抜けていく。また、職人の浮島である銀座に出発して下町をとおり、森番の天皇が鎮座する「皇居」に終着点を定める。

岡田猛ほか編『協同の知を探る——創造的コラボレーションの認知科学』（共立出版、二〇〇〇）

本書は、科学哲学者、科学社会学者、心理学者、科学史家、カルチュラル・スタディーズの研究者などから、科学研究をめぐる多様なアプローチの全貌を紹介することを目的としている。

第一章「認知科学、心理学からのアプローチ」の第一節「科学における共同研究のプロセス」を担当する岡田猛は、インタヴュー、質問紙調査、および認知心理学的実験を紹介したうえで、認知心理学的アプローチからどのような協同、および単独での研究が可能かを検討している。その際、協同と単独での研究の成果、問題解決過程の相違が考察され、科学的実験の場における知識の協同構築過程が事例として挙げられる。このように協同研究をひとつの創作のプロセスとして捉えるならば、「形式の際」でも述べられた「ずらし」のように科学的発見をもたらす認知過程の分析が可能となるだろう。

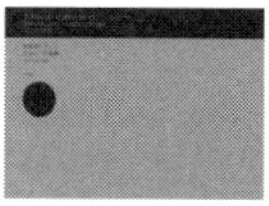

鈴木了二『物質試行49——鈴木了二作品集一九七三—二〇〇七』（LIXIL出版、二〇〇七）

本書は、著者が「物質試行」として続けてきた四八番目の作品までを収録した、三四年間にわたる実践の記録である。「物質試行」と名づけられた著者の営為では、《物質試行47 金刀比羅宮プロジェクト》にも表われている、スタッフワークや現場での事件、予期しない出来事を創造的に制作に取り入れていく姿勢が明らかになる。さらに同書では、著者の建築を構成する素材への考え方の変遷をたどることもできる。《物質試行3 S邸》（一九七六）や《物質試行5 T宅》（一九七八）など、素材の物質性自体に関心が向いていた一九七〇年代の作品と比べ、二〇〇〇年以降に制作した《物質試行48 西麻布の住宅》（二〇〇六）では物質そのものよりも、空気や光など実体化されないものの実在性を意識していた。全体をとおし著者が作品の指標として「空間」という言葉を使用していないことも、注目に値する。「空間的」ということをひとつの評価基準とする七〇年代のポスト・モダン的状況への反発から、「物質」という用語で自身の活動を記述する戦略的意図がうかがえる。

鈴木了二『建築映画　マテリアル・サスペンス』（LIXIL出版、二〇一三）

著者が新しく掲げた「建築映画」というジャンルについて考察を試みた書。「映像の際」で実現した黒沢清との対話が、同書の「黒沢清論」に接続している。著者は黒沢映画を、そこに映り込んだ建築が、「建築写真」のように強度のある画面で現われる「建築映画」と捉えた。しかし、黒沢映画の、建築を見据えるショットは、いわゆる「建築写真」のように建築を対象から後退した他者の目線で捉えたものではない。「建築写真」より一歩前に踏み込んだ黒沢映画の建築との距離の取り方が、映画と建築の世界像の相違、すなわち「メディア／差異／両義性」に通じている。

同書では「映像の際」で議論された、映画と建築の開口部についての指摘も見られる。内部と外部を関連づける境界領域としての開口部は、建築の内包する重要な側面であることはまちがいない。著者は、黒沢映画にこの開口部にこだわったショットが散見されると述べ、開口部に亡霊的な形象が出現することを論じている。また、著者によれば黒沢は、東京という都市を階段の踊り場からのような視点で撮影することに成功した数少ない映画監督のひとりである。同書には、最終節に著者と黒沢清の対談も収録されている。

『DETAIL JAPAN　映画の発見！』
（リード・ビジネス・インフォメーション、二〇〇八）

「映画のセンスがなければ、もはや建築は出来ない」というキャッチコピーが付された本雑誌では、建築家四八名がそれぞれ「私の一〇本」を掲げ、自分と映画の関わりを記す。そのほか、宇野邦一と鈴木了二の対談「映画と建築の出会う場所」、中条省平、榎戸耕史へのインタヴュー、松村秀一、鵜沢隆などのテクストを収録している。

「映像の際」との関連が深いのは、宇野と鈴木の対談で提出されたトピック群である。二〇世紀初頭に出現した映画が、建築という媒体から人間の記憶をストックする役割を引き継ぐという指摘や、両者に共通する「廃墟」という観点、さらには、アルド・ロッシやルイス・カーンの建築を題材に、映画のイメージの可塑性と建築の亡霊性が挙げられていることに注目したい。同対談では、TV的なプログラムや物語には還元できない映画の可能性を表わした作家として、ペドロ・コスタ、山中貞雄、小津安二郎についての言及もある。

田中純『死者たちの都市へ』（青土社、二〇〇四）

『都市表象分析Ｉ』（ＬＩＸＩＬ出版、二〇〇〇）で著者は、「都市表象分析」と称して、写真や映像の表象を経巡りながら都市の「エンブレム」を

蒐集する作業を行なう。これは「都市」にある局所的な空隙としての「非都市」において、幽霊のように立ち現われる都市の記憶と痕跡を発掘する作業である。これにつづく『死者たちの都市へ』(青土社、二〇〇四)で著者は、「都市表象分析」で明らかにされた「敷居」としての都市の境界に注目し、生者の都市と隣接した、死者たちをめぐる都市空間を考察した。同書は「都市の幽冥界」をめぐる政治の諸相を取り上げ、全体として暴力批判論の様相をおびている。

同書は第一部に「戦場としての都市」、第二部に「収容所としての都市」を掲げ、前者では二〇〇一年の同時多発テロを背景に、生死の境界性を孕む場所としてニューヨークの「ワールド・トレード・センター」跡地を採り上げる。また後者では、より広範な政治的暴力の現われから現代都市において死者たちの記憶のアクチュアリティを見出す方途が模索された。その際手がかりとなるのが、アルド・ロッシがユングの「類推」の定義を援用しつつ試みた、「類推的都市」を導き出す思考法である。「類推的都市」とは、明確に論理化、あるいは言説化されない類推的思考法、そして模倣の能力(ベンヤミン)によって、記憶のイメージの連鎖において見出される建築物の集合体であり、都市の「綺想的」風景である。そこには、「おもかげ」としておぼろに想起される都市の原型的なイメージが浮かびあがる。

インタヴュー　青木淳

聞き手＝難波阿丹＋南後由和　構成＝難波阿丹

——今回、異分野の方々と鼎談をされてみて、青木さんはどんな感想をもたれましたか。

青木淳　音楽では、時間がすごく重要なのだと思いました。時間の流れを放っておくと、人間は退屈で時間の流れに無意識になってしまう。時間の流れにいつも意識をもてる状態を音楽はどうやってつくることができるのかについての説明が菊地成孔さんからありました。シンポジウムでの菊地さんの話によると、西洋では、時計で計測できる客観的な時間を「クロノス」、主観的な時間を「カイロス」、時間がなにもない空間に発生する時間を「イーオン」というのだそうで、人が音楽の演奏に魅了されるのは、なにもない空間に「1、2、3、4」と時間が発生するからだということでした。先に音楽があるのではなくて、先に時間があるという考え方がおもしろかったです。

建築は、基本的には先にあるのが時間ではなく空間なので、音楽とは違います。けれど、空間と置き換えて考えると、はじめに建築があるのではなくて、まず空間があって、その空間に対してどう変形を加えていくか、どう人間側が受けとれるようにしてくかという視点が重要だと考えさせられました。

——今回のテーマは「形式」でしたが、「空間」と関連させて改めてどのようなお考えをおもちでしょうか。また鼎談でお話しされていた、両義性や曖昧さを組み込んだ建築プロジェクトのその後の展開について教えてください。

青木　建築で「形式」とは、空間単位の組み合わせ方、空間的構図になります。建築の世界ではすごく不思議なことが行なわれていて、「形式」をそのまま表現することを建築の目標とすることが多いのです。なかでもいちばん多く行なわれているのは、三次元的コンポジションとして「形式」がきちんと伝わるようなつくり方です。けれども《青森県立美術館》（二〇〇六）では、そういう意味で自己目的化しがちな「形式」の表現であることを止めたいと思いました。そうではなく、映画でいえば、伏線的な関係をつくっていこうとしたんです。言い換えると、全体から演繹するのではなく、その場その場で起きたことの隣接関係でつくっていこうと考えました。

その後、さまざまなものがバラバラにある状態がベースで、それらをどのようにひとまとまりにするかに興味が移っていきました。そのように考えるようになった理由のひとつは東日本大震災です。器となる建築が壊され、丸裸にされた生活、不安定でバラバラにされた生活に、では新しい器をどのように用意するのかを考えるようになりました。今和次郎さんも関東大震災を経験して「考現学」を始めています。それまで民家の研究をしていた彼の関心は、震災で丸裸になった生活に移りました。裸になった生活を見て、そこから改めてどういう型をつくっていけばよいか。生活は本来、不定形なのです。建築の話に戻せば、周囲を含めてどこまでを建築と呼ぶのか、そのまとまりは恣意的なので、それぞれを緻密に関係づけていくのではなく、バラバラな状態があるのを受け入れたうえで、それらをどうやってひとまとまりにできるのかを考えていくようになってきました。単純な起承転結の物語ではなく、よくわけのわからない関係によってつくられている現在の状態をどうつくれるか、そちらのほうにウェイトが移っていきました。

――鼎談では、プレモダン、モダン、ポストモダンの区別が問題になりました。モダニズム建築の可能性や、モダニズム建築で見えていなかったものをやり直すこととはどういった試みなのでしょうか。

青木　二〇〇九年のテート・トリエンナーレのテーマは「Altermodern（オルターモダン）」でした。この「オルターモダン」という言葉で、一応モダニズムやポストモダニズムとはなにかが整理しやすくなった。モダニズムが、最初にテーゼ、中心があり、それをどう細部にいきわたらせるかを目標とするなら、ポストモダンではそれをバラバラにして多様性に賭ける方向という具合に、ポストモダンはそれまでのモダンが過度に中央集権的に統御することへの反発としては意味があるけれど、すべてがバラバラになったら意味がなくなってしまう。バラバラな状態を前提としながら、仮設的なまとまりをつくることが「オルターモダン」の企図するところではないかと思います。これが、モダン、ポストモダンの後の時代のテーマだと思います。

まとまりと、バラバラさを両立させる手だてとして、「解像度」と「レイヤー」という言葉で考えると理解しやすいと思います。ここ《杉並区大宮前体育館》の周辺の街並みには、西洋風、純和風、山小屋風など、さまざまな建物があります。歩いてみれば個々の違いが見

青木淳《杉並区大宮前体育館》外観　撮影＝阿野太一

えますが、中央線に乗って見下ろすと同じものが広がっているように見えます。ある解像度で見ればバラバラなのですが、別の解像度で見た場合には均一に見える。たとえるなら全体性とバラバラさがミルフィーユのように同じレヴェルで両立している状態です。和音の進行から逃れようとしたジャズは、香水の調合みたいなアーティスティックで個人的な世界に突入したように思われます。即興に加わる奏者ごとに異なる層の積層によるミルフィーユのような構造をイメージさせますから。《杉並区大宮前体育館》と同様、全体性とバラバラさが両立しているようです。それぞれの音律の層を別々に知覚するというよりも、それらが組み合わさった全体性＝空間の香りのようなものを感じとられる世界がある。

――青木さんにとって、異分野の方と議論することは、どのような意味をもっているのでしょうか。また、建築と異分野の関連性を探るという問題設定についてはどう思われますか。

青木　各分野で共通する部分が当然あるけれど、共通しない部分のほうがずっと多くて、それがジャンルの違いだと思います。それぞれのジャンルで共通することだけを話していると、問題が小さくなってしまう。ジャンル間の最小公倍数のようになってしまうような気がします。実際にはもっと豊かなことが行なわれているわけで、そこに興味があります。だから、抽象して共通項を見出すのではなく、それぞれに異なる具象に注目しようと思っています。例えば、僕は音楽をやっている人と話すときには建築ではなくて、音楽のことを訊きたいのです。音楽をやっている人が建築をやっている僕になにかを訊きたいかどうかは

青木淳《杉並区大宮前体育館》周辺住宅地と奥に拡がる杉並区の風景　撮影＝阿野太一

わかりませんが（笑）。僕は訊くことによって自分なりに、異分野でも同じような問題意識があることがわかったり、その場合、異分野だとこういう考え方になるのだとわかって、おもしろい。その問題意識や考え方自体は建築をつくるときにほとんど使えないけれど、なにかのときに繋がることがあって、それがおもしろいのです。

自分は建築としかいいようがないことをやっているのだと思います。アート・プロジェクトにおいても、バラバラな場をなんらかの違うまとまりにすることにおいては、建築でやっていることとほとんど同じです。建築というジャンルが存在しているのは、そういう意味においてです。

［二〇一四年八月一九日、杉並区大宮前体育館にて］

青木淳《杉並区大宮前体育館》と周辺の街並みを俯瞰する　撮影＝阿野太一

インタヴュー　鈴木了二

聞き手＝難波阿丹＋南後由和　構成＝難波阿丹

——今回「映像の際」で異分野の方々と鼎談をされてみて、思考の展開が進んだところはありますでしょうか。また黒沢清監督とは、鈴木先生のご著書『建築映画　マテリアル・サスペンス』（LIXIL出版、二〇一三）において対談をされていますが、建築を語るうえで映画という異なるジャンルに影響されたことをお聞かせください。

鈴木了二　〈建築の際〉で鼎談をしたのは、ちょうど『建築映画』を準備している最中で、当時黒沢さんが思案していた「東京をどう考えるか」ということに、僕も関心があったのです。黒沢さんが建築や都市の見方を工夫し苦労して美術やカメラを頑張っても、映画の内部ではストーリー以外あまり話題にならずに、誰もなかなか反応してくれないらしいんです。『建築映画』に収録するにあたって執筆した黒沢論を事前に礼儀としてお送りしたのですが、そのなかで例えば、黒沢さんが東京を踊り場目線で捉えていることについては僕が初めて指摘したことだったらしい。実際に、黒沢さんも踊り場が好きで、ふつうの部屋なのにわざわざ踊り場で撮影されたこともあったそうなので、僕の論文をおもしろがってくれたようです。また、僕が建築をやりながら感じていたことに対して、建築の業界の内部ではほとんど反応がなかったにもかかわらず、黒沢さんも同じように考えていたことがわかったりして、とても勇気づけられました。具体的に言うなら、都内ではぎっしりマンションが建っているなかに、やっと視界が開けてくる踊り場目線的な位置、二、三階あたり、もちろん場合によっては七、八階になるかもしれませんが、空中からある程度浮いたところにＧＬ（グラウンドライン）があるという実感について住宅論として書いたことがあったのです。しかし建築の方面ではほとんど反応がなかった。むしろ建築では大概の場合は、内と外とか、人との関係性とか、空間の関係や広がりについての議論になりますからね。ですが、東京のＧＬの問題を黒沢さんと共有できたことで僕の目のつけどころもそれほど狂っていなかったという感覚をもちました。

ほかにも黒沢さんはシンポジウムで、映画はじつはオモテしか見えていなくて、ウラがつねに隠されているとおっしゃっていましたが［一五五頁参照］、建築でもよく考えてみたら同じですね。じつはないのに、あるようなふりをしているんじゃないかという感受性が、僕の考える建築と、黒沢さんの考える映画に共通しているらしく、建築家が相手だとなかなかできないような話も自由にできてしまう経験でした。異分野ならではの刺激とおもしろさを感じられる、本当にありがたい企画でしたね。

――ご自身の建物を「空間」という言葉を避けて「空地」「空洞」「空隙」と名づけられていました。建築プロジェクトと東京の都市表象に関して、鼎談後の展開をお聞かせいただけますか。

鈴木　建築の批評や論考のなかで「空間」という言葉が現在のようなニュアンスで語られるようになったのは、じつは一九世紀のヨーロッパからなんですね。だから「空間」という言葉には一九世紀的な建築の価値観が反映していて、嫌だったんです。「空間」という言葉が現代に届いていないという認識はいまでも同じなんですが、しかしその感じがさらにまた、しかも急に変わってきた。『寝そべる建築』（みすず書房、二〇一四）にも書きましたが、東日本大震災の経験が、東京を見る目を変えただろうし、自分のプロジェクトにも作用しているのだろうと思います。この本を書くにあたって、それまでの「空地」「空洞」「空隙」についてもかなり書き直しました。

この本の冒頭で書いた立原道造のもっていた建築に対する感覚や考え方が、とくに震災後、説得力あるものに思えてきた。彼は詩人でありながら——設計したものがほとんど実現していませんが——建築家としても一流でした。丹下健三的な近代建築の方向性では捉えきれなかった立原の建築の、大地に根付いていない故郷喪失者のようなうすぼんやりした感覚に表われているように、根本的に建築の位置の取り方がほかの建築家と違っている。こういうタイプの建築家はいままで世界中のどこにもいなかった。場所を失っていながら、なおも建築家であろうとすることは現代的な逆説ですね。「空地」「空洞」「空隙」という言い方も、アンチ「空間」的な言葉ではあるんだけど、建っているというレヴェルでの言葉ではあるんですよね。しかし、建っていることとは違う概念があるという観点で東京を見ると、「空地」「空洞」「空隙」とはまた、さらに違う言葉で、もっと流動的に、宙に浮いたような視点をとって東京を見直すことができるかもしれない。それは、根本的な近代の問い直しになるかもしれません。

——『建築映画』のコンセプトに挙げられている、映画と建築の相関について、例えば鼎談でも注目された「距離」「開口部」「亡霊性」に関してどう考えられているでしょうか。

鈴木　『建築映画』は、僕としては建築論として書いたつもりです。いまのわれわれにぴったりくる建築のあり方を従来の「建築論」で書くとどうしても硬直化しやすい。建築で「開口部」というと、内外を介するドアがあって、内はプライヴェートで外は公共性という単純な話になるけれども、映画で「開口部」というと、扉の向こうにまったく別な世界があって異次元に開かれるという話になる。黒沢さんの映画、例えば『回路』で言えば、独特の暗い幽霊のような人影が穴のように見え、それが異界とつなぐ「開口部」になっている。それがドアによって隔てられている。人影そのものがドアの役割をはたしているようでさえあり、それがきっと亡霊的なんですよ。「開口部」は建築にとっても内外を分ける境界として大きな要素だから、むしろそこから建築を考えてみると、たんに内と外や光と闇の関係だけではないことも言えるようになる。「距離」も同じように、建築の内部でふつうに使っている言葉であるので慣れてしまっているのですが、これを一度映画に曝してみると、言葉そのものが還元され、意味も新鮮になって、もう一回使い直せるみたいな感じですね。

例えばベンヤミンは、言葉を比喩の力でもって違う磁場にもっていきますよね。「アウラ」の意味にしてもプラスとマイナス両方の力を孕んでいて、ひとつにまとめようとしてもうまくいかない。そんなふうにそのつど、言葉が硬直化しないようにしていくことが重要だと思う。例えば、最近の建築のなかでは「社会性」という言葉がけっこう素朴に使われたりして、妙に肯定的な意味を孕んでいるでしょ。僕が「物質試行」と言った頃は、ポストモダンの時代で「空間」という言葉が前面に押し出されていた。あの頃の「空間性」の使い方がいまの「社会性」の使い方に似ているようにも思います。いままでの概念の意味をゼロにして、もう一回新鮮に柔軟にして使うならいいんだけど、どうしても言葉をまるで価値観のように語ろうとするような限界があった。『寝そべる建築』にしても、『建築映画——マテリアル・サスペンス』と同様に、建築を語る言葉をどんどん柔軟にしたいと思って書いたところがあります。相互批評というか、境界線上と言ってもいいんですけど、建築という側面で見た言葉を、映画的な側面で見直してみる。あるいはまた、映画に限らず、別の位置から見直してみることも重要じゃないかと思います。

——建築は包摂範囲が広く、あらゆるジャンルとなんらかのかたちで接点をもっていますが、そのような建築の特権性や、建築を専門性と学際性の境界線上で考えるときに、建築の専門性はどのようなかたちであり続けるものだと思われますか。

鈴木　僕が若かった頃は、みんなが境界線に対して一定の感受性をもとうとしていた時期でした。境界線で異分野とぶつかるのは、アマチュアリズム的なものの肯定でしょうけれど、すべてがアマチュアでは役に立たないから、どこかでプロとして錨が刺さっていないといけない。一方で、危ないギリギリまで出かけていく冒険も必要です。そういう意味では、僕の関心のあるあたりでは専門性の有無が宙づりになっているかもしれません。専門性が「ある」と言うと確固としたアカデミズムができかねないし、「ない」と言うとたんなるアマチュアになってしまって、学際としての吸引力もなくなる。バラバラになって、ただのジャンクになってしまう。だから宙づりをキープするしかない。

僕は興味本位だけの拡張的な異分野との交流は眉唾かなと思っています。むしろ自己反省に働くほうがたしかなものがある気がする。拡張していくと根拠がなくなるんですよ。エントロピーが増大していく。だからいくら映画が好きだとはいえ、「映画的な建築ってどんなもの」と言われてもぴんとこない。やっぱり建築は建築、映画は映画なんです。けれども相互的な批評に曝されたときに、建築をもう一回考え直す、映画をもう一回考え直すということは、ありうる。むしろ、そういう過程での内部の再編成が大事だと思います。建築に関して言えば、特権的な様式史のなかに埋没しているものがいっぱいあるわけだから、特権者の所有物としてあり続けてきた建築の歴史を見直す必要はあるでしょう。越境の重要な役割はおそらくそこにあります。ですから、僕はそれぞれの分野を極めた人が境界で特権的に出会うのもいいかもしれないが、一方では、現代のインターネットやSNSで多くの人がぐだぐだで繋がっている状態にも、逆にちょっと関心がある。それがそのまま流産し続けるのではなく特権者に対して抵抗し続けることによって、どこかで化合したりすれば、その抵抗の摩擦から新しいジャンルが不意に生まれることがあるのかもしれません。いまのところぜんぜん楽観的ではありませんけれども。

［二〇一四年九月二五日、鈴木了二建築計画事務所にて］

第3章

アナロジー／経験／幾何学

生命の際

伊東豊雄＋福岡伸一＋佐倉統

空間の際

原広司＋松本幸夫＋暦本純一

アナロジー／経験／幾何学

文＝南後由和

「生命の際」と「空間の際」では、生物学、数学、コンピュータ・サイエンスの知見を、いかに建築や都市の新たな空間認識や設計にフィードバックさせるかを議論した。

「生命の際」では、建築家が設計のリソースを都合よく取り出すために生命のアナロジーを参照することは回避すべきだとし、変化しながらも定常状態を維持する「動的平衡」の仕組みや、「関係性の総和としての生態系」のなかで建築を位置づけていく視点が示された。そのうえで、近代建築のように「内と外」を堅固に分断するのではない「ゆるゆるやわやわな」建築の境界、竣工後も変化し続ける建築の仕組みに話が及んだ。

「空間の際」では、多次元的な世界を同時に把握して変容を記述する「多様体」、情報技術を介して人間の無意識や心理を集合的かつ動態的に可視化する「センソノミー」などを補助線とし、均質空間やユークリッド幾何学という固定的な空間概念では記述できなかった都市空間の様相および人間の経験と新たな幾何学の結びつきが議論された。

「生命の際」と「空間の際」に共通していたのは、動的な時間軸を含み込んだ建築のあり方であり、近代建築の問い直しには、人間の経験の新たな記述に裏打ちされた幾何学の更新が必要なのではないかという問題意識であった。

第3章

アナロジー／経験／幾何学

生命の際

伊東豊雄＋福岡伸一＋佐倉統

空間の際

原広司＋松本幸夫＋暦本純一

「生命の際」は、

文＝阿部純

「生命の際」は、建築家の伊東豊雄、分子生物学者の福岡伸一、進化生物学者の佐倉統を招き、生命のアナロジーが建築設計に応用可能かを批判的に検討していくことを狙いとしたものである。ここでは、「内と外」とをひとつの境界で隔てる近代主義的な発想のもと発展してきたエネルギー効率重視の建築設計に対して、環境共生型のネットワーク志向やエネルギー変換といったダイナミックな視点を取り込みつつある伊東作品を取り上げ、その伊東の発想について生物学の視点から考察する機会となった。

伊東からの建築作品のプレゼンテーションを受けて、福岡は自身の提唱する「動的平衡」について概観しながら、時間の直線的な流れに沿ったダイナミックな建築の可能性を示唆し、佐倉もまた「生命的」という言葉の歴史的な使われ方に警鐘を鳴らしつつも、建築物を媒介として、そこを行き交う人々の流れをデザインする「関係性の総和としての建築」の方向性を模索する。

生命のアナロジーを建築設計に取り入れることはどのような方法において可能であり、どのような結果をもたらすことができるのか。「生命の際」は、この動的な建築のあり方を足元から捉え返す鼎談となった。

――建築家として生命を多層なレヴェルで扱う伊東豊雄氏、分子生物学の立場から新しい生命観を広く紹介する福岡伸一氏、文化や社会現象を進化論的側面から位置づけ直す佐倉統氏をお招きして、生命概念を建築などで展開する際に見えてくる可能性と問題点とを検証していきたいと考えています。

流動体の建築、有機体の建築

――建築家が生命をモチーフとして設計に用いることはこれまでも多く見られました。例えば、コリント様式の柱頭やアール・ヌーヴォーは、植物のもつ有機的な造形を引用し生み出されたものです。また、一九六〇年代の日本では、新陳代謝のメカニズムを建築設計に応用しようとする「メタボリズム」運動も見られました。このような建築の歴史のなかでも、伊東さんはモチーフやメタファーとしてだけでなく、アルゴリズムを駆使して生命の仕組みを探究しておられます。

伊東豊雄　一九八〇年代から「流動体としての建築」をテーマに設計してきました。まずはその発想の基となった「流れのダイナミクス」の映像を見ていただきます。水流に杭を一本打つと、流速の上昇とともに杭の後方に大きな渦ができます。私はかなり前から、この杭の後方の渦のように、動的な環境に対応する建築はありうるだろうかと考えてきました。渦と建築を結びつけたのは、われわれの住んでいる都市空間は絶え間なく変化しており、空間的に流動体とみなすことが可能なのではないかという考えを背景にしています。

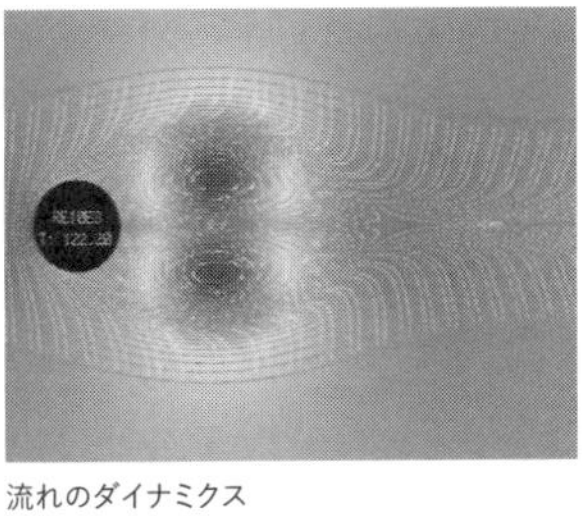

流れのダイナミクス
提供=伊東豊雄建築設計事務所

いまから二〇年ほど前、ロンドンで渦のイメージをもつ建築をインスタレーション《シミュレーションの部屋》として展示しました（「Visions of Japan」展、ヴィクトリア&アルバート美術館、一九九一）。都市の日常的な風景を水の流れのイメージに置き換えた映像を、数十台のプロジェクターを使って壁に投影する作品です。展示空間に身を置くと、まるで自分は水の上に立っており、映像の流れに沿って体が傾いていくような感覚に陥っていきます。

セーヌ川のほとりを敷地とした「パリ日本文化会館」のコンペティション案「セーヌ川に浮かぶメディアシップ」（一九八九）は、「流動体としての建築」に関するほぼ初期のプロジェクトでした。かつて日本では、桜が咲くと人々はその下に集まり、幔幕《まんまく》を巡らせて宴会をしたといいます。僕の建築の理想像ともいえる姿です。今日において、人の集まりを促す桜の木にあたるものは、情報なのではないかと考えました。情報は、実際には端末でしかキャッチできない不可視のものです。その情報を「メディアシップ」というシンボルに置き換え、周りに新しい――液晶フィルムの入ったガラスをファサードにし、透明度を変えることによって水に浮ぶイメージを表現する――幕を巡らすことで人々が集う建築になるというコンセプトでした。結局コンペには落ちてしまったのですが、八〇年代後半に提案したこのコンセプトは、その後《せんだいメディアテーク》（二〇〇〇）に結実することになります。

《せんだいメディアテーク》の設計では、有機的な仕組みを採り入れました。キュービックなヴォリュームを一三本のチューブが垂直に貫いています。これらのチューブを軸にして、力が波紋のように広がっていく地場のようなものを想定し、それを土台として自立す

同、内観
提供=伊東豊雄建築設計事務所

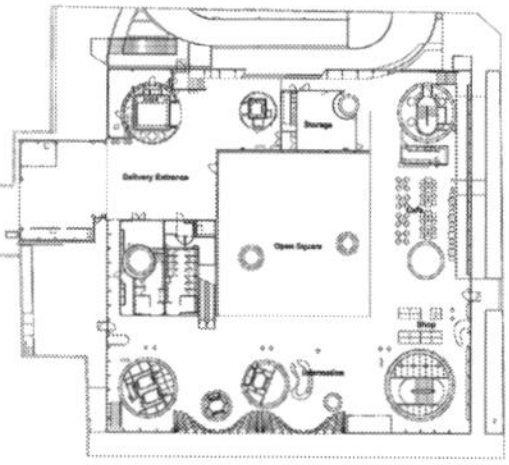
伊東豊雄《せんだいメディアテーク》1階平面図
提供=伊東豊雄建築設計事務所

る壁のない建築にしたいと考えました。建物を垂直方向に貫くチューブが各階との関係をつくりだしています。例えば、屋上から自然光を採り入れていますし、あるチューブには、空調を担う配管を通すことで、館内の温度をコントロールしています。現代建築の場合、正方形のフロアに対して、全体の温度分布をできるだけ均質にするのがセオリーですが、ここでは日照条件や人の密度などをふまえ、場所によって温度が変わるように、非均質的に設計しています。また、あるチューブはエレベーターや階段を内包しています。通常の建物ではフロアとフロアのあいだは完全に閉じられて関係が断たれていますが、ここではチューブを通して上下階にわたって視覚的な関係をつくり出しています。つまり、光や空気や視覚など、さまざまな要素が、水平方向だけでなく垂直方向でもつながりをもっているのです。

さらにこの考え方を二〇〇四年にベルギーのゲントで行なわれたコンサートホールのコンペで拡張しました（「ゲント市文化フォーラム」コンペ案）。ポルトガルでファド（ポルトガルの伝統民族歌謡）のコンサートを観たときの経験を反映しています。このときファドは小広場の階段の踊り場で行なわれていました。聴衆は石段に直接座ったり、石段の踊り場に面したカフェでコンサートを聴いている。会場はまちなかの階段なので脇を通行人が行き来していますが、聴衆はそのことを気に留めることなく、ひじょうにリラックスしてファドを楽しんでいるようでした。こういうコンサートホールの設計ができないかと考えました。

ゲントのプロジェクトでは、敷地には正面がなく、さまざまな方向から出入り可能な場所だったこともあり、利用者の動線や周囲の環境がそのまま建物の中まで浸透し、小さな交

伊東豊雄「ゲント市文化フォーラム」コンペ案模型
提供=伊東豊雄建築設計事務所

ポルトガルで見たファドのようすのスケッチ
提供=伊東豊雄建築設計事務所

差点のような場所でコンサートをするというコンセプトを掲げました。試行錯誤を経て、水平方向と垂直方向に広がるチューブのモデルにいきつきました。ここで最も画期的なことは、大きなホール、リハーサル室、スタジオといった音の出るいくつかの場所が、チューブによって水平方向と垂直方向に結ばれ、場合によってはそれらを組み合わせることによってひとつの大きなコンサートができる点です。さらには、まちなかを歩きながら楽しむストリート・コンサートのように、聴衆が場所を移動しながらコンサートを楽しむことも可能なプログラムを提案したのですが、落選してしまいました。

台湾の台中市での《台中国立歌劇院（メトロポリタン・オペラハウス）》では、同様のモデルを使ってコンペティションに再度挑戦し、勝つことができました。二〇〇〇席、八〇〇席、二〇〇席という規模の三つのシアターを収めています。「カテノイド」と呼ばれる三次元曲面の構造体をカットすることで、チューブが水平方向にも垂直方向にも連続する空間を実現しています。

二〇世紀の建築は、できるだけ小さい外表面積にして内外を分断することで境界を堅固に築く方向に向かいました。それに対して、ゲントや台中の作品を見ていただいておわかりのように、僕は建築物における「内と外」というヒエラルキーを取り去りたい、あるいは同化させたいと考えています。また、チューブの存在が実際に建築を生命体に近づけるための働きに大きな役割を果たすと考えています。さらに展開させれば、複雑なネットワーク状の造形を提案することが可能なはずです。このようなプロセスを経ながら、新しい建築を模索しているところです。

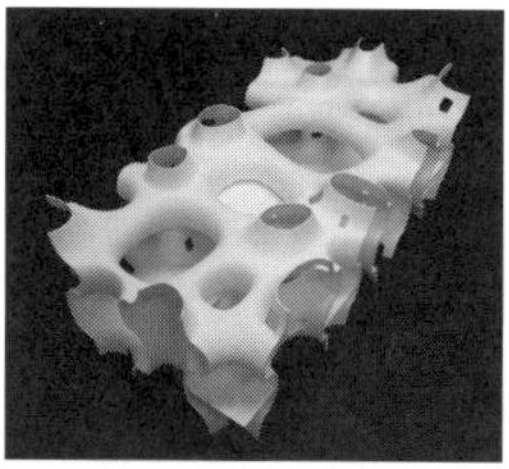
《台中国立歌劇院》の構造モデル
提供＝伊東豊雄建築設計事務所

伊東豊雄《台中国立歌劇院》外観（2014年8月現在）
提供＝伊東豊雄建築設計事務所

動的平衡——動的な時間軸で生命を見ていくこと

福岡伸一　メタボリズム建築として知られる黒川紀章の《中銀カプセルタワービル》（一九七二）が、新陳代謝しないままに取り壊される可能性がある時代において、生物学の言葉がなにかひとつでもみなさんのヒントになればよいと考えています。

私は現在、分子生物学というミクロな世界に関わる仕事をしておりますが、少年時代は昆虫に夢中でした。当時の私の夢は、ルリボシカミキリというひじょうに美しい青色のカミキリ虫を捕まえることでした。それがしだいに、新種の虫を発見して図鑑に載せることが目標となりました。昆虫少年がなぜ昆虫を集めるかというと、「世界を記述したい」という思いがあるからです。何度も新種の虫を捕まえたと思ったのですが、調べてみるといずれもすでに発見されており、結局夢は果たせずじまいでした。

しかし、大学に入って生物学を勉強し始めてみると、意外なことがわかってきました。新種の虫はなかなかいないものですが、細胞の森のなかを分け入ってみると、そこに存在している分子や遺伝子は、私が研究を始めた一九八〇年当時は、ほとんどが未知のものだったのです。そこで私は昆虫採集の網をミクロな遺伝子工学の装置に持ち換えて、遺伝子ハンターに宗旨変えしたわけです。

私がこれまでに捕まえた新種の遺伝子は一〇種類くらいあります。そのなかでもいちばんの大物は「グリコプロテイン2」（GP2）と命名した遺伝子で、ある特別なタンパク質をコードしています。外界を探索するアンテナのごとくGP2は細胞の表面から突き出してるのですが、なぜそのような形状になっているかを調べました。ミクロな外科手術に

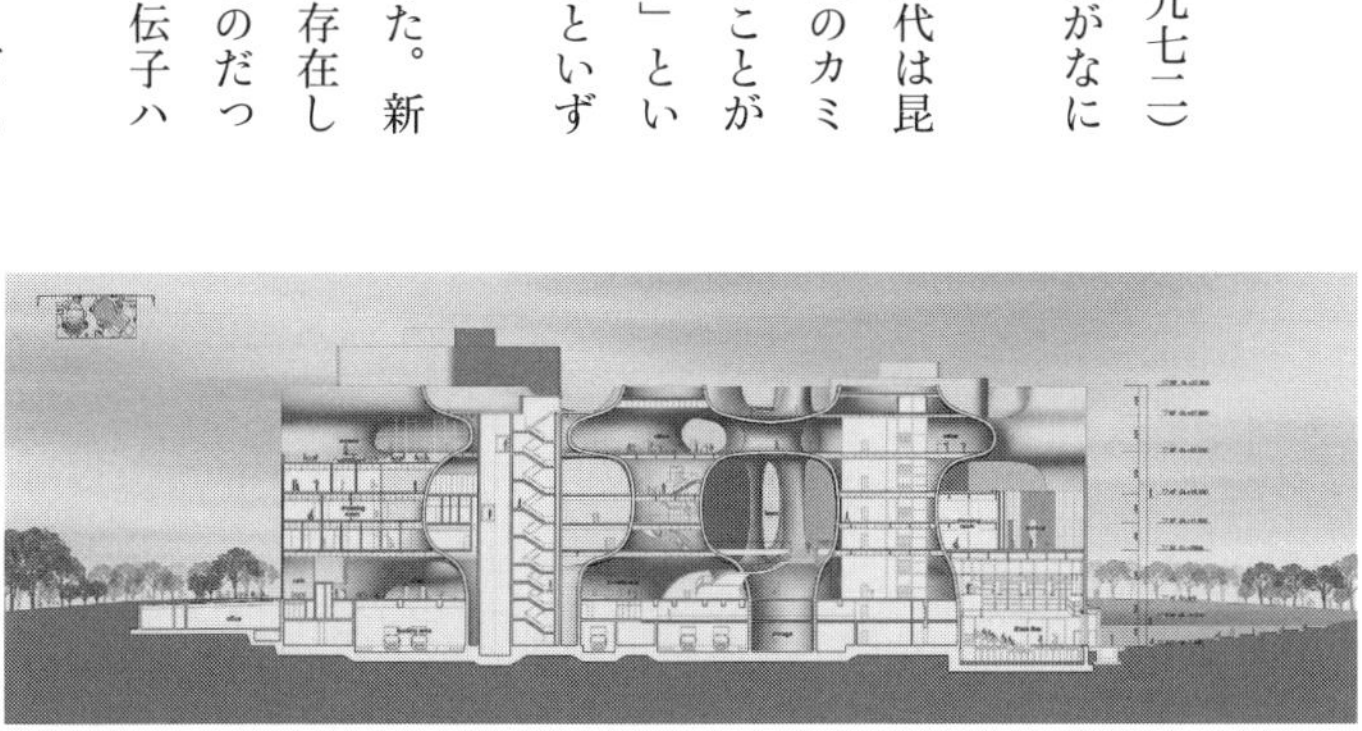

伊東豊雄《台中国立歌劇院》断面図
提供=伊東豊雄建築設計事務所

よってマウスの細胞の中のゲノムを取り出し、GP2の情報が書かれている部分だけをハサミで切り取ることで、GP2の情報をもたない受精卵をつくります。この受精卵から誕生したマウス（GP2遺伝子ノックアウトマウス）は、DNAからGP2の遺伝子が消去されているので、GP2をつくり出せません。つまり、生命を構成する部品のひとつが欠落したマウスなのです。もし、このマウスが重大な病気を発症したり異常行動を起こしたりしたら、それはGP2がないからということになります。私たちはかなりの長い時間を費やし、GP2の機能を決定的に記述するための観察を行ないました。しかし、いくら時間が経ってもこのマウスには異常が現われませんでした。そのうちマウスは次々に子どもを産みました。子孫はみなGP2ノックアウトマウスです。それでも異常は現われない。彼らはGP2という重要な遺伝子がないにもかかわらず、まったく正常そのものに見えました。

私はひじょうにがっかりしたのですが、同時に生物学者のルドルフ・シェーンハイマーの言葉を思い出しました。彼は、七〇年ほど前に、生命は機械的なものではなく、むしろ流れている状態そのものだと言明したのです。

シェーンハイマーはドイツ生まれのユダヤ人で、ナチスが勃興したと同時にアメリカに亡命し、コロンビア大学で研究を始めました。当時は機械論的な生命観が主流で、生命体とは一種のエンジンのようなものとされていました。そして、食べ物はエンジンに対するガソリンのようなものとして摂取され、その燃えかすは二酸化炭素となって呼吸中に出てきます。シェーンハイマーは、実際に分子や原子のレベルでその事実を見極められないかと考えていました。

生命体も彼らが摂取する食べ物も、ミクロなレベルで見れば、炭素や水素、窒素といった原子の集まりです。折しも一九二〇年代から三〇年代にかけて原子の同位体が見つかり、原子を技術的に標識できるようになっていました。そこで彼は、色が消えないミクロなマーカーペンで緑に色付けした原子をもつ食べ物を、成長のない大人のマウスに与えることで、原子の収支をきちんと時間の軸に沿って追っていこうと考えました。その結果、一部の原子は燃やされて二酸化炭素になりました。しかし、意外なことに半分以上の原子はマウスの全身に散らばって、尻尾の先から頭の中にまで溶け込んでいったのです。彼は厳密に原子の収支のデータを取り、実験前のマウスと実験後のマウスの体重をモニターしていました。体がどんどん緑色になっても体重は一グラムも変化することなく定常状態を維持しました。

シェーンハイマーはこの実験結果を、もともとマウスの体をつくっていた原子が、新しく取り込んだ原子の代わりに分解されて体の外に抜け出ていったのだと解釈しました。私たちは髪の毛や爪や皮膚が新陳代謝されていることを実感していますが、それだけではなく、歯や骨のような固い部位や脳細胞、心臓の細胞においても、分子や原子はものすごい速度で運び出されると同時に、ものすごい速度で運び入れてもいるので、なにも変わらないように見えるのです。これこそがメタボリズムの正体です。ですから、半年ぶりくらいに顔を合わせた人から「全然お変わりありませんね」と言われたとしても、半年前に私を支えていた物質的な基盤はすでに失われているのです。

シェーンハイマーはこのような分子や原子のあり方をふまえて、私たちが生きることは「ダイナミック・ステイト」であると言いました。物質的な基盤が絶え間なく入れ替わりながら少しずつ変化し、バランスをとって定常状態を維持している状態こそが生命の最も重要な側面です。この考え方をもう一度思い出すことが必要だと私は考え、「ダイナミック・ステイト」を日本語で「動的平衡」と訳出しました。

ではなぜ、絶え間なく原子や分子が変化しているにもかかわらず恒常性が維持されるのか。生命を構成している原子や分子は、ジグソーパズルのように前後左右上下のピースと互いに規制しながら存在しています。そして、これらすべてのピースは、周りと相互補完的な関係にあります。仮にあるピースが欠落した状態が起これば、周りのピースがその部分を補完して新しい平衡を求めるように動きます。ですから、GP2遺伝子がなければ、生命現象はそれを補う方向に平衡を動かします。つまり、GP2ノックアウトマウスがまったく異常を現わさなかったことは、実験の失敗ではなかったのです。

この柔軟で可変的で欠落を埋め戻せる動的平衡の能力は、万能ではありません。例えば消化管細胞の場合、GP2の外に向かって突き出すアンテナが、食べ物に紛れ込んでいるサルモネラ菌のような凶悪な病原体を捕まえて、細胞内の免疫システムに抗体を生産するよう促しながら、同時に一種の細菌の受容体として働くことがわかってきました。GP2ノックアウトマウスは、私たちにとっては多大な研究費を投入してつくり出した虎の子のようなものですので、その系統を維持するために、完全な無菌状態に置き慎重に飼われていました。つまり、そのような環境下では、外来異生物がやってくることがないので、GP2がなくてもマウスはピンピンしていたわけです。

動的平衡とは、端的に言うと時間の関数として生物を見ることです。私たちは、機械論的に生命を見るときに、どうしても生命がもっている時間を微分的に止めてメカニズムを解明しようとしてしまいます。しかし、実際に生命のメカニズムに存在している因果関係は時間上で揺らいでおり、原因が結果になったかと思えば、結果が原因になったりします。そのような動的な時間軸で生命を見ない限り、生命を参照したりアナロジーを取り出しても、無効なものとして終わってしまうのではないかと思います。

「生命的」であるとはどういうことか

佐倉統　私は、現在は科学論を研究しておりますが、もともとはチンパンジーの行動や生態を研究する生態学を専攻していました。きょうは科学論の立場から、生命システムと建築設計との関係、建築が生命のアナロジーを参照することについて考えてみたいと思います。

まず考えたいのは、「生命的とはどういうことか」です。いま福岡さんから、端的に生命システムの特徴を示していただきましたが、「生命とはなにか」について正式に定義しようとするとなかなか難しい。繁殖する、自己複製するものが生命体だという定義が一般的ですが、オスのロバとメスのウマの雑種であるラバを、繁殖能力がないという理由で、生物ではないと考える人はいないと思います。また、メタボリズムや動的平衡のように、物質やエネルギーを外界とやり取りしながら個体性を保っていく生命の重要な要件を、じつはほとんどのコンピュータ・ウイルスがもっています。この点においてコンピュータ・ウイルスは生物なのだと主張する人もいますが、多くの人たちはそうは思わないでしょう。私たちは生命や生物について直感的に理解しているので、「生命とはなにか」を、要素還元的に書き出していくことはできません。逆に言うと、生命を参照する側が好みに応じて

「生命とはこういうものだ」と思う部分を取り出して使うことはできる。歴史的な例を挙げましょう。明治時代には明治政府擁護論と自由民権運動という二つの対立する立場がありましたが、どちらもチャールズ・ダーウィンの『進化論』に依拠して、自分たちの意見が正当だと論陣を張りました。明治政府を擁護するほうは、政府は江戸幕府を淘汰して勝ち残ってきたのだから正当だと言い、一方の自由民権運動側は、生物の進化とはダイナミックに変わっていくことなのだから固定していてはダメだと言う。どちらも同じ生物学の理論や科学的事実に基づきながら、イデオロギーは正反対でした。なぜなら、双方ともにみずからの主張に合う理論として進化論を事後的に取り出してきたからです。

古くはプラトンが、国家とは生命体のようなものであり、国民は生命を構成する部分のようなものだと国家有機体説を説きました。こうした考え方は近代になっても連綿と続き、オーストリアの動物行動学者コンラート・ローレンツは「社会とは有機体だ」と言い、そしてヒトラーもこの理論を好んで使っていました。国家とはひとつの有機体なのだから、不健全な細胞、病気をもった細胞は除去しなければならないというように……。また、一九八〇年代の日本では、「これからは生命の時代だ」とメディアによって喧伝されました。「大正生命主義」という言葉を提唱されている文芸評論家の鈴木貞美さんによると、大正時代、雑誌『太陽』には「生命から学ぼう」「これからは生命の時代だ」という記事が載っていたそうです。すなわち、有機体や生命体は、弱者への差別を正当化するための論理として参照されたり、古い時代の規範が通用しなくなり先行き不透明になると参照されてきたのです。そしてたいていの場合、参照する側に都合よく使われてきた。このような悲劇的かつ危険な歴史があったことを、科学史の立場から警鐘を鳴らしつつ指摘したいと思います。

次に生態学や進化学を専攻していた私が考える生命観についてお話します。生命にはさまざまな階層において関係性が存在します。先ほど福岡さんは遺伝子や分子といったミクロなレベルでの代謝についてお話をされましたが、一方では個体、さらに個体の上位概念としての個体群や生態系といったマクロなレベルでの関係性について考察することもまた重要です。生命は個体だけで成り立っているのではなく、そこにある環境と不可分なものなのです。

例えば、アフリカで野生のチンパンジーが、石を使ってアブラヤシの種を割り、中の胚乳を食べているのを見ました。たったそれだけのことなのですが、ものすごく豊かな関係性を見て取ることができました。まず、チンパンジーという同じ種同士の個体関係がありま す。それから、アブラヤシの木のような別の生物種や生命体との関係性がある。そして、石をどう扱うかという道具との関係性があり、さらには土、気温、光といった物理的環境との関係性もあります。このように生物はひじょうに多様な関係性のなかで生きています。ですから関係する要素の一つひとつを単独で取り出して個別に分析したとしても、チンパンジーがどういう生物かはわかりません。だからこそシステム全体で生物を捉えることが重要になってきます。生態系は関係性の総和として成り立っているのです。

最後に私事で恐縮ですが、ちょうどいま家を建てているんです。実際に設計のプロセスに関わってみて、建築にはたくさんの関係性があることを実感しました。まず、ご近所との関係があって、工事中はうるさくないかとか、ひじょうに気を遣います。また、光や風をどう活かすのかという物理的環境と設計にまつわる関係性があります。あるいは役所や銀

チンパンジーのナッツ割り。
石を使ってアブラヤシの種子を割り中の胚乳を食べる。
子は親の行動を見て学ぶ（ギニア、ボッソウにて）
撮影＝松沢哲郎

行との社会的な関係性がある。ひとつの建築物は、こういった多様な関係性のなかにもともとあるので、初めから十分に生命的であるとあらためて痛感しました。そして、個々の建築の関係性の総和として私たちが暮らす空間や場があるのです。

建築が生命的なものであるための可能性

——伊東さんの言説、建築、スケッチのそれぞれから、生命への参照方法がさまざまなレベルで並存しているように思えます。現代の建築において生命を参照することはいかに有効なのでしょうか。

伊東　まず、本日のテーマに対して、建築は大きな矛盾をはらんでいると僕は考えています。建築が建築たりえた理由は、そもそもが自然や生命を抽象化したモデルとして機能したからです。われわれ人類は、ギリシア時代から、自然や人間をどう見るのかを、幾何学を用いて抽象化し空間に置き換えてきました。ですから建築は自然から一度切り離されたものとして考えられていました。ところが一方で、佐倉さんが最後にお話しになったように、建築とはそもそも生命的なものであり、とりわけ現代においては環境との関係を考えないと実現しないという問題があります。この矛盾をどう解決するかという解答を、僕はまだ用意できていません。

ただひとつ言えるのは、自然、あるいは生命体を見る方法としての幾何学が、以前とは異なってきていることです。福岡さんのお話は、生命を機械として捉えるような考え方から、

チンパンジーの水藻すくい。
シダの枝を「さお」に加工し、池の水藻をすくって食べる。
1990年代に新しく発見された（ギニア、ボッソウにて）
撮影＝山越言

ダイナミックなバランスのなかに位置づけ直すというものでした。佐倉さんのお話は、人間をはじめとした生き物は自然の一部分であり、総体的な環境と不可分だというものでした。そのような認識をふまえると、建築の幾何学も変わらざるをえない。方法を更新することによってよりダイナミックな、あるいはより多様で複雑な空間を提案できるだろうと考えています。

福岡　建築と生命とは、本質的には相容れないものだという伊東さんの最初の論点を受けてお話しします。二〇世紀の生物学者は、細胞の中でいかにしてタンパク質が生成されるのか、あるいは遺伝子が形成されるのかをずっと調べてきました。その成果としてわかったのは、タンパク質や遺伝子が構築される仕組みはひじょうに精妙だけれども、方法はひとつしかないということでした。一方、ここ二〇年くらいでわかってきたのは、細胞がつくり出したタンパク質や遺伝子を壊す方法は何十通りもあるということです。言い換えると細胞はつくるよりも壊すことのほうにキャパシティを多くもっている。しかも、酸化や変性などの理由でダメになったからタンパク質を壊すのではなく、つくったそばからどんどん壊していく。壊すことで不可避にたまってくるエントロピーをどんどん捨て去り、新たな創造につなげているのです。
そのことをふまえると、建築と生命とはかなり違うことがわかります。建築はその秩序を維持するために、しっかりしたパイルを打ちこんで土台をつくり堅固な壁で囲うわけですが、生命は自らの秩序を維持するためにあえて壊し続けています。生命ははじめからしっかり頑丈につくることをあきらめ、「ゆるゆるやわやわ」につくったものを自ら壊しながら更新することで秩序を維持し、三八億年ものあいだ生きながらえてきました。生命を維持する唯一の方法が「変わり続ける」ことなので、建築が固定されたものとしてある限り、生命のアナロジーとしてはなかなか成り立たないのではないかと思います。建築が生命的なものであるためには、時間の流れとしてのダイナミズムを取り込むような方法を探す必要があるのではないでしょうか。

伊東　それはとてもよくわかります。福岡さんと同様に、僕も昆虫少年でした。トンボの幼虫を捕まえて、網をかぶせて枕元に置いておくんです。翌朝まだ暗いうちに起きて、幼虫の背中が割れて羽化するのを眺めるのが大好きでした。すでに形をもってしまったトンボには興味がなく、メタモルフォーゼし、まさに形になっていくその直前の状態に魅了されました。先ほどの福岡さんの言葉をお借りすれば、そういう「ゆるゆるやわやわ」な建築ができないかと考えています。もちろん建築は、完成してしまえば堅固なものとならざるをえません。これまで建築は完成度が最優先に問われ、経年変化なく一〇〇年保たれることが輝かしいことだと思われてきました。

《せんだいメディアテーク》が完成するまでを追った『UNDER CONSTRUCTION ──「せんだいメディアテーク」写真集』（畠山直哉と共著、建築資料研究社、二〇〇一）で僕は、建築はできあがってからも変わり続けなくてはならず、つくっているときからすでに使われていることを備えた建築のプロセスがありうるはずだと書きました。福岡さんが最初に話題にされた「メタボリズム」は、古くなっても新しい部品に取り換えれば長持ちするという発想ですから、ひじょうに機械的なもので、進化という概念は含まれていません。

そうではなく、デザインと施工、使うことがひとつのプロセスになったものが僕の考える建築像です。使う人間とつくる人間が設計段階から竣工後もずっと建築に関わり続けることで、絶え間なく変化し続ける建築がありうるのではないか。そしてその限りで、建築は生命体に近いものになっていくのではないかと考えているのです。

福岡　たしかに生物は「ゆるゆるやわやわ」につくられていて、絶え間なく自らを壊して再構築しています。しかし、生物を構成する原子や分子が、互いに規制しあうジグソーパズルのようなものだとするなら、それらはたんに構造によって規制されているだけではなく、そこに流れている物質とエネルギーと情報によって互いに他を規制している側面もあるわけです。ですから、建築そのものが「ゆるゆるやわやわ」につくられていなくても、情報と物質とエネルギーが流れるためのダクトがあれば、動的平衡を実現した建築のプロトタイプになるのではないかと思いました。

佐倉　お二人のおっしゃるように、ハードウエアはそのままに、情報やエネルギー、あるいは使う人や使い方が変わってくると、まったく違う建物になっていくと思います。じつは生物の進化においてもよくあることで、例えば、もともと体温を維持するために使っていた鳥の羽が、あるとき空を飛ぶことにも使われ出すように、異なる機能をもったものに進化していくことは珍しいことではありません。

生命アナロジーへの批判的問い

――佐倉先生は、生命のモチーフは時に権力や差別を正当化するために使われてきたとおっしゃいました。そのような観点から見ると、現代の生命的な建築観をどのように捉えられるのでしょうか。

佐倉　建築はもともと人工的で堅固なものですから、なんでもかんでも生命的にすることはできないと思います。伊東さんもほかの建築家の方たちも、いままでの建築物にはなかった要素を実現するモデルを表わすためのひとつの象徴として、生命的という言葉を使っていらっしゃると思うんです。それはテクノロジーの発展によって実現可能性が高まったことと無関係ではないはずです。ただし、先ほども言いましたが、「生命的」という言葉だけがひとり歩きしてしまうと、なんらかの権力に絡みとられてしまう危険が出てくる。

福岡　生命の参照の仕方として、もしなんらかの危惧があるとすれば、佐倉さんがおっしゃったように、社会を細胞と考えて、異分子を排除するような視点です。なぜこのような視点が出てくるのかと言うと、つねにどこか高い場所から俯瞰的に生命現象を捉えているからです。生命現象はひじょうに分散的なもので、基本的にはローカルなルールだけで成り立っている。じつは脳が生命をコントロールしているわけではありません。したがって俯瞰的な視点は存在しない。個々の細胞は全体のことは知らず、隣接する前後左右上下の関係が連鎖的に広がることで、全体的に平衡状態になっている。このことを知らずに、オーケストラの指揮者やサッカーの監督のような、外部的で俯瞰的な視点で生命を見て、なにかに転用することは誤りですから、避けなければならない。

建築が周囲との関係を取り結ぶこと

佐倉　他方で、建築物は環境とうまく溶け込んで一体にならなければ、一〇〇年も二〇〇年も生きながらえることはできないように思われます。法隆寺が千年も維持されているのは建物自体の完成度が高いというだけでなく、構造や機能が周りの環境やそれを使う人と豊かな関係性を築いているからなんだと思います。

伊東　建築が建築たりうるためには、周りの環境から切り離された自律性をもたなくてはならないことは確かです。しかし、僕はいつも建築を屋外のようなものにしたいという思いがあります。例えば、《多摩美術大学図書館（八王子キャンパス）》（二〇〇七）では、敷地の特徴的なスロープを活かし、建物一階の床に傾斜がそのまま続くように設計しました。床は水平なものだと思われていますが、ちょっと傾斜させるだけで使う人の行動が変わってくる。もうひとつ例を挙げると、《せんだいメディアテーク》の一階は、半屋外の広場で屋外へと連続する空間です。来訪者はコーヒーを飲みながらおしゃべりすることができますし、時にはコンサートなどのイヴェントが行なわれます。二階が図書館なので「下の音が響いてきてうるさい」と苦情がくるのではないかという懸念もありましたが、誰もそんなことは言いませんでした。一階は公園みたいなものなのだと思ったとたんに、多少のノ

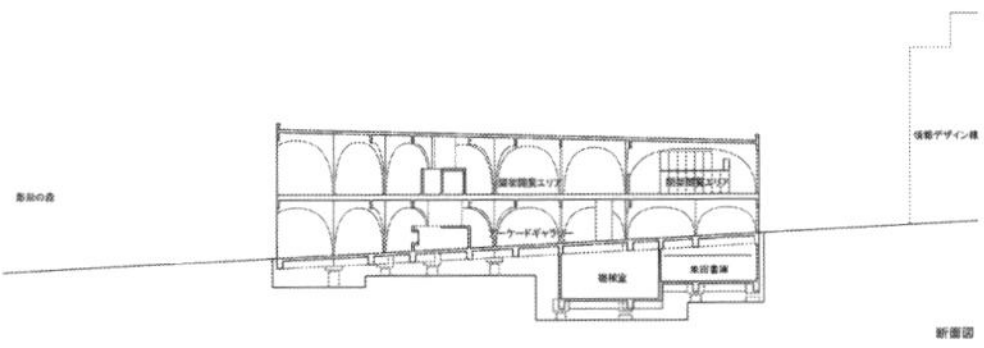

伊東豊雄《多摩美術大学図書館》断面図
提供＝伊東豊雄建築設計事務所

イズは気にならなくなるようです。こういった試行を繰り返せば、建築はこうあらねばならないという境界はだいぶ外すことができるのではないでしょうか。

佐倉　そのように考えると、建築ができるまでのプロセスがとても大事になってくる気がします。建築がつくる側と使う側、場合によっては近隣住民や行政機関をも取り結ぶ結節点のようなものとして機能するということです。そして、本当の意味でいい建築とは、それらの関係性を結晶化させたようなものになるのではないでしょうか。

福岡　伊東さんの《台中国立歌劇院》のぐねぐねしたデザインを見て、細胞の中にさらにもうひとつの内部空間としてある「小胞体」という不定形の膜を思い出しました。生命現象は酸化と還元という相反する二つの反応を同時に行なうことで成立しています。酸化とはエネルギーを生み出すための過程で、還元とはそのエネルギーでものを構築する過程です。これらを同じ空間で同時に行なうことはひじょうに難しい。そこで細胞の内部の小胞体という仕切りが重要になるのです。内部の内部は外部と同じですから、小胞体によって、コンパートメントをつくり、内側と外側とで別々の反応を分担させる、つまり、同時に酸化と還元ができるようにさせることで、細胞内に秩序をもたらしているのです。ここで大事なことは、細胞の膜にしても小胞体にしても「ゆるゆるやわやわ」につくられている点です。小胞体は酸化と還元の需要と供給に応じて、小さくなったり大きくなったりします。ですから、秩序を保つための隔壁としてたしかに壁はあるのですが、可変的なものなのです。一方で建築には、風雨を避けるため、あるいは内外を分けるために、どう

伊東豊雄《せんだいメディアテーク》
1階の半屋外的空間
提供＝伊東豊雄建築設計事務所

しても壁は必要ですし、壁で閉じられていれば空調が必要でしょう。

伊東　そうですね。現代建築において辛いのは空調が必要な点です。日本のかつての木造建築では、襖や障子の開け閉めで、内と外の関係を「ゆるゆる」にすることができていました。そのような設計はいまはなかなか許されない。福岡さんのおっしゃる「内の内は外」というお話は僕もすごく共感するのですが、生命体のようにダイナミックなバランスをつくることは建築物だと難しく、「内は内」「外は外」というところにどうしても落ち着いてしまいます。ただ、この「ゆるゆるやわやわ」な考え方を構造や設備の問題だけではなく、人間のアクティヴィティまで含めて考えると、もう少し「内の内は外」という「ゆるゆる」な関係をつくることはできるはずだと希望をもっています。

佐倉　内と外を「ゆるゆる」にするものとして思いついたのは、縁側です。縁側は、半透膜のように内部と外部を隔てる「縁」であると同時に、接続する「側」でもあります。現代建築にそのまま縁側をもってくることは難しいかもしれませんが、縁側的な機能をもった空間をつくることは可能だと思いますし、《せんだいメディアテーク》のお仕事などを見ると、伊東さんはそうしたことに自覚的に取り組んでいらっしゃるように思います。

伊東　縁側的な空間の可能性は高いと思います。例えば、建物全体に空調を効かせるのではなく、通常の半分ほどでもかまわないのではないかと思います。寒いときは閉じて空調の効く空間に集まり、それ以外のときには開いて外に近い場所に分散していればいい。そのほうがはるかに気持ちのいい空間になります。そういう提案はいくらでもできますが、こういった考え方や生活スタイルを受け入れるように社会システムが変わらないと、提案だけで終わってしまう。じつは意外にもこの考えに理解を示してくれない人が多いんです。なぜなら、省エネはテクノロジーでしか解決できないと思っているからです。

最初にお話ししたように、これまで建築は自然や生命を抽象化して完結したモデルをつくることだと考えられてきました。しかし、いまわれわれが考えるべきことは、ヨーロッパの建築とアジアの建築、あるいはヨーロッパの都市とアジアの都市は明らかに違うという点です。境界をはっきりさせなくてはいけないという考え方は、われわれがいまだに西洋的思想に基づいて建築を考えていることの証左です。もっとアジア的な発想に変えていけば、矛盾は解決できるかもしれません。

質問者1　伊東さんから、使う側のことも含めてひとつの設計プロセスとして考えることが、建築を生命体に近づける手法になりうるというお話がありました。最近、伊東さんが用いられている二重螺旋などの自然界に内在する秩序のモデルは、その考えを実現するための手法となりうるのでしょうか。従来の近代的な均質グリッドでは実現しえないのでしょうか。

伊東　私が最近設計に用いているアルゴリズムには、直行するグリッド構造がありません。このことと新しいメタボリズムとでも言うべき「つくること」「使うこと」「考えること」がひとつのプロセスになることとどのように関係しているかという質問だと思います。建築をもっと有機的にしていくには、やはり近代的な均質グリッドとは違った秩序のあり方が求められていると思います。まずは建築の中に、自然にあるような非均質な場所をつくり出し、そのうえで使う人に「どこに座りたいの?」と問いかけることから設計を始めたいと思っています。「どこに座っても同じ」ではなにも始まらない。そしてなにより重要なのは、建築家の一元的な思考のもとで設計を決めてしまうのではなく、外部にあるさまざまな情報を取り入れながら非線形のプロセスをつくり出していくことです。実現するためには、まだ経験されていないような秩序のあり方を導入することが必要だと考えています。

生命の起源としての水と建築との関わり

質問者2　生命を語るうえで、水は必要不可欠だと思います。伊東さんの建築を見ていると、なにか水に対して特別な思いをおもちのように感じられました。また、生命と水との関係について、生物学や生態学の観点からはどういうことが言えるでしょうか。

伊東　じつは八〇年代の後半に、デザイナーの戸田ツトムさんが新聞に書かれた文章を読んで、たいへん感動を覚えました。一日中コンピュータのモニターと向き合いながらデザインしていると、そこに映し出されている映像が、自分の脳から来ているものなのか外の世界から来ているものなのかわからなくなり、そのときにまるで自分の足が水に浸っているように感じる。古来、人間は自然の一部で、外から来た水と自分の体は完全につながっていたが、近代以降、人間は自我をもつことで、自然から独立した存在であると考えるようになった。その状態から、もう一度人はコンピュータやテクノロジーによって、自分が自然の一部であることを思い出すようになったのではないか――といった内容でした。この文章を読んでから僕は水に対して特別な思いを寄せるようになりました。

佐倉　生命の起源には海があり、生命体は長いあいだ水中に生息していました。陸に上がったのはかなり進化が進んでからです。なぜ陸に上がってきたのかはよくわかっていないのですが、もともと生命にはどんどん生息域を広げていく習性があるのだと思います。水中と比べると、陸上の環境は圧倒的に悪いわけです。温度は安定しておらず、干上がることだってあります。しかし、陸に上がったことによって水中にいたときにはできなかった進化を、地球上の生物は遂げてきた。進化とは、悪い環境に置かれたときに起こるものなのです。生物がどのように不自由さと向き合い、進化の過程でどう解決してきたかを考えることが、建築を考えるうえでも大事だと思います。

構成＝阿部純

第3章 アナロジー／経験／幾何学

生命の際

伊東豊雄＋福岡伸一＋佐倉統

空間の際

原広司＋松本幸夫＋暦本純一

「空間の際」は、

文＝柳井良文

「空間の際」では、建築学、現代幾何学、コンピュータ・サイエンスを専門とする三者が登壇した。それぞれ異なるアプローチから、共通して空間を扱う三分野の相互参照により、建築や都市の新たな設計可能性を見据えることが狙いであった。

建築家の原広司は、近現代建築を成立させる支配的な空間概念を「均質空間」と呼ぶが、その矛盾が環境問題などとして表出している現状を打開すべく、空間概念の更新を図っている。原のこのような問題意識は、有孔体理論や様相論として言説化されるとともに、建物の孔のデザインや、空間様相の時間的変化の創出として、建築化が繰り返し試みられてきた。

これに対して数学者の松本幸夫は、空間から固定的な座標を排除するという多様体論の根本思想を紹介する。いくつもの局所座標系に覆われた多様体のイメージには、固定的な直交座標系が空間全体を内包する均質空間のイメージを打ち破る可能性がある。

コンピュータ・サイエンティストの暦本純一は、センソノミーなどの情報技術を用いて、現実の都市空間の様相を読み取ろうとする。人間の意識や記憶など、元来不可視の情報を可視化することで、都市を経験する人々の、空間概念そのものの変化が浮かび上がってくる。それは歪みやねじれをもった空間であり、これまでも認知地図などに表現されてきたが、このユークリッド幾何学では認識できない都市空間の説明においては、多様体論もまた有効であることが確認された。

すでに感覚的には理解されてきた新たな空間概念を、現代幾何学やコンピュータ・サイエンスの知見によって詳述することが、人間の経験の理解を通した、新しいタイプの建築や都市の実現につながることを予感させる鼎談となった。

――建築、幾何学、コンピュータ・サイエンスの各分野は、これまであまり相互交流をしてこなかったという印象があります。そこで今回は、この三分野の橋渡しを試み、数学やコンピュータ・サイエンスが獲得してきた空間認識のための技術を、どのようにしてわれわれの日常生活に、すなわち都市や建築にフィードバックしていくのかを議論したいと考え、建築家の原広司氏、数学者で現代幾何学がご専門の松本幸夫氏、コンピュータ・サイエンティストの暦本純一氏にお越しいただきました。

建築における現代幾何学の応用と経験の記述の必要性

原広司　建築は幾何学なしに成り立たないのですから、建築家はモノや空間に対して、さまざまなかたちで幾何学的思考をしているはずです。ところが、現代幾何学が二〇世紀に大きく発展したのに対して、近現代建築の理論は、新しい幾何学をまったく知らずに構築されてきました。その遅れに対する焦りがあり、二年前から本格的に多様体論を参照し始めたのです。幾何学との関わりを自作を紹介しながらご説明します。

「空間から環境へ」展（銀座松屋、一九六六）に出展した、《有孔体の世界》というパネル作品には、面に多数の穴が開けられています。当時の僕は、多様体についてほとんど理解していませんでしたが、専門書を読んで、幾何学で次に重要になるのは穴だろうと考えたのです。建築で穴というと開口部に相当します。そこで実際に、表面に穴が開いている《伊藤邸》（一九六七）や《慶松幼稚園》（一九六八）などの建物をつくりました。その後、平面的な穴ではなく、立体的な穴を実現しようと思い至り、《梅田スカイビル》

原広司《伊藤邸》内観　撮影＝村井修

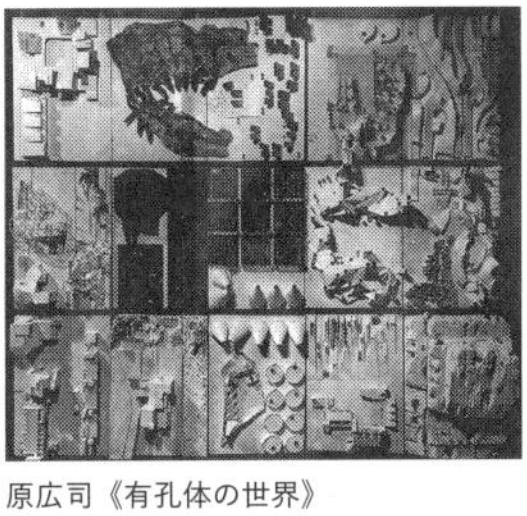

原広司《有孔体の世界》
提供＝原広司＋アトリエ・ファイ建築研究所

（一九九三）を設計しました。この作品では超高層ビルを上部でつなぐ連結超高層を試みており、連結部分に穴を開け、さらにその穴の中にエスカレーターを通しています。ただし、このようにして標準的な建物の上に載せた幾何学的な空間は、実際には角があって滑らかな形状ではありませんから、純粋なトーラスとはとても言えません。

同じように、《ＪＲ京都駅ビル》（一九九七）でも、立体的な穴をつくってみようと考えました。幾何学的に純粋な形はしていませんが、ハンドル体に似た形態を考案しています。立体的な穴を建築に表現する場合、いろいろなやり方があるでしょうが、《ＪＲ京都駅ビル》では、谷のような地形の立体的な広場として具現化しました。《宮城県図書館》（一九九八）では、長さ二〇〇メートルの大きなチューブを宙に浮かせて、地面とつながる穴を二つ開けました。このように、ひとつの発想が複数の建築を通してずっと続いているのです。

青森県むつ市の《しもきた克雪ドーム》（二〇〇五）は、大成建設のみなさんと一緒につくった建築です。設計時に、カール・フリードリヒ・ガウスのような一九世紀前半の数学者たちの理論が、いまでもかなり重要な位置を占めていることに気づき、もっと幾何学的に純粋な形態をつくったほうがよいのではないかと考えるようになっていました。そこでこの建物では、幾何学的にひじょうに重要な「平均曲率が一定の曲面」を用いることにしたんです。力学の専門家にお訊きしたところ、ゴム風船を空気で膨らませればできる曲面とのことでしたので、ドームの屋根の形として表現しています。この建物では、空気を出すという実際的な意図をもって複数の穴を開けています。

次に、建物を純粋形態でつくれば、幾何学的な名称で呼べるのではないかと考えまし

原広司《JR京都駅ビル》広場
撮影＝大橋富夫

原広司
《梅田スカイビル》外観
撮影＝大橋富夫

原広司《慶松幼稚園》 © 芸術新潮

た。建物は接地せざるをえないので厳密にとはいきませんが、球、トーラスのように閉じた形態で境界がなく、微分可能という条件で建物の形を考えてみようと「Σシリーズ」（二〇〇五－二〇〇八）を構想しました。

《札幌ドーム》（二〇〇一）では、野球用のフォーメーションからサッカー用のフォーメーションへと切り替わる「ホヴァリングサッカーステージ」と呼ばれるシステムを採用しています。野球場として構成されているドーム内に、空気圧で浮かぶタイプのサッカー・フィールドが入ってきて、屋内で回転して入れ替えることができます。ドーム内に雪を入れることでノルディックスキーの世界選手権が開催されたこともあります。設計の段階では、スキー競技に使われるとはさすがに予想していませんでした。建物全体は曲面の端部を切り取った形をしていますが、ここで重要なのは形ではなく、コートが動いてモード・チェンジが行なわれることです。このような建築空間の変容を、多様体論によって記述できるのではないかと考えています。

札幌ドームのモード・チェンジは道具を用いた特殊な事例ですが、どんな建物であれ、時間軸のなかで観察すれば、空間の変容が見えてくるでしょう。例えば、昼のあいだは見えている建物が、夜になると姿を消して、室内に明かりが灯される。そして朝になると徐々に姿を現わし、昼間はまたはっきりと見えるようになる。時間変化を捉えて、フェイズごとの違いを説明することが、多様体論によって可能になるかもしれません。

きょうは建築の形のことを主に話してきましたが、形のことはもうある程度わかっており、じつのところ形は重要ではない。いまは複雑な曲面からなる建物が世界中でつくられていますが、形態の操作だけしていればよいのであれば、建築の設計は誰にでもできます。し

原広司・大成建設共同体《しもきた克雪ドーム》外観
提供＝原広司＋アトリエ・ファイ建築研究所

原広司《宮城県図書館》外観
撮影＝大橋富夫

かしこれまでの建物が、本当に住む人の経験をよく知ったうえでつくられてきたかというと、ひじょうに怪しい。今後、新しい理論が生まれ、新しい建築のフェイズになっていく時には、人々の経験が記述されて、そのうえで建築が設計されるだろうと思います。経験の記述という場面において、多様体の考え方が登場するだけではなく、暦本先生が研究されているようなコンピュータ・サイエンスがさらなる地平を拓いてくださるのではないかと期待しているのです。

情報世界との関わりで見えてくる現実世界の様相

暦本純一　現在、われわれは人工物の代表ともいえる建築に住むと同時に、インターネットをはじめとした情報的な世界にも住んでいます。私はコンピュータ・サイエンスを専門としていますが、情報世界と現実世界がどのようにしてつながっていくのか、そしてわれわれの生活にどんな影響を及ぼすのかに興味があります。人間は身体をもっている以上、完全に抽象化した世界に住むことはできません。例えば、コンピュータを操作するために使われるマウスは、石器時代の石器以来続いている身体的なデヴァイスのひとつだと言えます。また、コンピュータのなかの世界について話す際には、「情報空間」「サイバースペース」など空間的なメタファーが用いられます。このように、われわれはリアルな世界のイメージを、情報世界に投影しようとする傾向があります。ですから、情報世界と現実世界のどちらからアプローチしても、それぞれのリアリティがひじょうに重要な意味をもつと思います。

《札幌ドーム》でノルディックスキーの大会が開かれた
提供＝原広司＋アトリエ・ファイ建築研究所

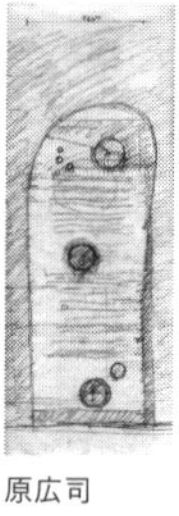

原広司
「Σ8」スケッチ
提供＝原広司＋アトリエ・ファイ建築研究所

私は十数年ほど前、カナダのアルバータ大学に留学し、ヴァーチュアル・リアリティの研究をしました。ヴァーチュアル・リアリティはいまでもひとつの大きな研究分野で、リアル・ワールドのことをいったん忘れて、完全にコンピュータの世界に人間を入れてしまう技術です。私は留学中、ゴーグル型のヘッド・マウント・ディスプレイをかぶり、手にデータ・グローブをはめ、研究を続けていたのですが、あまりにも現実離れしすぎていて、これだけではないだろうと日々思っていました。

じつは留学する少し前に、歌舞伎座に行ったんです。歌舞伎座には、小型のイヤホン・レシーバーから流れる音声ガイドを聴きながら観覧する「イヤホンガイド」と呼ばれるサービスがあります。歌舞伎の台詞を翻訳するトランスレーターだと思って借りたのですが、実際は、演技と演技のちょっとした合間に、演目の進展に合わせて解説が語られるものでした。例えば、掛け軸の歴史的な由来などが、タイミングよく少しずつ耳に入ってくるのでひじょうにわかりやすい。現実のコンテクストと情報のコンテクストがうまく重なり合った時に、両者が相乗効果を生み出すのだと思いました。歌舞伎座での体験がひとつの契機となって、リアル・ワールドにおけるコンピュータ利用についてさまざまな研究を行なうようになりました。

また、専用の眼鏡をかけることで、現実世界の光景にサイバースペースからの関連情報が重ねて表示される、拡張現実という技術があります。街を歩きながら目に入るリアルな風景に、ヴァーチュアルな情報を加えたり、視覚情報じたいをアレンジすることで、現実世界を拡張する技術だと言えます。

私は、電波を使って位置を求めるベンチャー企業の経営にも参加しています。もともと、

《札幌ドーム》モード・チェンジのようす
提供=原広司+アトリエ・ファイ建築研究所

携帯電話などの通信端末を持って街を歩き、電波のパターン（フィンガープリント）が変わるようすを観測する「電測」を趣味にしていました。じつは、まちなかに電波はひじょうに多く、なにげなく歩いていても基地局からの電波パターンをキャッチすることができます。電測を続けるうちに場所ごとの違いを把握することで、ユーザーの現在位置を求める応用するロケーションアウェア技術などに展開できるのではないかと考えたんです。さらに、無線LANを観測すれば、基地局からの電波が届かないような――例えば、屋内空間や地下鉄の中、地下街などの――場所でも、電波のフィンガープリントの空間的な変化を捉えられることにも気がつきました。携帯電話の基地局と違って、無線LANのルーターは個人が手軽に使えますから、その数は多く全貌を把握することはむずかしい。無線LANの電波データベースを作成し、東京の地図上に展開してみると無数の赤いドットだらけになります。一方で、つねに変化している無線LANの電波を追うことは、ある意味でGoogleのデータベースと同じで、大規模な実世界のリアルタイム情報を得ることなのです。無線LANの電波はひとつの例ですが、このほかにもたくさんの情報を、さまざまなかたちでわれわれはもっています。そしてそれぞれのデータをどのようにコンピュータの世界に取り込むのかが今後の重要なテーマになるでしょう。一人ひとりのもっている個々のセンサーの情報は単独ではあまり意味がありませんが、大規模に集積しデータベース化していくことで、意味のある情報を取り出すことが可能になる。この考え方が、Wikipediaのように個々のユーザーが情報を少しずつ加えることで巨大なデータベースをつくるフォークソノミーにひじょうに似ていることから、センサーとフォークソノミーを合わせて、われわれは「センソノミー」と呼んでいます。

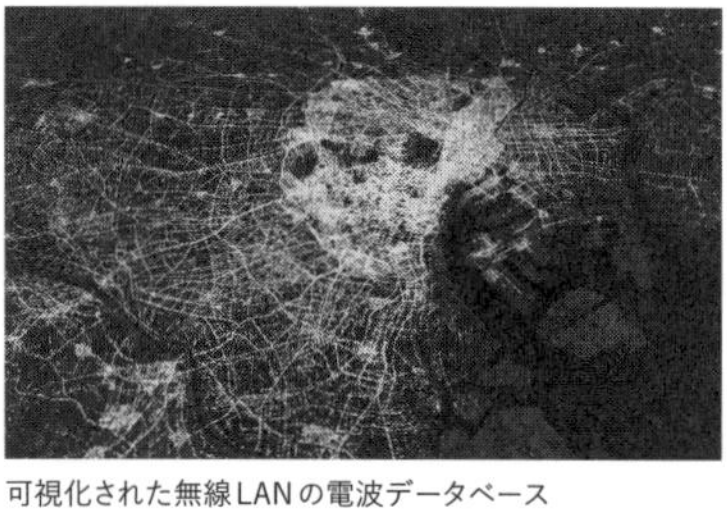

可視化された無線LANの電波データベース
提供＝暦本純一

テクノロジーを使って、人間の記憶を補強、補助することも考えてみたい。ヴァネヴァー・ブッシュの〝As We May Think〟（一九四五）という有名な論文には、すでにそのようなコンセプトが出されていて、頭にカメラを付けて記録を採るようすを描いた絵が添えられています。科学者の未来像として構想されたもので、実験している時に思いついたアイディアを、自分の脳だけではなくテクノロジーを使って記録するような考えです。この論文が書かれた一九四五年はコンピュータが生まれるか生まれないかくらいの時期でしたから、実現することじたい当時は夢物語でしたが、現代のテクノロジーではけっして不可能ではありません。試しに人間の脳にどのくらいのストレージがあるのかを計算してみました。一生のうちに文字をどれくらい読めるのかについて考えたことはありますか？　毎秒五文字を読めると仮定して、二四時間三六五日、完全に本の虫となって寝ないで一生読み続けるとします。たまたまいま私の手元にあるＳＤメモリの容量が三二ギガバイトですが、一生に読むことのできる量をテキスト書類に換算すると二三・四ギガバイトとこれより小さいのです。ですから、読む本は選んだほうがいい（笑）。オーディオの場合、クオリティにもよりますが、生まれてから死ぬまでに発話し耳にする音を全部記録しても四〇テラバイトくらいの容量に収まってしまいます。視覚的要素に関しても同じようなものでしょう。視覚的情報を加えるとさらに容量は増しますが、近未来のファイルストレージで格納可能になることは確実でしょう。このように人が一生のうちに見聞きするすべてをデータとして記録することは、現代においてはもはや夢物語ではないのです。

ただし、たんに記録したことと人間の記憶のあいだには、まだ大きな隔たりがあります。歌舞伎座の「イヤホンガイド」でコンテクストに合った情報が出てきたのと同じように、

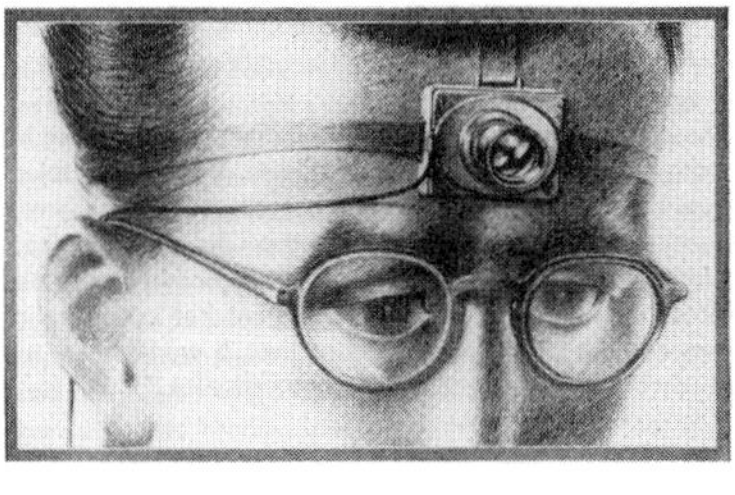

"As We May Think" に添えられたイラスト。
頭にカメラを付けて記録を取る
システムが考案されている
出典＝Vannevar Bush,
"As We May Think," *Atlantic Monthly*, July 1945.

われわれが体験する現実世界のコンテクストに合うように、蓄積された記録のなかから情報がうまく検索されて出てくれば、さまざまな助けとなるでしょう。顔見知りにまちなかでばったり会ったものの名前がとっさに出てこないような場合に、相手の情報がぱっと出てくるような、人間の記憶をテクノロジーによって補強する時代が訪れるかもしれません。例えば、無線ＬＡＮのフィンガープリントから、位置情報を一定時間ごとに記録できる「LifeTag」というデヴァイスをつくりました。「LifeTag」を身につけて生活することで、どこでなにをしていたのか、場所と行動パターンを併せて記録し、タイムスパンごとにインデックス化していくようなシステムを使って、データと記憶とを組み合わせたり、自分と他人の記憶がどう混ざるのかを検証したりしているところです。

さらには、この位置履歴をうまくヴィジュアライズしようと考えています。そのひとつが「認知地図」です。人間が把握している空間は、いわゆるジオグラフィカルなものではなく、自分にとって大事かどうか、場所のもつ個別の重みによって、異なるイメージになるはずだという考え方です。つまり、心のなかでどこが重要な場所なのかをヴィジュアライズしているのです。このように即物的なデヴァイスを用いながらも、人の心の動きを探り、現実を拡張することによって空間を豊かにしようと、さまざまに試みています。

幾何学の歴史――数学的世界の成立

松本幸夫　幾何学における多様体の概念についてご紹介します。幾何学は二〇〇〇年以上の歴史をもっています。紀元前三〇〇年頃、ギリシアの数学者ユークリッドは、公理系から出発

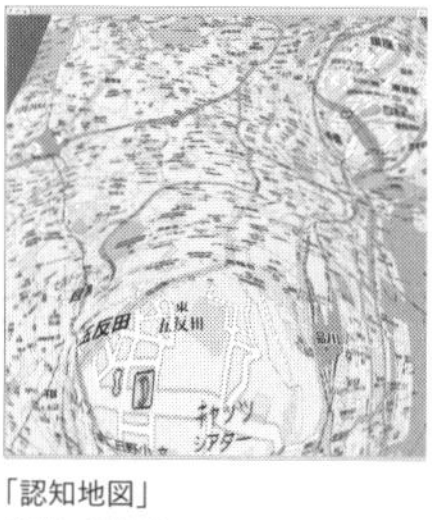

「認知地図」
提供＝暦本純一

「LifeTag」
提供＝暦本純一

して、厳密な論理を経て、さまざまな図形的知識を証明し、その著書『原論』にまとめました。このユークリッドの原論によって、論証的な数学が成立したのです。それは同時に、数学的な世界が初めて立ち上がったことを意味します。たった五つか六つの公理によってすべてを論証するので、そこで展開される数学は外界を必要とせず、そのなかで証明された事実は、誰がなんと言おうと真理である。すべての論理の基礎として公理しか必要としないので外部世界の知識はいらないのです。そういう永遠の真理のようなものが成立したことが、ユークリッドの原論の歴史的、文化的な意義であったと思われます。

それ以来、中世を通じてユークリッドの原論についての討議が続けられ、一六世紀から一七世紀にかけて有名なルネ・デカルトが登場します。デカルトは『方法序説』において「我思う、故に我あり」という原理に基づいた近代哲学を樹立し、それと同時に、『屈折光学』『気象学』『幾何学』という三つの試論を書きます。『幾何学』のなかでデカルトは、後の多様体論にも大きく関係する座標系を発明します。

このデカルト座標系と呼ばれる座標系の導入によって、代数幾何学、座標幾何学という幾何学が成立します。例えば、X座標とY座標があった時に、原点を中心とする半径1の円は$X^2 + Y^2 = 1$というように距離の公式で表わせます。円とはじつはこの式のことだと考えることもできます。つまり、方程式と図形とを同一視することで、方程式を用いた幾何学研究の道が開かれたのです。デカルトの少し後に、アイザック・ニュートンやゴットフリート・ライプニッツが微分積分学を発明しますので、その発展に伴って代数幾何学の奥行きがさらに深まっていくことになります。

そして、一九世紀の初め、非ユークリッド幾何学が発見されるという大事件が起こります。

ロシアのニコライ・ロバチェフスキーとハンガリーのボーヤイ・ヤーノシュ、先ほど原先生のお話にも出てきたドイツの大数学者ガウスの三人が立役者となって「非ユークリッド幾何学」、すなわちユークリッド幾何学ではない幾何学が成立しました。

ユークリッド幾何学における、第五公準は有名で、ある直線Lとその外側に点Pがあった時、点Pを通ってこの直線Lに平行な直線はただひとつであるという命題があり、幾何学の基礎となっています。ところが、非ユークリッド幾何学では、直線Lの外にある点Pを通ってこのLに平行な、すなわち交わらない線はいくらでもあるという考え方をします。これが非ユークリッド幾何学における一種の公理なのです。ユークリッド幾何学と非ユークリッド幾何学はちがう幾何学的対象を扱っているのです。二つの幾何学はちがうことを主張しているので、主張を並べてみれば一見矛盾することになりますが、それぞれの幾何学の内部には矛盾はないということです。この非ユークリッド幾何学が登場したことによって、ユークリッド幾何学の絶対的真理性はなくなってしまいました。

また、フランスの数学者アンリ・ポアンカレが考えたポアンカレモデルは、ユークリッド幾何学の距離の公式を用いて非ユークリッド幾何学の世界を定義したものです。つまりここでは、ユークリッド幾何学に矛盾がなければ、非ユークリッド幾何学にも矛盾がないことが証明されているのです。

以上のような歴史的背景を経て、ドイツの数学者ベルンハルト・リーマンが一八五四年に行なった「幾何学の基礎をなす仮説について」という講演で、多様体の概念を導入しました。リーマンは、ユークリッド幾何も非ユークリッド幾何も、いくつもある多様体のひとつにすぎず、どちらが現実に正しいかを数学は判断できないことを証明したのです。多様体が基にあり、多様体にどういう系を入れるかで、ユークリッド幾何ができたり非ユークリッド幾何ができたりするという考え方です。

多様体論の根底には、固定的な座標を排除する思想があります。空間がいくつもの局所座標系（ある部分にだけ通用する座標系）で覆われていて、座標系と座標系が交わる点での変換公式を与えておけば、空間を全体的に理解できるというのが、多様体論の根本思想なのです。どのような系を入れるかによって得られる空間はさまざまにあり、したがって空間はひとつではなく、さまざまな多様体が考えられます。

例として2次元の多様体を分類してみましょう。球面としてふつうイメージされるのは、ボールや地球のように3次元空間の中で原点からの距離が1の曲面でしょう。それらの表面を「2次元球面」と呼びます。ドーナツの表面のように、穴がひとつ開いた閉曲面はトーラスと呼ばれます。閉曲面には、穴が二つ開いたものや三つ開いたものもありますし、メビウスの帯のような特殊な曲面もあります。これらの閉じた2次元多様体に対して、開いた2次元多様体もあり、ユークリッド平面や非ユークリッド平面などはすべて後者に分類されます。

では、3次元ではどうでしょうか。例えば「3次元球面」はX、Y、Z、Wという四つの座標をもった4次元空間における原点からの距離を1とする曲面です。つまり、3次元球面では、表面が3次元なのです。例えば、二つの中身のつまったボールの表面同士を全部貼り付けて得られる図形が3次元球面です。これら二つのボールをそれぞれ部屋と考えると、それらの表面同士が全部貼り付けられているわけですから、一方の部屋から外に出ようとすると、もう一方の部屋に入ってしまうのです。要するに3次元球面の中に一度入

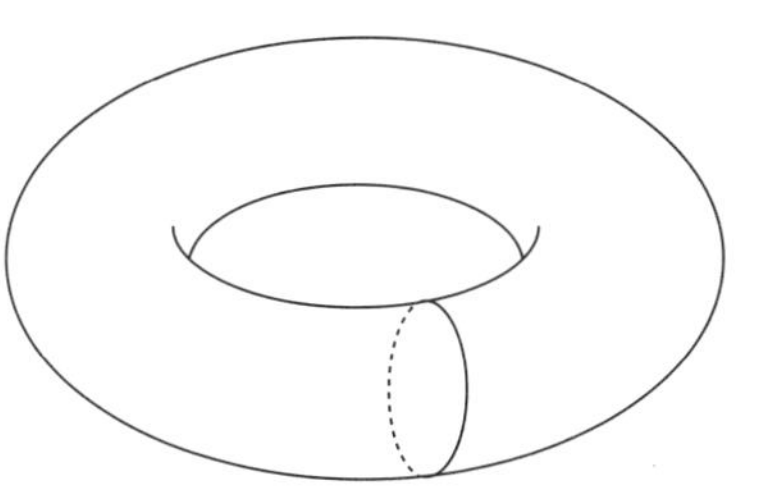

「トーラス（ドーナツの表面）」提供=松本幸夫

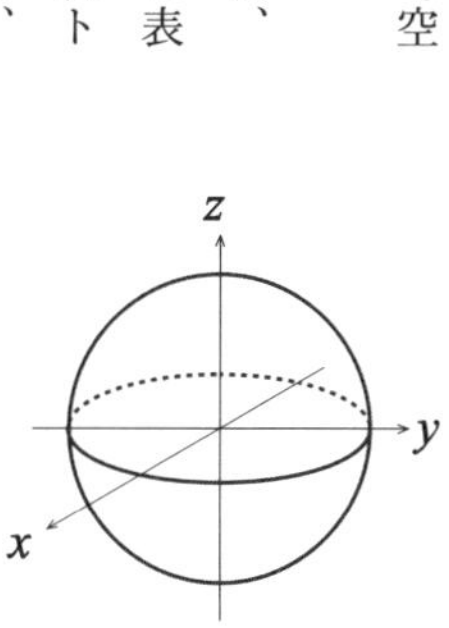

「2次元球面」提供=松本幸夫

ってしまうと、そこから出られないわけです。そういうものを「閉じた多様体」と言います。一九〇四年、ポアンカレが、３次元の閉じた多様体のうち単連結なものは３次元球面だけであるという「ポアンカレ予想」を発表しました。単連結とは、ある空間の中にある一本の紐の両端を持ち、引っ張った際に、なににもひっかからずにたぐり寄せられるという概念です。例えば、トーラスの場合、内部に紐を巡らせ手前にたぐり寄せようとすると、真ん中の穴につっかえてしまうので、単連結ではありません。つまり、閉じた３次元多様体の中に紐を通して手前にたぐり寄せることができるのは、３次元球面だけだという予想が出されたのです。このポアンカレ予想は、その後一〇〇年間にわたって誰も証明できなかったのですが、二〇〇三年にロシアの数学者グリゴリー・ペレルマンによって解決されました。

４次元の多様体を考えると一般相対性理論につながります。すなわち宇宙は一種の４次元多様体だと考えられます。ここで４次元という場合、時間がひとつの軸となります。

多様体論を歴史的に見ると、まず高次元において進展がありました。一九五六年、アメリカの数学者ジョン・ミルナーが、７次元においてエキゾチック球面を発見しています。７次元球面とは、８次元のユークリッド空間の中の、原点からの長さが1という点の全体ですが、そのエキゾチック球面とは、表面が７次元の自然な球面と似て非なる多様体のことです。この「似て非なる」ことの説明には数学的な定理が必要なのできょうは省略しますが、いずれにせよ、似ているけれど違うものをミルナーが初めて発見しました。これは当時はものすごいセンセーショナルな出来事だったようです。

現在では、エキゾチック球面が各次元に何個あるのかが、４次元を除いてすべてわかって

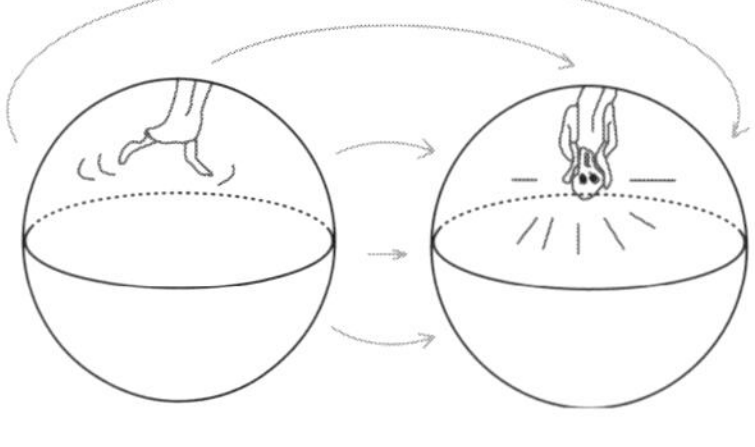

表面が3次元になっている3次元球面を模式的に表わした。2つのボールの表面を張り合わせて得られる3次元球面の中に入った人は、ひとつのボールから出ようとしてもその表面はもう一方のボールの表面なので、そのボールの中に入ってしまう。結局、3次元球面から出ることはできない
提供＝松本幸夫

います。1次元の自然な球面、つまり円周には一個しかありません。エキゾチック球面が一個という場合、自然な球面しかないことを意味しています。2次元、3次元にも自然な球面は一個しかありません。4次元は、じつはまだ未解決です。そして5次元、6次元にも一個しかない。7次元においては二八個現われることをミルナーが発見しました。

そして、一九六一年にはアメリカの数学者スティーヴン・スメイルが、5次元以上の多様体に対してポアンカレ予想を解決しました。

つまり、一九五〇年から七〇年までは、高次元多様体論にひじょうな進展があった時期でした。一九七〇年以降は、反対に低次元多様体論が主流になります。低次元と聞くと高次元よりも簡単な話をしているようですが、じつは幾何学においては一番難しいのです。低次元多様体とは、3次元や4次元の多様体、つまり現実の空間のことです。われわれの住んでいる空間は、理論物理学においては10次元だとする人もいますが、実際に見たところでは3次元、時間を入れると4次元と捉えられます。その身近な低次元が、純粋数学的に考えて一番難しいというのは、ひじょうに不思議な気がします。

3次元のポアンカレ予想はずっと未解決だったのですが、一九八二年には、アメリカの数学者ウィリアム・サーストンが、3次元多様体の中に3次元の非ユークリッド幾何の構造、八種類の幾何構造を導入することによって幾何学を構成するアイディア「幾何化予想」を提出しました。じつはこの命題が証明されると、同時にポアンカレ予想も解決することができるものでした。そして実際に証明したのが先ほど紹介したペレルマンなのです。

これに限らず多様体論は猛烈な勢いで進歩しています。その一端を、ポアンカレ予想関連の話題を通してご紹介しました。

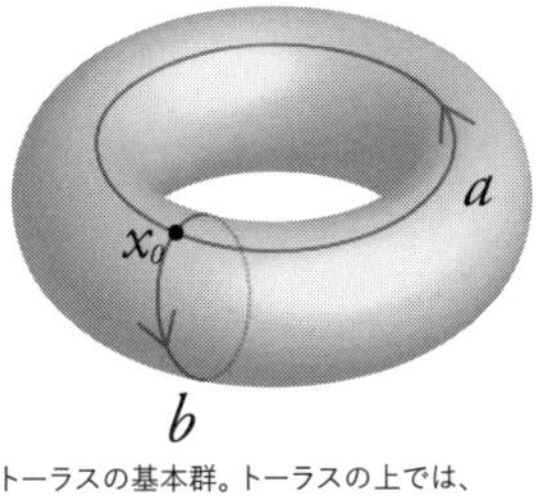

トーラスの基本群。トーラスの上では、閉曲線a、bのどちらも1点に縮まない
提供＝松本幸夫

空間の認識と多様体論の関係性

――原先生から、幾何学やコンピュータ・サイエンスを用いて、空間認識の技術を再構築し経験を記述していく必要があるとご提案がありました。では、空間の認識と、経験の記述に関して、われわれにはなにが可能なのでしょうか。

原　先ほど松本先生のお話にもあったように、数学には、ユークリッド原論から現代幾何学に至るまで、二〇〇〇年を超える長い歴史があります。一方、コンピュータは、まるで昔からあったような気がするくらいわれわれの生活に影響を与えているにもかかわらず、実際に登場したのはごく最近のことです。そうした歴史的経緯の大きな違いがありながら、数学とコンピュータ・サイエンスは、いずれもなにかの差異を説明するうえで有効な道具だと考えられます。

暦本　松本先生のお話でひじょうに興味深かったのが、直観で理解する3次元のわかりやすさと、幾何学における低次元の難しさとが、同時に存在している点です。

――松本先生は、数学者の目から見られて、実際の都市、あるいは日常世界をどのように捉えていらっしゃいますか。

松本　もちろん3次元として捉えていますが（笑）。数学ではあまり数学以外のことに言及しないのが原則ですから、日常の世界をどう見るかは、じつは個人的な問題なのです。では、個人の日常的な感覚に近い低次元空間が、なぜ幾何学的には難しく高次元多様体論のほうが先に発展したのかというと、高次元のほうが空間がすかすかだからです。逆に低次元の世界にはひっかかりが多いんですね。例えば紐の結び目を考えた時に、3次元でできた結び目は4次元にもっていくと解けてしまうのです。また、4次元では球面を結ぶことができるのですが、その結び目はやはり5次元以上では解けてしまいます。

位相幾何学には、代数を用いて幾何学の研究をする代数的トポロジーという分野があります。空間の内部にひっかかりが少ない高次元では、この代数を用いた研究がしやすいのですが、ひっかかりが多い低次元空間になると、代数で捉えるのが難しくなります。先ほどスメイルが5次元以上のポアンカレ予想を解いた話をしましたが、じつは、5次元以上の幾何学が易しいから解けたのです。そして5次元以上が易しいことが初めて発見されたことが、衝撃的だったわけです。

空間内部のひっかかりに関して、ひっかかりをとろうという考えでは解決しません。非ユークリッド幾何学など、別の幾何学の構造をもちこむことによって、ひっかかりを問題にしないような理論的な迂回路を設ける必要があります。このような工夫によって、3次元や4次元の多様体論が進歩しているのです。

原　建築や都市は、見た目には3次元かもしれませんが、そこで起こっているさまざまな現象に着目するとひじょうにたくさんの変数があって、その意味では多次元の世界と言えるかもしれません。そのひじょうに多次元な世界を同時に把握し、なにかひとつの変容を記述する場合に、多様体論が有効だと考えます。多様体論には、形の分類などの形態論はあるのでしょうか。

松本　はい、あります。例えば先ほど紹介したエキゾチック球面の分類は、すべての次元について完了しています。おもしろいのは、次元を上げていくとそこには抽象的な世界がありそうですが、むしろひじょうに具体的な世界が展開している点です。ある次元の世界は、すでに決まった様相をもっており、多様体が一度定義されると、どういう形があるのかが原理的に決まっているのです。ですから原先生がおっしゃるように、3次元の現実の世界にいろいろな変数を加えていって高次元空間として考えることももちろんできます。多様体論は、具体的な空間の形を考える際に、大いに応用できると思います。

都市の様相と経験の記述

――いろいろな変数によって建築や都市を把握するうえで、暦本先生の研究はひじょうに重要だと思います。人間の内面や無意識、暗黙知など観測できないものをどう扱っているのでしょうか。

暦本　例えば、いろいろな人の顔を合成し平均化させていくと美しい顔になると言われています。

美しいという意識は人間の根幹のようなものです。平均していくことで美的なものが現われるのだと言うと、矛盾しているようですが、じつは本質なのかもしれません。コンピュータを使うことで、われわれがものすごく神秘的だと考えていた美意識やクリエイティヴィティなどが、観測可能なデータから簡単な演算で取り出せてしまう可能性もあります。

原　人間には、ある種の基本的な思考パターンがあります。建築家が経験に関する専門家であるとはとても言えませんが、建築や都市の設計も、いままでの思考方法や経験則に基づいて行なわれているのです。

僕はポアンカレを信じていますが、彼は、あらゆる幾何学は経験に裏打ちされた想像を通して出てくると言っています。経験を通してある幾何学が確立するならば、天才的な数学者たちが幾何学的に発想したことと、彼らと同時代を経験しているわれわれが考えていることは、じつは同じなのだと思います。例えばコンピュータが登場し普及している現在では、コンピュータから得た経験に基づいた幾何学があり、われわれはそれと似たようなことを考えているのだと推測します。

現代における人間の経験とはなんであるかが、例えば暦本先生の研究を通して記述され、またそれが最新の幾何学によって説明されたとしたら、まったく新しいタイプの建築が実現するでしょう。思考のよって立つ基盤が違うわけですから、これまでとはまったく発想が異なる建築や都市が設計されると思います。

幾何学に近傍という基本概念があります。現代都市では、自分の身のまわりに近傍が広がっている一方で、物理的に離れたところにも同じように近傍と呼べる場所が存在していると言えます。例えば、自宅の周辺と勤務先の周辺のように、自分にとっての近傍が不連続に出現する感覚は、容易に共有可能でしょう。このような、ふつうの距離空間では説明できない離れた近傍の概念が、われわれの生活空間を把握するうえでひじょうに重要な意味をもっていると思います。

松本　それは数学的に言えば、ユークリッド幾何学とは違うメトリックを考えるということですよね。暦本先生の「認知地図」のお話にも関連しますが、距離空間という概念はひじょうに有効だと思います。3次元の空間に、たんなる直線距離ではない系を加えることによって、一見離れた場所に自分の近傍を見出す考え方は、大いにありうると思います。

距離の測り方は一様ではありません。ユークリッド幾何学では$X^2 + Y^2$の平方根で2点間の直線距離を出しますが、例えば札幌の街は東西南北のグリッド状になっていますから、ある場所からほかの場所までの移動距離を直線距離で示しても意味がない。札幌の街で距離を訊ねられた場合、東西方向、南北方向の移動距離を足した距離を言ってあげたほうが実用的なのです。

離れた近傍は、もしかするとリーマン面の考え方に近いのかもしれません。同じ点にあるはずなのに、原点の周りを一周すると異なる点に帰着してしまう関数があります。逆に言えば、離れているけれども同じ点の上にある状態ですが、それを理解するために、関数の背後にある空間そのものを異なる二枚の平面に剝がすことを、リーマンは考えました。このような二枚の平面からなるもののほかに、空間を何重にも剝がしていって無数の平面からなるリーマン面、螺旋階段のように平面が螺旋状に展開するリーマン面などがあります。

空間を複数に剝がしていくことで空間の全体像をつかもうとする考え方です。

暦本　原先生の設計された《JR京都駅ビル》を初めて訪れた際、ひとつの視界に、遠い場所も近い場所もすべてが収まっているような感覚を得て、ひじょうに感銘を受けたことを思い出しました。

ハイパーメディアのようなネットワークの空間は、ユークリッド幾何学では把握できません。なぜなら、ある情報とある情報の結びつきには、物理的な距離や現実のグリッドなどは、まったく関係ないからです。情報空間において、人々のアテンションが刻々と変化していくようすを観察していると、まるで空間が変形しているかのように感じます。現実世界にあてはめてみると、都市や建物が固定されず、瞬間瞬間移ろうような感覚だと思います。例えば「こういうところにこういう建物があったらいいな」という複数の思いが投影されて、建築の形態や用途、機能が変わるようなフレキシビリティや、時間という要素をあらかじめ含んだ建築がありうると考えています。

原　みんながいいと思ったところにひとつの建築が現われるという発想には、建築家としては反対です。みんながいいと言うから建物がよくなる、美しくなるとは限りません。もちろん、集約された意見から最適解を試験的に抽出してみるのはかまいませんが、その解は次々と更新されていくでしょう。建築の形態も、たとえ純粋数学的発想から設計を始めたとしても、みんなが同じような形をつくることはなく、ひじょうに多様になるはずです。やはり、独創性や個性の重要性も残り続けるだろうと思います。

暦本　複数の漫画やアニメのキャラクターを合成して平均顔をつくっていくと整ったキャラクターになるのですが、「これは絶対に主人公じゃない」と思わせるタイプの顔なんですね。ですから、平均化を計量的に行なえば行なうほど、逆に独創とはなにかがクリアになっていくと思います。たんに「整っている」ことと、「なにかひっかかる」ことの差異が顕在化するのではなかと思います。

質問者1　原先生は、先ほど《札幌ドーム》のフィールドが入れ替わるアクティヴィティを「変容」と表現されました。同じ次元や空間の中で変数が「変容」したのか、それとも3次元空間の中に変数を新たに投入して高次元空間として捉え直すものなのか、原先生のなかではどちらの感覚に近いのでしょうか。

原　僕は、多様体論を最初に勉強した時に、次元を移行しながら思考することの意義を疑問視していました。しかし、建築や都市のような、ひじょうに要素が多い空間の様相を捉える場合、次元の数を増やしていって空間を認識するやり方は有効だと、やがて気がついたのです。

先ほど紹介した《札幌ドーム》のモード・チェンジは、道具によって記述することができます。まず野球場の人工芝を巻き取り、次にサッカー・フィールドが入ってきて回転するというような一連の手続きやメカニズムがある。そのプロセスを説明する時に、道具が重要な要素となるのです。ただ、道具によらないような記述の仕方もありえます。それが同じく先に触れた、夕方になってだんだん建物が見えなくなり、そして電気がついて、再び朝を迎えるというような話ですが、両者はまったく違う現象です。

温度などの、一般の物理学が扱うような変数は、連続的に変化しますよね。それとは別に、自動的に電気がつくことのように、連続的ではない変化も考えられます。じつはわれわれの活動のさまざまな場面では、こうした不連続な変化が起こっているのではないか。そうするとやはり、変数を多くし、あるひとつの様態変化を記述できるようなプログラムが求められます。そういうモデルを、建築や都市の領域で考え出す必要があると感じています。

高次元世界の感覚的理解——視覚の優越性

質問者2　松本先生に質問です。高次元の世界を感覚的に理解することはどのようにして可能となるのでしょうか。4次元目は時間だとのお話がありましたが、その状態をどのように解釈すればよいのか。また5次元以上になると、人間が五感では感知できない異なる感覚が必要な世界なのかを教えてください。例えば文学では視覚的にものごとが記述される場合が多いのですが、そもそも数学的な思考において視覚という感覚は存在するのでしょうか。

松本　まず、数学における4次元のなかに、じつは時間は入っておりません。4次元目を時間と考えてもいいとしたのはアインシュタインの「相対性理論」です。アインシュタインの物理学は、この世界を4次元多様体として捉え、時間をひとつの座標と見なしました。しかし幾何学の世界では、とくに時間に言及する必然性はありません。4次元や5次元といっても、座標が四つ、五つあるだけのことで、視覚や嗅覚などは入りません。ただ、そのような解釈を何十年も続けていると、不思議なことに、まるで高次元空間が見えてくるような感覚になります。その場合、目で見る感覚ではありませんが、意識のなかでは視覚として扱っています。

高次元空間について論証する場合、視覚的イメージを用いると、証明の結論部分が短時間で導けます。一方、視覚的イメージを一切使わずに式だけですべて証明しようとすると、ほぼ同じことを言っていても、長大な内容になってしまいます。ですから、視覚の含む情報量はひじょうに大きい。私の場合、どうしても視覚的思考から逃れられません。

原　最後に松本先生に質問があります。先生のご本に書かれている先にも、まだまださらに奥深い多様体論の世界が拡がっていると思うのですが、どのくらい勉強すると全貌が見えてくるのでしょうか。というのも、多様体論を理解するという自分自身の目標を達成するために、どこで勉強をやめるべきなのか限界点を見極めたいと考えているんです。

松本　数学科では学部三年生のときに半年かけて多様体論を学ぶのですが、全貌は見えないにせよ、入り口に立つことはできるようになります。そのまま修士二年まで四年間続けたら、「多様体ってだいたいこんなもんだ」という感覚が身についてきて、例えば、高次元空間の論文が書けるくらいになるんじゃないかと思います。

原　四年ですか。

（会場から）　先生まだまにあいますよ。

原　まにあうかな（笑）。例えば、建築や都市を学ぼうとすれば、四年間はあっというまにすぎてしまいます。だからといって、もしみなさんが、脇目もふらずずっと設計を続けていないと生きてはいけないのではないかと感じているのだとしたら、それは錯覚です。建築家は四五–五〇歳くらいにピークが訪れるので、それまでの四年間と考えれば、けっして長い時間ではない。だからみなさんは、数学に限らず幅広い分野のなかからなにかひとつは、四年間ぐらい費やして勉強したほうがいい。そのうえで自分なりの世界が見えてきたら、それは新しい建築家の誕生と言えるでしょう。

構成＝柳井良文

10 KEYWORDS／10 BOOK REVIEWS

10 KEYWORDS

阿部純[A]＋南後由和[N]

呼吸する建築　伊東豊雄の言う「呼吸する建築」とは、建築物が建築物を取り巻く環境とたえまなく関係し続ける状態を指す。例えば、《せんだいメディアテーク》や《みんなの森　ぎふメディアコスモス》での構造設計が「呼吸する建築」の一例となる。《せんだいメディアテーク》の内部空間にあるチューブは、内と外との中間的存在として、自然光の送り込みや空気孔の役割をその都度の状態に応じて使い分けている。《みんなの森　ぎふメディアコスモス》においては、伏流水（地下水）を利用した輻射式冷暖房をつくるなど、技術を使って自然環境と一体化していくようなエコロジカルな建築を目指している。伊東は、こういった外界のエネルギーとの関係性のなかで機能を使い分ける仕組みをもつ建築物の可能性を、「呼吸」というメタファーを使って提唱している。この考え方は、効率よく快適な空間を設計する近代主義的な技術信仰とは一線を画す考え方であり、今日の環境共生型の伊東建築の核となる方法論となっている。[A]

メタボリズム　黒川紀章や菊竹清訓、槇文彦ら建築家・都市計画家、粟津潔や榮久庵憲司といったデザイナーを中心とするグループが、一九六〇年代より開始した建築運動のこと。生き物のように環境に反応しながら有機的に成長する都市や建築のあり方を、生物学用語で「新陳代謝」の意味をもつ「メタボリズム」と名づけ、未来都市として、さらには実験的な建築設計として構想した。メタボリズムは都市や建築、環境だけでなく、アートやデザインとも親和性をもつ。一九六〇年に日本で開催された世界デザイン会議にて、「METABOLISM/1960　都市への提案」が発表され、彼らの思想の一端を示す「海上都市」「塔状都市」「新宿ターミナル再開発計画」などの構想が明らかにされた。当時の高度経済成長期の社会への応答として、動的でメタボリックな都市と環境との共生のあり方を模索していたのである。メタボリズム建築の代表的なものとしては、菊竹清訓《都城市民会館》（一九六六）や黒川紀章の《中銀カプセルタワービル》（一九七二）などがある。[A]

動的平衡　一九四四年に発表された物理学者エルヴィン・シュレーディンガーの『生命とは何か』（邦訳＝岡小天＋鎮目恭夫訳、岩波文庫、二〇〇八）によって、生命とは、物理現象におけるエントロピー増大の法則に抗して生命秩序を維持することであると定義されたが、この時点では生命維持するシステムの構造自体については解明できていなかった。福岡伸一は著書『生物と無生物のあいだ』（講談社現代新書、二〇〇七）のなかで、生化学者であるルドルフ・シェーンハイマーの発見した「生命の動的な状態（dynamic state）」の定義を拡張させ、遺伝子ノックアウトマウスを使って行なった自身の実験から、「動的平衡」という言葉を導く。つまり、エントロピー増大の法則に抗う唯一の方法は、システムの仕組み自体を分子の出入りという流れのなかに置き、生物内に生成されてしまうエントロピーを排出することであると考えたのである。生命とは部品を合わせて形成されるものではなく、動的な平衡状態において絶え間なく壊すこととつくることを繰り返すことでつくられるものであると説いた。[A]

国家有機体論　生命体のメタファーを用いて物事を設計していく思考は、建築に限らず、多くの事象で見受けられる。例えば、ここに挙げる「国家有機体論」は、共同体内部のあらゆる不一致を否定し、共同体の一体性を体現するために生命をメタファーとして使った国家論である。「国家有機体論」では、君主を頭とし、その他の身分を内臓や四肢など人体の諸部分になぞらえる。こういった国家や社会を有機体として表象するメタファーは、古代ギリシア以来何度も用いられてきた。例えば、トマス・ホッブス『リヴァイアサン』で展開される「国家機械説」や、それに対置されるかたちで説かれるヘーゲルの「国家有機体説」では、国家の諸機関を生命のモチーフになぞらえることによって説明されている。明治期の日本では、天皇を国家の最高機関に置く「天皇機関説」という日本型の「国家有機体論」が美濃部達吉によって説かれている。［A］

アナロジー　美術史家であるバーバラ・M・スタフォードの『ヴィジュアル・アナロジー——つなぐ技術としての人間意識』（高山宏訳、産業図書、二〇〇六）によれば、アナロジー（analogy）の語源は古代ギリシア語の「アナロギア（analogia）」にあり、「比率に従って」あるいは「同種の途に従って」という原義だった。「均衡」を意味した「アナロギア」が、哲学者アリストテレスによって拡張され、さまざまな非数学的な文化的推論の意味へと変容していく。スタフォードによると、アナロジーには上記の量的な均衡を示すほかにもうひとつの含意があると言う。それは、プラトンによって開拓された「そこに参加する」という意味合いで、「同じという小片をひとつの領域から他のレベル、他の領域に持ち上げる求心力と遠心力のバレーとしてのアナロジー」（七頁）と説明される。つまり、アナロジーとはある概念の領域を他の領域へとつなぎ、両者のあいだに関係を見出し、新たな言葉や着想を誘導する効果をもつものということができる。［A］

ベルンハルト・リーマン（Bernhard Riemann）　ドイツの数学者（一八二六—六六）。論文「複素一変数関数の一般理論の基礎」「幾何学の基礎にある仮説について」などで知られる。複素関数の局所的な定義を与えたうえで、その局所的性質を規定する大域的な制限を発見しようとした。複素平面の貼り合わせ（座標）である「リーマン面」は、局所的にユークリッド空間にみえる空間が、全体としてどのような形をしているのかを問う多様体のトポロジーの道を切り拓くことになった（松本幸夫『増補新版　4次元のトポロジー』［日本評論社、二〇〇九］、二九頁参照）。

一九世紀には哲学や物理学にも精通した数学者が多く、リーマンの場合、空間、音、色などは連続的な系列形式として認識者の運動によって把握されるとするヘルバルトの経験主義的哲学からの影響がうかがえる。空間を多様体（多次元延長量）として捉えるリーマン幾何学は、ニュートンの絶対空間やカントのアプリオリな認識による空間概念とは一線を画す非ユークリッド幾何学であり、後にアインシュタインの相対性理論の着想源ともなった。［N］

トポロジー　位相幾何学。連続的変形によって変わらない性質、すなわち図形のもつ「位相不変な性質」を記述、解明する理論的道具立て（松本幸夫『トポロジー入門』［岩波書店、一九八五］、一頁参照）。位相とは、距離ではなく「開集合」の入れ子構造によって、集合の部分同士の近さ、つながり方、位置関係を示す概念。「二つの位相空間X、Y（たとえば、二つの図形）が与えられたとき、それらが互いに位相同形になるか否かを判定することは、トポロジーの基本問題である」（同、九一頁）。形（角度、長さ、大きさ）に関係なく、辺や面のつながり方が同じならば「同相」と呼ぶ。マグカップと穴のあいたドーナツが、同相の事例としてよく用いられる。トポロジーは、一筆書き可能かをめぐるオイラーの「ケーニヒスベルクの橋の問題」から、ガウス、リーマンなどを経由して、ポアンカレ（一八五四―一九一二）によって分野として確立された。［N］

ディスクリート／ディスクリート・シティ　「ディスクリート（離散的な）」とは、原広司が数学の「位相空間」をもとに、「部分と全体についての論理」のひとつとして、都市・建築の分野に応用した概念。既存の「身の周り―近傍」ではなく、新たな連結可能性と分離可能性を指し示す建築的、都市的装置の提案を「ディスクリート・シティ」と呼んだ。

位相空間における位相の強弱が、部分集合の集合の包含関係に従うように、ディスクリートは、バラバラな個が良好に離合集散する状態や、自立した個と多様な集団が並存する状態を指す。数学（位相空間）それ自体というよりは、数学が暗示する社会の先に、建築・都市と民主主義・ヒューマニズムの問題を見据えようとする点に原の特徴がある。

さまざまな部分集合が成立するディスクリートへの原の関心は、中南米のインディオの集落調査での「離散型集落」の発見や自邸《原邸》（一九七四）の一九七〇年代から始まり、二〇〇〇年代以降は《実験住宅　モンテビデオ》などへと展開していった。詳細は、原広司『ディスクリート・シティ』（TOTO出版、二〇〇四）を参照。［N］

ネットワーク理論　点の集合（ノード）と辺の集合（エッジ）とを構成要素とし、それらのあいだの接続関係によって規定される組み合わせ論である、数学の「グラフ理論」から発展した。点と辺に量的な属性が与えられた、重みのついたグラフが「ネットワーク」であり、離散的に配列された集合の問題を解くのに有効とされる。

ネットワーク理論は、ネットワーク上における各要素の流れに着目し、ネットワークの生成モデルや力学を考察対象とする。近年、ネットワーク理論は、6次の隔たりを解明する「スモール・ワールド」（ダンカン・ワッツ）、「強い／弱い紐帯」を評価するソーシャル・キャピタルや組織論のほか、貿易金融、伝染病、食物連鎖、神経生物学など多岐に渡る研究に応用されている。

またネットワーク理論は、実世界とコンピュータ・ネットワークの融合によるユビキタス・ネットワークにも実装されている。無線通信をもつセンサーのモバイル化とデータベースの整備により、膨大な数の通信ノードを面的にセンシングし、これまで不可視とされてきた都市空間の様相および経験を動的に記述することができるようになった。暦本純一がシンポジウムで紹介した「センソノミー」は、その一例である。［N］

フォークソノミー（folksonomy）　インターネット上のフラットな情報のなかからユーザー自らがタグ付けなどによって情報を分類し、共有する方法。folks（民衆）とtaxonomy（分類法）をかけ合わせた合成語。従来のウェブ・ディレクトリなどの情報分類システムが、サイト管理者や専門家が分類体系や分類語を階層的にあらかじめ決定しておく方法を採るのに対して、フォークソノミーは、コンテンツに関係する分類語をその都度ユーザーが自由に付与していく方法を採る。この点で、従来の情報分類システムはトップダウン型、フォークソノミーはボトムアップ型といえる。

フォークソノミーは、分類の正確さや信頼という面で劣ることもあるため、従来の情報分類システムの補完的な位置づけとする見方がある。その一方で、オープン・エンドな仕組みであるがゆえに、ユーザーの量と運用時間の増大にともなってエラーを淘汰し、従来のトップダウン型の情報分類システムにはない、新たな分類のネットワークやユーザー同士のコミュニケーションを創発する可能性をもつ。フォークソノミーは、大量の情報を大量の人が利用する仕組みを集合知として活用した分類法であり、代表例としては、Wikipedia、ニコニコ動画などが挙げられる。［N］

10 KEYWORDS／10 BOOK REVIEWS

10 BOOK REVIEWS

阿部純［A］＋柳井良文［Y］

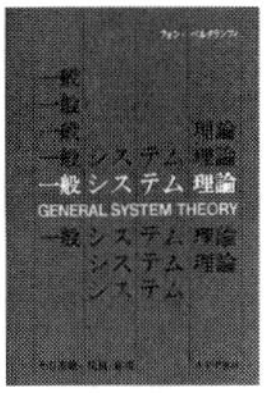

ルトヴィヒ・フォン・ベルタランフィ
『一般システム理論――その基礎・発展・応用』
（長野敬＋太田邦昌訳、みすず書房、一九七三［原著＝一九六八］）

一般システム理論とは、理論生物学者フォン・ベルタランフィによって提唱された科学理論であり、専門分化したかたちで個々に追究される社会事象に対して、それらを貫く理論的根拠を「システム」として抽出するという考え方を採る。一九四五年に開催された「生物学と社会科学におけるフィードバック機構と因果的循環システムに関する会議（通称メイシー会議）」には、ベルタランフィをはじめ、情報学、数学、経済学、人類学、言語学等々、各界を牽引する学者たちが参加し、この会議で議論されたことを統合させたものが本書の基盤となっている。ベルタランフィは、生物学理論と実際に起こっていることとのあいだにギャップを感じたことから、「システム」という有機的な視点で生命現象を捉えていくようになったという。社会事象を唯一の絶対化されたモデルとして抽出するのではなく、諸学の理論の類似性や同形性を拡張させながら（一般化）、学際的な視野でもって社会事象を捉えようとすることが、一般システム論の中心となる考え方である。［A］

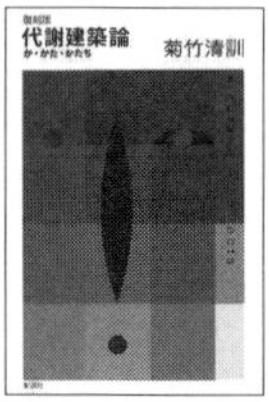

菊竹清訓『代謝建築論――か・かた・かたち』
（彰国社、二〇〇八［初版＝一九六九］）

本書は、菊竹清訓が、一九五八年から一九六七年のあいだに建築雑誌に寄稿した建築のデザイン（設計）に関する論考をまとめたものである。菊竹は「構想的段階（か）」「論理的段階（かた）」「感覚的段階（かたち）」の三段論法を思考の軸としてもつ。同書を読むことで、出雲大社という伝統空間の設計から、建築の代謝を問うメタボリズム思想までの思考を追うことができる。都市や社会も生物や自然と同様に可変のものであり、成長過程にあるのだとすれば、その都市や社会と人間とのあいだを取りもつ建築はどうあるべきか。このことについて考える時には表面的に「かたち」で考えるのではなく、「かた」（なぜそれが必要なのか）を説き、「か」（ヴィジョン）をもって語ることの必要性が述べられている。このように、メタボリズムは一九六〇年代半ばの変わりゆく大衆社会生活への応答として、「取り換える」「増築する」といった代謝を媒介とした「ヴィジョン」とともに生まれた、建築や都市を捉えるデザインの思想と捉えることができる。［A］

バーバラ・M・スタフォード
『ヴィジュアル・アナロジー――つなぐ技術としての人間意識』
（高山宏訳、産業図書、二〇〇六［原著＝一九九九］）

バーバラ・M・スタフォードは、アナロジーという認識技術を、事象の関係性をめぐる思考という側面からダイナミックに論述する。本書で、スタフォードはポストモダンの「構築と脱構築という戯れ合い」（一八七頁）が見せる差異の体系はなにも生み出してこなかったと批判する。そうではなく、進化生物学や遺伝学が示してきたような「ある特徴を共有しつつも個として独自のものを発現すること」（一八八頁）を強調し、なにかとほかのなにかとのあいだにある類比を積極的に見出していくアナロジカルな姿勢にこそ、知を再構成する力があると説くのである。アナロジーの言葉に、観察者による「参加」という能動的な意味を見出した理由はここにある。ヴィジュアル・アートを解釈する際に生まれる「穴（＝解釈の可能性）」をいかに再発見するか。著者の豊富な美術知識とともに提示されるヴィジュアル・アナロジーの思考を、アナロジカルに「参加」しながら楽しみたい。［A］

佐倉統『遺伝子vsミーム――教育・環境・民族対立』
（広済堂ライブラリー、二〇〇一）

ミーム（meme）とは、遺伝子をアナロジーとしてもつ概念であり「文化的情報の伝達単位」と定義される。生物学者リチャード・ドーキンスによって提示され、その後ミームは生物学分野を超えて科学哲学や文化人類学など諸分野に影響を与えた。本書において佐倉は、進化する生命体システムとして文化を捉えたことにミーム学の成果があると断言する。そして、生命体システムにならえば「ほどよい変異と選択のバランスを保てない社会は、滅亡する」（一五四頁）と述べる一方で、ミームはあくまでも問題を「発見」する能力であることを強調している。ミームを問題「解決」能力と捉えてしまうと、あらゆる民族対立や自由競争礼賛の風潮を助長した進化論アナロジーをめぐる一連の議論を繰り返すことにもなるからだ。そうではなく、物事の置かれた環境を文化的遺伝子ミームにならって「発見」する時に、本書で語られるような恋愛や老年期といった文化的諸問題を見定める手がかりがあるのである。　［A］

伊東豊雄＋藤本壮介＋平田晃久＋佐藤淳『二〇××の建築原理へ』（LIXIL出版、二〇〇九）

伊東が七〇年代生まれの若手建築家、構造家の三人とともに東京のある地域の再開発をめぐる架空のプロジェクトを立ち上げた。本書は、それぞれの建築家・構造家による論考と研究会記録を、最終プレゼンテーションとしてまとめたドキュメントである。伊東は、大手デヴェロッパーによる高層建築の対案として「巨大な垂直な箱ではなく、十分な光や風や水が内部にまで浸透していくような襞の多い」（六頁）、さながら一本の木のような建築を想定する。実際に巨樹を見に足を運び、さらには先端技術研究者や植物生態学研究者と交流するなかで、一本の木構想はなだらかな斜面地に棚田のような居住空間を要する「山的な都市」構想へと変容していく。藤本が「人間が作ったものは『人工物』と言われて自然とは少し違ったものと考えられている。その歪みがまず奇妙である」（六九頁）と記すように、議論の過程において人工と自然という対概念自体が再考されるなど、都市における居心地のよさを追求する新たな視点として示唆に富んでいる。　［A］

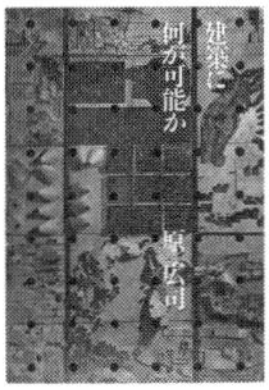

原広司『建築に何が可能か——建築と人間と』（学芸書林、一九六七）

原がまず退けるのは、唯一不変の真理として建築の本質を見出そうとする、「建築とは何か」という不毛な問いである。これに対し「建築に何が可能か」は、多様に変化し続ける現在を基点として繰り返し発せられる問いであり、したがってその答えは、その都度変化する。この「初源的な問い」についての考察から始まる本書には、「有孔体の理論」をはじめとして、原の建築論の原点とも言える議論が多数収められている。粟津潔デザインの函には、原が「空間から環境へ」展（一九六六）に出展した《有孔体の世界》の写真がプリントされている。さらに、函の両面には、直径五ミリの孔が片面に五四個、計一〇八個穿たれている。孔を用いた装本では、稲垣足穂『人間人形時代』（松岡正剛編、工作舎、一九七五）において、杉浦康平が書籍本体の中央に貫通させた直径七ミリの穴が有名だが、本書はそれに先駆けて、著者の世界観を視覚的・触覚的な穴として表現した事例

である。［Y］

原広司『空間〈機能から様相へ〉』
（岩波現代文庫、二〇〇七［初版＝岩波書店、一九八七］）

本書で検討される空間とは、建築家が思考する建築空間という狭い意味に留まらず、人間の日常的思考や想像力の拠って立つ基盤、すなわち世界認識の構造を意味する。原は、近代以降の建築や都市を成立させている支配的な空間概念を「均質空間」と呼び、意味や場所的特性の一切が捨象された均質性を、その特徴として指摘する。「均質空間論」では、ミースが均質空間を実現するまでの歴史的経緯が多角的に分析されている。ただしその意図は、ミースの到達点の称賛にも非難にもなく、均質空間がいかにして近現代建築のなかで支配的・不可避的影響力をもちえたかという過去の冷静な分析と、その結果としての「現実を直視」することにある。均質空間がもたらす数々の矛盾が無視できないほどに顕在化している現在、諸問題の克服のために次なる空間概念の形成が必要だが、それは簡単なことではない。それでもなお、原は建築の新たな展開可能性の予感を「様相」という言葉に集約し、後続の空間論にまとめるのである。［Y］

松本幸夫『トポロジーへの誘い――多様体と次元をめぐって』
（遊星社、二〇〇八）

著者は本書を「多様体のトポロジーの〝超入門書〟」として位置づけている。その宣言どおり、難解な数式よりも平易な文章が多くを占める本書は、いわば読み物としての数学書であり、多様体の基礎的概念が、数学を専門としない一般読者向けにわかりやすく解説されている。空間の形態を考える幾何学が、多様体という概念の導入によってどのような発展を遂げたのか、過去の数学者たちによる数々の研究を参照しながら、歴史的に追える構成となっている。まず高次元において展開した多様体論は、4次元、3次元と徐々に研究対象の次元を下げていき、グリゴリー・ペレルマンによる3次元ポアンカレ予想の証明へと至る。本書を通して、次元という考え方が具体的な形態を伴なって理解されることとなり、抽象的とみなされがちな現代数学の理論を、現実の都市空間の様相を記述する技術（コンピュータ・サイエンス）や空間構築の技術（建築設計）へ応用することが一層容易になる。［Y］

黒須正明＋暦本純一『コンピュータと人間の接点』（放送大学教育振興会、二〇一三）

本書はヒューマン・インターフェイスについての概論書である。インターフェイスとは、第一章で定義されているように、「異質なものが接している場」であり、それはまさに際のことである。本書はもとよりコンピュータに関する本であり、コンピュータと人間の際、そしてその際を介した情報世界と実世界のインタラクションについての議論が展開されているが、それにとどまらず、建築や都市を含む人工物一般と人間との関わりについても広く考察している。ヒューマン・インターフェイスの研究開発は、人工物の設計という技術的探究であると同時に、人間とはなにかと問うことでもある。本書はそのような人間工学的視点から、インターフェイスの「人間中心設計」を重要な概念として掲げており、人間の特性に関する理解を議論の立脚点としている。人工物と人間の際を意識することで、原広司が「空間の際」で指摘したような、人間の経験をよく知ったうえで建築や都市を設計することの重要性が浮かび上がってくる。［Y］

原広司＋池上高志＋吉村靖孝＋塚本由晴＋藤村龍至＋柄沢祐輔＋掬矢吉水＋森川嘉一郎＋南後由和＋大山エンリコイサム『アーキテクチャとクラウド——情報による空間の変容』（millegraph、二〇一〇）

建築や都市の空間論に情報概念を導入する場合、本書でも複数の著者が注意喚起しているように、最新の情報技術を実空間に実装することを、ただちに新たな空間像の実現と結論づけてしまったり、情報環境と現実の都市環境との相似性を指摘するにとどめてしまったりする可能性が往々にしてある。情報技術の急速な変革に追従するだけでは、数十年、数百年単位の長い時間を扱う建築論や都市論の展開は難しい。本書の著者たちは、アーキテクチャ論やクラウド・コンピューティング論を参照しつつも、このような陥穽を回避し、空間概念そのものの根本的な捉え直しを試みている。しかし、都市の現象や経験から新たな空間概念の予感は断片的に得られても、その明確なイメージ（原の表現によれば「一枚のスケッチ」）は最後まで提出されていない。本書は、二〇一〇年という歴史の一断面において、「情報による空間の変容」を考えることの可能性と限界を記録する資料でもある。［Y］

インタヴュー　伊東豊雄

聞き手＝阿部純＋南後由和　構成＝阿部純

――シンポジウムでは、建築物における「内と外」の関係をどうつくっていくかという伊東さんのお話に対して、福岡伸一さんから細胞膜の話が出され「ゆるゆるやわやわ」という言葉がひとつのキーワードとなりました。その後、こういったアイディアは伊東さんの建築設計にどのように反映されているのでしょうか。

伊東豊雄　それぞれの専門分野からみれば、生命をアナロジーとして建築に採り入れることは、「いいとこどりだ」と思われるかもしれません。建築を設計するには、複雑で矛盾に満ちた社会のなかで、絶え間なく現実をすり合わせ、辻褄を合わせていかざるをえないので、なかなか整合できない部分もあります。《台中国立歌劇院》のプロジェクトは二〇〇五年から始まっており、内と外とが曖昧な人体のような空間をつくりたいという発想に基づき、シンポジウムの時点ではすでに設計を開始していました［二〇〇頁参照］。呼吸器や視聴覚器官を通して人体は外とつながっていますが、同じような仕組みを採り入れた建築――人体ほどフレキシブルではないにしても――が、生まれつつあるという気がしています。建築は視覚的に考えられがちですし、どこかで中と外を切らないと成り立たないので、物理的に切れているところはもちろんいくつもあります。それでも《台中国立歌劇院》の外観を見ていただくとおわかりになると思うのですが、外光が空間を伝わりながら入るだけでなく、外の音が中に入り込んでいく、あるいは中の空気が外に伝わっていくような、視覚にとどまらず皮膚感覚的にアピールするような建築になりつつあります。二〇一一年にプロジェクトを開始した《みんなの森　ぎふメディアコスモス》（図書館を中心にギャラリーなどを複合した施設、岐阜県岐阜市）は、二〇一五年七月に開館します。ここでは、かなりフィジカルに、建築が呼吸するというかたちに近づいたと思っています。木造の屋根と壁で光と風とを透過する仕組みと、ポリエステルを使用した「グローブ」（環境装置）を空間内に配置することで、採光、換気、温熱といった自然エネルギーを徹底的に利用する、自然と調和した空間が生まれつつあります。そういった意味では《台中国立歌劇院》より数年後発ということもあり、より即物的な空間になっていると言えますし、物理的に言えば、人体の働きにさらに近づいているかもしれないですね。

――「呼吸する建築」の根底には、「いかに自然と共生するか」、あるいは「自然の中にある私たちの営み」を建築にいかに組み込むかという考えがあったかと思います。シンポジウム後の伊東さんの大きな活動として、東日本大震災に対する「みんなの家」プロジェクトもありますね。

伊東　われわれ建築家が、建築を考えるということは、都市の建築を考えることだったような気がします。これまで私に限らずほとんどの建築家が、都市における建築やコミュニティをどうするかばかりを考えてきました。そういうときに三・一一が起こったわけです。いまは、むしろ都市ではないところで、たとえどんなに小さくても地域から建築を考えるほう

伊東豊雄《みんなの森　ぎふメディアコスモス》外観イメージ
提供＝伊東豊雄建築設計事務所

が意味があると思っています。

人体ほど優れたものはないという前提で、建築が人体にどれだけ近づきうるかについて考えてきた一方で、「みんなの家」プロジェクトでは、生身の人々と直接向かい合って建築をひたすらに考えました。ですから、人体について観念的に考えることはなかった。例えば、仙台市宮城野区の「みんなの家」は、被災地で震災直後に行なう最初のプロジェクトでしたので、地域の方々との対話は極めて生々しく、感情を抜きにしては語ることができませんでした。この対話を通じて、内と外をはっきり分けることで「あいだ」の環境をひたすら隔ててしまう近代建築の方法に対して、住民の方々がものすごくフラストレーションをもたれていると感じました。僕らの建築家としてのこだわりのようなものを排除し、自治会長さんを中心にして出てきた住民のみなさんの、縁側や庇、薪のストーブがほしいという要望を、そのまま形にしました。「こうやってつくればこんなにも喜んでもらえるのだ」と感じましたね。二〇一五年一〇月二五日で竣工してから三周年を迎えるのですが、プロジェクトを手がけた仲間たちと訪れようと計画を立てています。

――建築家や建築以外の専門の方と協働することは、どのような意味や可能性があるのでしょうか。また、学際的な思考をもつことに関してどのようにお考えですか。

伊東　例えば、中沢新一さんのお話を聴いていると、いまのモダニズムの建築から抜け出して、かつての大らかな、古代まで遡るような生活のあり方を取り戻すような建築を考えるためのヒントがあるように思います。また、武満徹さんに関しては、西洋から入ってきたモダニズム

伊東豊雄《みんなの森 ぎふメディアコスモス》2階イメージ
提供＝伊東豊雄建築設計事務所

音楽のなかで思考せざるをえなかったところに、いまの自分の立場が重なって共感するところがあります。モダニズムから抜け出すといっても、建築は社会的な存在であり、入札の仕組みや図面のやり取りといった一つひとつがシステムに組み込まれていますので、字義通り実現することは難しく、そこがおもしろくもあり、つらいところでもあります。

僕は学際的なことに囚われることなく、建築に対して自由に考えたいと思っています。例えば伊東建築塾の塾生たちとは、《今治市伊東豊雄建築ミュージアム》（愛媛県、二〇一一）のある大三島に通い、島の将来について思考し続けています。大三島では、借りた空き家を塾生たちが少しずつ修復してくれています。ゆくゆくは「みんなの家」のように、島の人たちが集まってくれるような場所に変えていきたいと考えています。じつはすでに島の人たちからはさまざまなことを頼まれているのです。例えば、石屋さんたちからは、石の壁を一緒につくってほしいと要望があり設計図を描きました。また、町場のレストランを改装して、サイクリストが休めるような小さな場所をつくるのを手伝ってくれないかという依頼もありました。こういうかたちで地域に住まう建築家の生き方がこれからは出てくるでしょう。事務所の若いスタッフで大三島に行きたいと希望する者もいますし、塾生のなかには実際に引っ越した者もいるくらいです。こうした役割をもつことを誇りに思うような建築家像を生んでいかなくてはなりません。

——今日は、「内と外」という建築の境界の話から始まりましたが、「みんなの家」プロジェクトでの、建築家としてのこだわりのようなものを排除する必要性があるというご指摘は、建築家がこれまでの自分のやり方に固執しすぎると、住民とのあいだにコミュニケーションの壁をつくってしまう危険性があるということですよね。鼎談では、建築はこうあらねばならないという規範を疑う必要があるのではないかとおっしゃられていました。また、先ほどの大三島の話にしても、これまでは島の中に閉じられていたものが、伊東さんたちが訪れることによって、しだいに内と外が交わっていく。このように、さまざまな次元で「内と外」がキーワードとなっていますね。建築が、内と外を隔てるものとしてあるという問題意識を伊東さん自身がおもちなのだと改めて思いました。

伊東　まさしくそのとおりで、かつて建築に携わる渡り職人が多くいたように、どこか知らない場所を訪れ、地域の人たちと一緒につくることで、その土地に新しい光が差し始めるようなことがあるべきです。そうした建築をこれから地方でつくることができたらすばらしいと考えています。

［二〇一四年一〇月二日、伊東豊雄建築設計事務所にて］

インタヴュー　原広司

聞き手＝難波阿丹＋南後由和　構成＝南後由和

——「空間の際」を振り返りますと、原先生は、経験の記述の術としての多様体と、形態論としての多様体のどちらに関心をおもちなのでしょうか。それとも、両者が一致するところに関心があるのでしょうか。

原広司　両者です。実際に現われる建築の形態というのは3次元なわけです。そこに時間を入れて4次元と考えてもいいけれども、例えば温度、気温、騒音などの軸を入れていくとどんどん次元数は高くなる。それは形態ではなく、もはや経験の世界に入り込んでいます。リーマンの多様体は、3次元だけでなく4次元、5次元と、次元数がn次元になったときも含めて幾何学を考えなくてはならないところに出てきた。次元数が多くなっていくと形はどうなっていくかというときに、多様体というものがひじょうに有効で、たんなる形態だけではなしに、経験全体の記述をするのにも武器になるのではないかと。多様体といってもいろいろな分野があるので、知識として断片的であり、なかなか総合的にはいかないですが。

——「空間の際」以降の最新のプロジェクトとして、「原広司：WALLPAPERS——二五〇〇年間の空間的思考をたどる〈写経〉」展（市原湖畔美術館、二〇一四）についてお聞かせい

原広司《写経》
左：領域分割図（2013年11月14日、東京、夕暮れ）
右：アリストテレス『形而上学』第5巻（部分）、および『自然学』第3巻（部分）©原広司

ただけますか。

原　僕は建築家だから、展覧会はなにかスタイルをもたないといけないと思っています。この展覧会で重要なことは、壁紙です。壁紙というのは、枠がないじゃないですか。普通の展覧会は、こういう作品がありますと枠があり、そして枠がオブジェ的に表われる。それに対して、この展覧会では、枠はなしで、紙を貼ってひとつの壁ができる、壁だけにするという設計でやっているわけです。写経の字数は、五〇万字は書いていると思います。仮に読むとすると、ものすごい時間がかかる。書籍数冊分になります。

――　いままでに見たことのないタイプの建築展でしたが、それでもやはり建築展だと思ったのが、短冊を五枚並べると、五〇〇メートル・キューブの五〇〇分の一の寸法になっていた点です。展覧会では、「すべての点が特異点である」という都市のあり方を示した《500m × 500m × 500m》の模型も展示されていました。この点を考えると、美術館に二五〇〇年間の空間的思考とともに、都市が埋蔵されているように感じました。

原　そういっていただくと本当にありがたいですが、最後の一週間くらい前にわかったんです。これは設計図なんだと。世界の図書館のようなものの設計図なんだと。

――　原先生は、『空間〈機能から様相へ〉』（岩波書店、二〇〇七〔初版＝一九八七〕）で、「現象学によって説明しうる建築は古くからある。しかし、現象学の影響をうけた建築は、こ

原広司《500m×500m×500m》
©東京大学生産技術研究所原研究室

れからである」（一一二頁）と書かれていました。それに対して、今回の展覧会の図録では、現象学者による、空間体験の幾何学のような記述には無理があったのではないかと指摘されています。原先生のなかで現象学への態度がどのように変化したのでしょうか。

原　僕は現象学をもとにスタートしたのは、確かなんですね。ところが基本的な疑問をもっていて、メルロ＝ポンティが、人間が感動している空間体験は記述不可能であるという考察に至ったところで現象学は終わるわけですね。もしそれが記述できたら建築を建てる必要がなくなっちゃうわけで、建築をやる理由は、それが記述できないから唯一記述する方法として実物をつくりましょうというものだと思います。つまり、リアルな体験と同じことを書こうとしても無理なんじゃないか、というのが第一点です。

もう一点は、これで長いあいだ考えていたことが解決したかなと思っているのが、図録に収録した論考のタイトルにある「マイクロデュレイション（微持続）」という考え方です。ある経験を括弧にくくって、その括弧の連鎖を、持続を表現する表記法とする。経験というのは、ある種の持続じゃないですか。その漠然とした持続を、言語では押さえられないと思ったわけです。表記法があることで、あのこと、このこと、さまざまな人間の体験を同時にいろいろ述べることができる。だから現象学に関しては、言語に頼らない新たな武器として、経験を記述する道具としての表記法を探るべきだということです。そこに数学が使えればいい。

複素数ってありますよね。複素数は、a ± bi などのように実数と虚数でできている。例えば、人間はいろいろな所へ行って、同時にほかのことを考えながら生きていたりするじゃないですか。人間は一筆書きではなく、情報社会以前から、もうひとつの世界を同時に複素数的に生きている。複素数は、そのような経験を記述するために発見されたのではないか。建築は身体がここにあることだけしか言わないが、このような人間の捉え方をしないと、すごい想像力の世界を生きたことにはなりません。

――建築の専門性と学際性の関係性をどう考えていらっしゃいますか。

原　それは単純でね、若い人でも建築なんて建てられるわけですよ。なぜ建てられるのかというと、建築が惰性体として世の中に吐いて捨てるほどあり、それを真似すればいいから。専門性といっても、コンクリート、窓枠、屋根、防水はどうあるべきかなど、実際的なものとしての建築のつくり方がほとんどなわけです。とくに近代建築は、産業的な既製品がいっぱいできるようになったから、それらの知識さえもっていればカタログ主義的に組み立てることができる。

建築というデパートメントのなかに、構造力学、設備工学、材料など、いろいろなものが入って束ねられている。建築というものが漠然とあり、現実にたくさんつくらなければならないから寄り集まってなにかやっているのだけれども、全体的に建築学というものはないんです。だからそれを統合するのは設計者の役割。

建築学らしい建築学がないというのは、経験学をもっていないからだとも思うのですが、全体の枠組みが強固にあるぐらいなら、建築学はないほうがいいのかもしれない。そのほうが自由度が高いから。

僕が「出来事としての建築」というものを必要以上に強調するのは、みんなモノとしての建築ばっかり教えるし、惰性的につくるからです。カタログ主義をやめて、人々の経験自体がなにかを捉えないとだめなんじゃないか。僕は世界でいろいろな教育の場につきあってきたけれど、みんな似ているわけです。言語も同じだし、新しい発想はなかなかないんです。つまり経験主義的なのです。

ですから、学際ということによってよくなるかはわからないですが、建築自体の教育なりつくり方なりを変えないとまずいのではないか。それに至るためには、先ほどの現象学の宿題をやることが、まず重要ではないかという気がします。

――「原広司：WALLPAPERS」展では、多領域にわたる膨大な古典の写経が展示されていました。「出来事としての建築」を考えるうえでも、自閉しがちな建築という枠組みを取っ払ううえでも、どのようなスタンスで古典に接することが求められるでしょうか。

原　ある事象をどう言ったらよいか、どう表現したらよいか。それを説明する言葉を探さなければならないと思うんです。その言葉を辿るんじゃないですか、古典に帰るというのは。集落調査では、この集落はなにを言おうとしたのか、なんのためにこうなっているのかということを、歴史に遡って考える。建築というのは、当時の人々が世界や宇宙をどう想像したかの現われです。その時代の文化が語ったなかに、それらの痕跡が残されているのではないかと考えて、古典に帰っていく。

そして、現在直面している問題を確かめてみる。私がなにを問題にしていまつくっているのか、どうすれば今日の建築として成立するのか、キーになることは一体なんなのかを説明することが重要です。世界の構築物は、そういう一つひとつを乗り超えてつくられてきたわけじゃないですか。

［二〇一四年一〇月一一日、原広司＋アトリエ・ファイ建築研究所にて］

第4章 アーカイヴ／学際性／キュレーション

知の際

磯崎新＋石田英敬＋南後由和

「知の際」は、

文＝阿部純

「知の際」は、建築家の磯崎新、情報記号論学者の石田英敬を招き、本書の編者である社会学者の南後由和を交え、以下の二点を軸に議論が進められた。ひとつは、今日の情報知の歴史的布置を一九六〇年代以降の思想の現場から再考すること、もうひとつはこれからの知の現場のプロデュースについてである。

磯崎と石田は、六〇年代、七〇年代を体感的に知る世代とその後続世代とでは、六〇年代のすべからく「前衛」であるべきという経験が共有されておらず、そこで思想の連続性が途切れているところに差があると指摘する。磯崎は、芸術運動やパフォーマンスのかたちで身近に起こっていた六〇年代の前衛思想が、ポスト構造主義の思潮にのまれてしまったことを振り返りながら、「決定不可能性」の時代における知の編集の場として「Any 会議」（一九九一―二〇〇〇）を構想したと述べる。また、理論のよりどころとして、異分野、異世代、異文化とのつながりを意識し、ひとつのディシプリンを異化しながら考えていくようになったことは自然の流れであったという。石田は、磯崎の振り返りに対して大学を組織する立場の経験から、新たな知の創出の場として進められつつある「東京大学新図書館計画」におけるハイブリッド図書館構想について語る。九〇年代の情報化、電子化の流れを鑑み、図書館の意義や機能自体を再考する必要があると述べ、検索システムや電子書籍を読むヴューアーの開発など、ＩＴを使った図書館環境の整備に多方面から取り組まれていることが説明される。

本書のテーマである「際」とは、磯崎による「間」概念に触発され南後によって掲げられたものである。「知の際」の鼎談を通して、領域横断的な知の現場とそれを組み上げていく場をプロデュースするひとつの手立てとしての「際」の概念が再確認され、新たな知の場の展開可能性が見えてきたところで本鼎談は締めくくられた。

なお、本鼎談はシンポジウムという形式の外で、本書用に録り下ろしたものである。

――本座談会では、今日における「知」のキュレーションの方法論について、次の二点を軸にお話しいただきたいと考えています。建築家の磯崎新氏は、展覧会、シンポジウム、論考といったかたちでひじょうにパフォーマティヴにアイディアを発表され、その影響は建築界にとどまりません。こういった活動の背景に、建築という分野の特性を見出すことはできるのか、つまり建築をめぐる知と学際性との関係について伺いたいと思います。二点めは、今日の情報環境を支える空間や組織の設計についてです。石田英敬氏は前東京大学大学院情報学環長であり、かつ現在は東京大学新図書館計画に携わられ、デジタル技術を駆使した知のアーカイヴを実践的に構想されています。学際性を支えるメディアや組織の編制について、それを意図することとなった背景をお聞かせ願います。

また、南後由和さんと大学院生が中心となって企画されているこの一連の〈建築の際〉も、建築を軸とした知のキュレーションをめぐるひとつの実験的試みです。こういった学際的な知を求める流れはどのような系譜のうえに成立しているのか、お三方の経験を交錯させながら紐解いていきたいと思います。

南後由和　安藤忠雄さんが設計された《東京大学情報学環・福武ホール》を会場として、連続シンポジウム〈建築の際〉を二〇〇八年から七回にわたり実施してきました。毎回、建築家と異分野の専門家、情報学環の教員という三者をお迎えし、建築という自明の領域に閉じこもるのではなく、異質なもの同士を衝突させていく過程で、「際」という輪郭を浮かび上がらせることで新たな「建築」という領域を「際」立たせていくこと、あるいは専門分野（ディシプリン）と専門分野が接する境界の「際」に立脚しながら、新しい知を紡ぎ出していくことを目指してきました。

また、二年に一度、海外に向けて学内の研究成果を発信し、学術交流をはかる目的をもつ「東大フォーラム」が、二〇一一年にはフランスのパリとリヨンにおいて、石田先生が中心となり「知の際」というテーマのもと開催されました。「東大フォーラム」での石田先生の言葉を借りますと、「際」という言葉は多義性をもち、「極み、極限」を示すと同時に「境目、物と物とが接するところ」をも意味しますし、「物事の様相が転換する時期」を指す言葉でもあります。

私自身が〈建築の際〉に関わったなかでの自己批判として、建築と、音楽や演劇や数学などとの関係性という「横の軸」ばかりに意識が向いてしまったことが挙げられます。例えば建築と映画とでは空間や時間の文法はどのように違うのかなど、建築と異分野における横断性について議論してきた一方で、「縦の軸」、すなわち雑多な領域を統合する〈建築〉という営みについて十分に考えることができなかった。

磯崎さんは、「色彩と空間」展、「空間から環境へ」展（いずれも一九六六）、大阪万博の「お祭り広場」（一九七〇）など、六〇年代から領域横断的なお仕事をされていらっしゃいます。いずれも横への越境であると同時に、それらを建築として統合すること、あるいは大文字の〈建築〉を指向する垂直（縦）に向かうベクトルを意識されていたと私は考えます。そこで今回は「建築の際」という概念を、横と縦の軸の両方を踏まえながら再考したい。また、磯崎さんは一九七八年にパリで「間――日本の時空間」展をキュレーションされていますが、この「間」という概念と「際」との、連続性や差異についてもお話を伺えればと思っています。

一方、東大の情報学環では「学際」をキーワードに掲げています。例えば八〇年代には、ニューアカデミズム（ニューアカ）・ブームなどがあったわけですが、学際は、それ以前の知のあり方、あるいは知のキュレーションのあり方とどう違うのかを石田先生にお訊きしたい。同時に、東大の本郷キャンパスでは、現在の総合図書館を改修する東京大学新図書館計画「アカデミック・コモンズ」構想が進められていますが、その取りまとめ役をされている石田先生に、知のアーカイヴ化についてもお話を伺えればと考えています。

世代の断絶とコラボレーション

南後　磯崎さんが六〇年代以降行なってきた領域横断は「事件」になりえましたし、それぞれが個別に切断された作品としても昇華されています。それに対して、現代はインターネットなどを介して、その分野を代表する人でなくても簡単に横につながることはできる。ですがそのせいでコラボレーションが陳腐化し、「事件」めいたアウトプットはなかなか出てこない状況にある。六〇年代と現代のあいだに横たわっている時代のギャップ、あるいは情報環境の差異とはどのようなものなのでしょうか。例えば、私は今回『磯崎新建築論集　第7巻　建築のキュレーション』（岩波書店、二〇一三）の編集協力と解説の執筆をさせていただきましたが、この『磯崎新建築論集』（全八巻、二〇一三―二〇一五）や、NTTインターコミュニケーション・センター（ICC）で行なわれた「都市ソラリス」展（二〇一三年一二月一四日―二〇一四年三月二日）などで、磯崎さんは、若手の建築家や研究者と積極的に対話をされ、彼らを巻き込みながら企画を進めていらっしゃいますね。

磯崎新　『建築論集』に関しては、岩波書店からこれまで書いてきたものを整理して記録として残さないかという話があったんです。ですがさすがに五〇年代、六〇年代のことは詳細には覚えていませんから、最初はなかなか乗り気がしなかった。そこで、南後さんをはじめ若い人たちに編集協力者として入ってもらうことにしたんです。

じつは経験上、自分と三〇歳以内の年齢差であれば、年上、年下にかかわらず、たとえ意見が対立したとしてもお互いの言っていることは理解できるんです。ところが、三〇歳以上隔たってしまうと、同じ言葉を使い、同じ領域で同じ問題について話しているはずなのに、理解できないということがしばしば起こる。僕は一九三一年生まれですので、一九六一年以降に生まれた人は、僕にとって異世界の人です（笑）。ですからこのシリーズでは、三〇年の隔たりに決定的な思考形式の違いがあるという前提に立って、下の世代の人たちに自由に料理してもらったんですね。つまり、僕はなにを言われても黙っていることが基本方針だった（笑）。

「都市ソラリス」展に関連したトーク・セッションでは、僕のこれまでの活動をさまざまに振り返る機会があました。南後さんにも「お祭り広場」をテーマにした回で参加してもらいましたが、大阪万博の見方ひとつとってもそれぞれ全然違うわけですね。

僕がこのことを考えるきっかけになったのは、『二〇世紀少年』（浦沢直樹、小学館）というマンガで、万博を経験できなかった人のコンプレックスによって出来事が起こされる話が描かれている。例えば、ここ十数年のあいだに岡本太郎に関する本がたくさん出ましたね。それらを書いた人たちは、まさに「二〇世紀少年」です。つまり、実際に太郎に会っていないし、万博にも行っていない。椹木野衣にしても、万博に行かなかった経験が、彼を万博マニアにしているところがある。一方僕は、一九七〇年当時は四〇歳になる頃で、万博の計画に関わったあげくに挫折し、そこで一区切りさせられた側面がある。

――私たちも後追いの「二〇世紀少年」ですから、磯崎さんのお仕事の半分以上を歴史としてしか学べないわけで、そうしてはいけないと思いつつもクリアにまとめてしまうところがあります。そのことを自覚したうえでの質問なのですが、『反回想 1』（エーディエー・エディタ・トーキョー、二〇〇一）を読んだ印象では、磯崎さんの六〇年代から七〇年代にかけての「プロセス・プランニング論」（一九六二）や「お祭り広場」のようなお仕事には、コラボレートしながら前進させていこうとする明確な意志を感じます。

磯崎　それはあるかもしれません。僕は一九五四年に大学を卒業していますが、その頃に岡本太郎と丹下健三がコラボしたことがあった。僕はちょうど丹下さんの研究室にいたので、丹下さんから言われて太郎のところでいろいろと手伝っていた時期があるんです。太郎の南青山のアトリエ（現「岡本太郎記念館」、坂倉準三設計、一九五四）ができ、「現代芸術研究所」という名前で塾のようなことをやっていた頃でした。批評家の花田清輝や勝見勝、写真家の石元泰博やグラフィック・デザイナーの亀倉雄策などの講義があり、学生だった僕らも聴講しました。

五五年に発足した日本デザインコミッティーの初期メンバーは、太郎が現代芸術研究所に呼び集めた連中とほぼ重なっている。その後、アメリカのコロラド州アスペンでデザインの国際会議が行なわれ、参加者である剣持勇などが中心となり、六〇年に東京で世界デザイン会議をオーガナイズすることになる。浅田彰の伯父である浅田孝が事務局長を務め、これを機にメタボリズムの建築家たちが注目を集めました。

芸術の「総合」からシミュレーションへ

南後　磯崎さんのひとつ上の世代の丹下さんや岡本太郎さんは、芸術の「総合」という言い方をしていました。磯崎さんが六〇年代に関わられた「色彩と空間」展や「空間から環境へ」展における領域横断と、お二人の言う「総合」とは、どのような相違点があると捉えておられますか。

磯崎　僕が六〇年頃に一緒に活動していたのは、学生時代の友人をはじめ、年齢が近かった人たちでした。寺山修司が歌人として評価され、ラジオや映画、演劇などに活動の幅を拡げ始めたり、松本俊夫が劇映画をつくりたいと言っていた時代です。そのなかのひとりに勅使河原宏がいた。宏はご存知のように、華道の流派である草月流の創始者、勅使河原蒼風の長男です。宏は家元制度に反対し、とにかく親父の後は継ぎたくないと考え映画をつくっていました。安部公房原作の映画『他人の顔』（一九六六）では、武満徹が音楽、僕が美術として呼ばれました。宏は自由な考えの持ち主で、短編映画では自分とまったく違う感覚で撮る石元泰博を撮影監督に抜擢したりしていましたね。このように異なった分野の人たちが集まってなにかをつくる現場に身を置いていたので、「総合芸術」という言い方をしたくなるのは理解できましたが、同時に「総合」してなんの役に立つのかとも思っていました。映画制作は一種のコラボレーションです。当時、新宿にたむろしたさまざまなアーティストとつき合うなかで、都市デザインを志してはいても、そんな領域さえ成立していない時期でしたので、建築、アート、写真、グラフィックなどの異なる領域がつながっていくようなつくり方がありうると考えていました。既存の都市の上空に別の都市を組みたてる「空中都市」のような空想でしかないようなイメージを描いていたりしていたのが、美術領域の人たちの眼にとまって、誘いこまれたことが始まりでした。ひとつの場に起こるインタラクティヴなコトに関心をもっていました。それが「空間から環境へ」展のひとつのきっかけになったことは確かです。他方で、ニューヨークでマース・カニンガムが行なっていたパフォーマンスにも影響を受けました。舞台美術をジャスパー・ジョーンズやロバート・ラウシェンバーグが手がけ、ジョン・ケージの音楽に合わせてカニンガムが踊っていたわけですから、これも一種のコラボですね。

ともかくあの頃は、ひとつの筋が見えなくなりつつある時代で、みんなさまざまな領域を混ぜることでなにかが生まれるかもしれないという曖昧な動機に基づいて活動していましたね。

南後　芸術を「総合」することに対する疑問についてもう少し詳しくお聞かせいただけますか。

磯崎　当時、僕はテープ音楽や電子音楽の人たちともつきあいがあったんです。一九五五年にできたＮＨＫ電子音楽スタジオは、日本にシュトックハウゼンを招聘して作曲を依頼するなど、電子音楽における先駆的な役割を果たしていました。スタジオにはテープ・レコーダーやコンピュータを使って作曲をフォローする技術班がおり、彼らは音楽の世界にとどまらず映像分野のつくり手とつながりをもっていました。僕が身を置いていた建築や都市の領域は、彼らと比べると後衛もいいところで、小回りが利かないのでほかの分野との接点がなかった。それでも、音楽や映像の連中とつきあおうというのが僕の当時の気分でした。音楽やアートと同じような方法でプレゼンテーションをしたり、あるいは、模型やコンセプトだけで都市を考えてみる。そういった態度でやってきた活動が、結局は領域横断につながったのだと思います。

また、じつは当時プログラミングによって自由に音を組み立てうるシンセサイザーが出てきたことが大きかった。しかもさまざまな音を模倣できるので、その機能によって新たなコンセプトが生まれたことが重要だった。シンフォニーは指揮者がいてオーケストラがあって成立しますが、シンセサイザーであればコンダクターはいらず、楽器ひとつでミキシングしながらひとりで演奏できる。シンセサイザーは、音を「統合する（Synthesize）」ための楽器ですが、より重要なのはシミュレートできることでした。シミュレーションには基になるものを模倣しながらつくり替えてしまう側面があり、いわば虚像を組み立てていくものだと理解したんです。六〇年代に流行った「コラボレーション」や「コーディネーション」から「シミュレーション」へと重心が移れば、領域を組み合わせていくようなまどろっこしいやり方は必要なくなるのではないかと期待していたのですが、必ずしもそうならなかったことが反省点ですね。

前衛の死と「間」「際」、デュシャンの「アンフラマンス」

南後　結果はさておくにせよ、統合ではなく、シミュレーションによってつくり替えてしまおうとするスタンスが、磯崎さんのひとつ上の世代との相違点ということですね。丹下さんや岡本太郎の「総合」には、どこか領域（ジャンル）の輪郭を自明視しているところがあって、それを解体することはなかったと思うんです。磯崎さんは、領域の輪郭をどのように捉えられていたのでしょうか。

磯崎　元来「テクネ」で技術も芸術も区別がなかった。ルネサンスの頃では、「アーティスト」は絵画、建築、デザイン、舞台装置、なんでもやっていました。領域というかジャンル分けが発生したのは、せいぜい近代になって制度化されたためでしょう。職能的卓越性が求められたのです。無理して領域の輪郭をつくってきた。つくる側の「アーティスト」は本来的に越境しているのではないですか。先ほどお話ししたように、僕は五〇年代に丹下さんと太郎の両方に接して勉強していましたが、そもそもこの二人はまったく違う。丹下さんはすべてを統合しないと気が済まない人です。自分はコンダクターで、オーケストレーションするのが建築の設計だという考えをずっともっていた。正統的な弁証法に則って「正／反／合」の「合」をやるという立場です。一方、太郎は対極主義で、異質なものが衝突するときのテンションこそがいいんだと言う。弁証法で言うと「正／反」までつくって「合」を消す。それで本人もどこへいくのかわからないから「爆発」になるというロジックです（笑）。そうした「合」に回収されない力を、彼はアートだと言っていた。
このように対称的な二人が先生でしたから、こっちとしては手のつけようがなかった。体質的には太郎のほうが合っているけれど、方法的には丹下さんに学ぶところが多いという感じです。そこで二人の後を追っていては限界があるから、こちらとしてはずらすしかないと考えた。ではどうずらすかというときに、七〇年代半ばだったと思いますが、ミシェル・フーコーの、時代ごとにパラダイムを変えていくような見方こそが、マルクス＝ヘーゲル的な弁証法に代わる新しいロジックになるのではないかと考えました。

石田英敬　私は一九五三年生まれで、磯崎さんの三〇年の枠のなかに入っているので、七〇年代のことも辛うじて同時代のこととして理解できます。ジャン＝ポール・サルトルの『弁証法的理性批判』（一九六〇〔邦訳＝竹内芳郎＋矢内原伊作訳、人文書院、一九六二〕）くらいまでは、多くの人が共有する枠組みがあったと思うんです。
大学で教えていると、いまの若い人が六〇－七〇年代に興味をもっているのだと感じはします。ですが、当時といまを比較し連続性がなくなったものとして、前衛の経験が挙げられると思います。六〇年代は政治的にも文化的にもすべからく前衛であるべきという考えが支配的でした。そういう感覚が土方巽の暗黒舞踏や唐十郎の紅テントなどの土着的なムーヴメントや、一柳慧やオノ・ヨーコなどのパフォーマンスと結びついて、ある種のダイナミズムをもっていた。ところが七〇年代の半ばには断絶が生じる。

磯崎　それはありますね。僕はデリダやドゥルーズをアートの文脈で紹介した美術批評家の宮川淳さんとつきあいがあり、彼の影響でフランスの現代思想に関心をもち始めたのが七〇年代でした。

石田　ポスト構造主義と呼ばれるフランスを中心として興った現代思想が弁証法的思考を葬り去ったわけですよね。それによってメタ言語が変わったため、それ以前の思考が理解しづらくなっている。

磯崎　じつは五〇年代にもアヴァンギャルドの議論があり、日本において美術の文脈で担ったのが、瀧口修造と岡本太郎と花田清輝の三人です。このうち瀧口はシュルレアリスムに代表される二〇年代のパリのアヴァンギャルドを文献によって研究し、日本に紹介した。一方、太郎は一〇代のうちにパリに渡って、マルセル・モースの講義に出たり、ジョルジュ・バタイユと関わったりと、三〇年代のパリのアングラ文化がベースになっている。花田清輝は右翼系の政治団体である玄洋社と関わったこともあって、ファシストからの転向者だと糾弾されたりもしましたが、いわゆる左翼が考える正統的なアヴァンギャルドを推し進めた人だと言えるでしょう。ですから、アヴァンギャルドといってもその内実はそれぞれ異なりますが、いずれにせよ当時はアヴァンギャルドでなければアーティストではありえなかった。政治的にも美学的にも、ユートピアを目指す運動としての前衛という点では共通しています。

僕は六八年のミラノ・トリエンナーレに参加し、《エレクトリック・ラビリンス》というインスタレーションを出品したのですが、パリで起こった五月革命の影響で公開できなか

ミラノ・トリエンナーレ会場のようす
提供＝Arata Isozaki & Associates

磯崎新《エレクトリック・ラビリンス》
提供＝Arata Isozaki & Associates

ったんです。こちらとしては反体制のイメージでつくっているにもかかわらず、学生たちから体制側の作品だと糾弾される。そういう不条理をリアルタイムで経験しました。あの頃はなにをやっても一筋縄ではいかなくて、結果が裏返ってしまうようなことがしばしば起きる奇妙な時期でした。そういうこともあって、それまでの弁証法的思考とつきあっているとヤバいのではないかと思い始めた。大阪万博でもミラノのときと同じような状況、立場で僕は動いていたところもあり、どう後始末をするかという問題をいまだに引きずっている。そういう意味では、七〇年の段階でアヴァンギャルドは死に、それ以降は歴史概念になったのだと僕は理解している。そしてその流れにトドメを刺したのが、フランスのポスト構造主義と呼ばれる思潮や、それを輸入した人たちだと思うんです。

石田　磯崎さんが七八年にパリで行なった「間」展もターニング・ポイントになっている気がします。

磯崎　「間」展には、ミシェル・フーコーやロラン・バルトも来て、ひじょうに関心をもってくれた。その後象徴的な出来事が起こります。八四年に日仏文化サミットが日本で行なわれ、僕も参加しました。そのときに、フランス側の参加者はみんな一様に「間」について訊いてくるわけですが、日本の人たちはなぜそのようなやりとりがされているのかがわからない。僕は、日本人であれば「間」についてはわかっていると思っていたので、日本では展覧会もやっていないし、とくに紹介もしなかったんです。どう説明したものかと返答に窮していたら、たまたま別の回のカンファレンスに参加していたジャック・デリダが客席にいて、「間」とはこういうものだとうまく説明してくれた（笑）。

ただし、同じフランス人でも建築界の人たちからはいじめられましたね。僕は、フランス革命前後のレヴォリューショナリー・アーキテクトであるクロード＝ニコラ・ルドゥやエティエンヌ＝ルイ・ブレを参照しながら自分の仕事を紹介していたのですが、彼らからは、日本人ごときに理解できるはずがないと反撥されました。

これは「間」展を企画したときからつきまとっている問題でした。僕らはモダニズムの建築を教えられてきたわけですが、教科書として読んだのは、建築史家のジークフリード・ギーディオンが戦争中にハーヴァードで行なったレクチャーをまとめた『Space, Time and Architecture』（一九四一〔邦訳＝『空間・時間・建築』、太田實訳、丸善、一九五五〕）です。この『空間・時間・建築』の「空間」と「時間」は、カントが棚上げした基体概念です。「建築」は建築的なストラクチャーという用法とすれば、これもカントの言っていた話に近い。ギーディオンは近代建築をそれで全部説明できると考えたと思われます。

ところが日本には、歴史的に「空間」も「時間」も「建築」もない。にもかかわらず、独自の空間性、時間性、構成をもったモノやコトがつくりだされています。SPACE＝空（VOID）＋間（MA）、TIME＝時（CRONOS）＋時間（MA）と一九世紀になって訳されたにすぎない。ほとんど造語です。含意があります。このことを外に向けてどう伝えるかを考えていたときに思いついたのが「間」だったのです。こうした背景があるので、カントを読み込んでいるフーコーやバルトやデリダは即座に反応してくれましたが、建築家は全然ダメだった。フランスには、日本人には理解できない固有の文脈があるのだと言うわけです。でもそれでは昔からある東西の対立となんら変わらない。フーコーの日本への紹介者で石田先生の先生でもある渡邊守章なんかは、そういうことを痛感していたと思いますよ。

石田　サルトルぐらいまでは「西洋の哲学」でしたが、ポスト構造主義になると、西洋的なロゴス中心主義からの脱却を図ろうとしています。磯崎さんが時間と空間の分節点に「間」という概念を提示されたからこそ、フランスの思想家たちは強い興味を示した。一方の渡邊守章さんは、能などに代表される日本の身体所作が、西洋の文脈とはまったく違う点に着目していました。

磯崎　守章さんは向こうの言語をすべて知ったうえで、日本の身体を考えているところがある。すなわち、言語で勝負しようとしても勝てないので身体論に着目した側面はあると思うんです。僕も西洋のモダニズムを学びながらも日本の土着的な文化や問題をどう取り出すかをやってきたので、その点でとても共感できます。

南後　〈建築の際〉でも東大フォーラムの「知の際」でも、「際」という言葉がキーワードになっていますが、石田先生は磯崎さんの「間」と「際」とのあいだにはどのような共通性と違いがあるとお考えですか。

石田　「際」は、磯崎さんの「間」ほど大それた試みではないので、比較されると恐縮するのですが、「知の際」を考えるときに前例としてあったのが、南後君たちの〈建築の際〉で、率直にいい言葉だと思いました。「際」という言葉をフランス語に——例えば「frontière」とは——訳せない。そうなるとみんな「kiwa」と言い出すだろうと考えました。「間」についてもフランスでは「ma」と言っていたわけですよね。

磯崎　マルセル・デュシャンが残したメモのなかから、彼の死後「アンフラマンス（inframince）」という謎の言葉が見つかりました。英語で言うと「ultra-thin」を意味する造語で、東野芳明は「極薄」と訳しています。目に見えない「際」がわれわれの周りに存在していることを説明するための語であり、例えば、椅子から立ち上がった後には体温など、僕らがそこに座っていたという痕跡が微かに残りますが、それを「アンフラマンス」だというんです。つまり、ほとんど見えないような「極薄」の隙き間が、この世とあの世の境界のように、こちら側と向こう側を入れ替えるものとして働いている。どうもデュシャンは、自分の作品ではそうした見えない境界を組み立てることだけをやってきたと言おうとしたらしいのだけれど、うまく説明できないままに作品だけが残ったわけです。

次世代型の図書館環境の構築——ネットワーク化とアーカイヴ化

磯崎　先ほど南後さんからお話がありましたが、現在、東大の本郷キャンパスでは、新図書館計画が進められているそうですね。

《せんだいメディアテーク》（伊東豊雄、二〇〇〇）で僕がコンペの審査委員長を務めたのは、ちょうど、既存の図書館機能に加えてデジタル・メディアを併せて収集していくマルチメディア図書館「メディアテーク（médiathèque）」が、フランスでつくられ始めた頃でした。であればこれを機に日本初のメディアテークを主題にしたコンペを行なおうと考えたんですね。また、図書館や展示場やシアターや公民館といったさまざまな用途を複合した一種の文化センターにしたかった。そこで、コンペに際しては、クリストファー・アレグザンダーの都市論にたとえて言うと「ツリー」ではなく「セミ・ラティス」、あるいはドゥルーズ＝ガタリで言えば「リゾーム」状に空間や用途を構成できるように、事前にプログラムを作成したという経緯があります。

石田　情報化によって前提がさまざまに変わっており、やはり新図書館計画においては、新たな図書館の位置づけを考えなければなりません。改修予定の総合図書館は一九二三年の関東大震災で一度焼けていますが、ラディカルな言い方をするならば、九〇年代の情報化によってもう一度焼けたのだというくらいの認識をもって取り組まなければならない。現在の図書館には、実際に人々が集まる場所としての機能と、ネットワークを通じて本に直接アクセスする機能があります。理系の研究者が多く利用するのが後者の機能です。じつは総合図書館の年間総予算の八割近くが、電子ジャーナルの契約料なのです。こうした現状の対策として、アメリカの例なのですが、コロンビア大学とニューヨーク大学とイエール大学のあいだでは、書籍をコレクションする際に、二つの大学が電子書籍を、残った大学が紙の書物を購入するというような役割分担が行なわれているそうです。
他方で、従来の紙の書物にアクセスするために図書館を訪れる人たちもいまだに多くいます。しかし、現状では書物はどんどん電子書籍化していく傾向にあり、手に取れる書物が少なくなればそれだけ図書館を訪れる動機も同時に失われていくことになります。利便性だけでなく場所としての求心性も考えなければならない。すなわち今後は図書館ならではの付加価値を創出する必要があります。例えば、電子書籍においては紙の書物と比較した際の可読性にまつわる問題が依然としてありますので、これに対し紙の本と電子書籍を相互利用できるハイブリッド図書館を構想しています。また電子書籍の利点を活かすことの例として、読者が電子書籍上に自由に書き込めるヴューアーを共同開発しています。あるいは、図書館を訪れることでより詳細な検索ができるシステムや大学独自のレコメンデーション・システムの導入など、ＩＴを使った図書館環境をどのように構築していくか、さまざまな実験をしている段階です。

磯崎　僕は七〇年代に、いままさに石田先生がおっしゃったような情報のネットワーク化というコンセプトを「電脳都市」として提示しました。当時はこうした考えを実現するデヴァイスはなかった。そこで猪瀬博先生に助言を仰いで、コンピュータを頭脳とした都市が考えられないだろうかとプランを練ったのです。超巨大コンピュータをひとつ置いたら、都市はその周りに自生的にできあがるだろうと。世に言うインスティテューションは、発生時にはシンプルなものです。例えば、木の下で教師が生徒に語りかけるだけで学校になる。ソクラテスの時代にそのようにして学校が始まり、制度化することで大学になり、さらに諸大学のネットワークへとつながっていった。病院やスポーツ施設などの都市施設は、個別に発達したインスティテューションであり、それらをまとめたものが都市だと考えるなら、都市の脳はコンピュータに代行させればいいのではないかという短絡的なロジックだった。そのようにしてつくったのが七二年の《コンピューター・エイデッド・シティ》です。当時から一般的に考えられていたことでしたが、NASAのオペレーティング・システムや宇宙船のロボットを、宇宙ではなくて、われわれの日常的な都市に適用できないだろうかと発想したんです。

石田　情報のネットワーク化の実現に関しては、あらゆるデータがデジタル化可能になったことも大きいでしょうね。二一世紀になると「Web2.0」に代表されるように、情報の秩序づけがクローズアップされるようになりました。そして、すべてがアーカイヴ化されるようになり、それを記憶として構造化している文化とはなにかという問題が前景化してきました。二〇世紀末の一九九〇年代に始まったインターネットによる世界の情報化はまずすべての事象をネットのなかに投げ入れる情報化として始まった。これが「Web1.0」だったとすると、その一〇年を経て世界中のほぼすべての情報がネットのなかに収容された。つづく二〇〇五年頃からの次の一〇年は、ネットのなかの情報を秩序づける「情報の組織化」が課題となった。「世界中の情報を組織化しアクセス可能にする」というGoogleの宣言がそれを示しています。そうなると「セマンティック・ウエブ」と呼ばれる、ウエブの「意味」をある程度扱うことができる技術が基盤となっていく。そうなるとネットは、たんなるデータの集積と整理だけでなく、「文化」の構造を反映する構造をもち始めるわけで、ネットの観点から文化とはなにか、情報を秩序づけている「記憶の体系」としての文化の問題が浮かびあがってきたわけです。

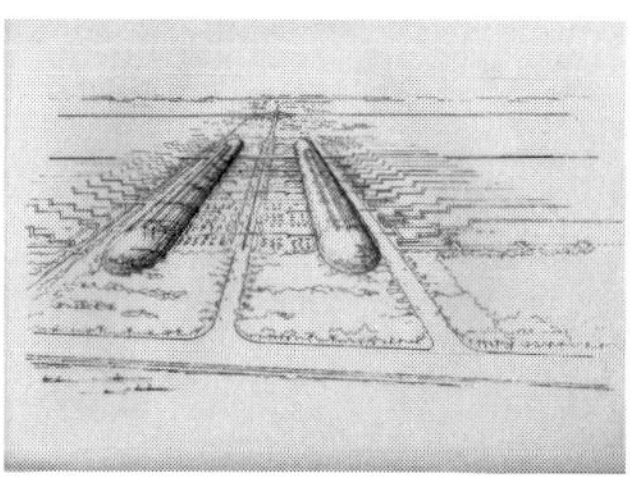

磯崎新《コンピューター・エイデッド・シティ》
提供＝Arata Isozaki & Associates

電子書籍と紙の書物の違い

石田　ハイブリッド図書館構想についてお話ししましたが、同時に電子書籍と紙の書物のぞれぞれをどのように読めばいいか、「ハイブリッド・リーディング」という実験を行なっています。ウンベルト・エーコが言うように、本は何千年もかけて開発された高度に完成された技術なので、電子書籍のような違う枠組みに当てはめたときにどうなるかはいまのところ不透明です。例えばカントの『純粋理性批判』を現在の電子書籍で読むのは難しい。ではなぜ、理系の研究者が電子ジャーナルを好むのかというと、同じテーマで書かれた記事を一〇ページくらいずつ連続して読む方法を採っているからなんです。けれども、本はもともと知の構造体であり、読み手の記憶とアフォーダブルな関係を築いている。われわれは読んだ内容に関して「本の後半、右側のページに書いてあった」というように空間的に記憶しており、そういう意味では本は建築的なものと言えます。

磯崎　そう言われますが、建築家のほうにはこれまでそういう認識がなかったんですよ。個人的には、本は建築だと思っていますが。

石田　私はマラルメで博士論文を書いたのですが、彼は本を「architectural et prémédité（建築的であらかじめ熟考された）」と定義しているんです。近年、脳神経科学の分野において、文字の認識についての研究がかなり進んできています。認知科学者の下條信輔さんが神経生物学者のマーク・チャンギージーと共同で書いた有名な論文があります（Mark A. Changizi, Qiong Zhang, Hao Ye, and Shinsuke Shimojo, "The Structures of Letters and Symbols throughout Human History are Selected to Match those Found in Objects in Natural Scenes," *American Naturalist*, Vol.167, No.05, 2006）。それによると世界にある何百という文字体系、何千という漢字、さらには、交通標識や音符など何千という人工記号を要素に分解すると、すべて三ストローク以内で書けるというんです。人間には動物と同様に自然界のなかにあるモノとモノとの境目や重なりなどを見分ける機能が備わっていますが、その際に適用される空間識別のパターンを取り出したうえで、世界のあらゆる文字種を当てはめて分布をとると、完全に対応するらしいのです。つまり、自然界では、遠くから見て手前の物と背景とが境目になっているところは、Iのように一本線が引かれているように見えたり、縁の部分はLのように折れ曲がって見えたり、クロスしている部分はTやXやYのように見えたりというぐあいに、自然界の事物の位置関係を見分ける際の視覚的な手掛かりとなる特徴が、文字の要素のなかに取り入れられて記号をつくりだしているということがわかってきた。漢字のような複雑な構成をもつ文字でも、偏や旁のような要素に分解すればやはり横棒やT字やX字のような三ストローク以内で書ける視角要素に還元できるわけで、それらは自然界を見分ける際に手掛かりとなる空間識別パターンと対応しているという仮説です。

また、コレージュ・ド・フランスの認知心理学者スタニスラス・ドゥアンヌは、著書『Reading in the brain』（二〇〇九）において「ニューロンのリサイクル仮説」という理論を唱えています。文字の学習に際して、人間は動物が先天的にもっている空間識別の中枢を、文字を見分けるシステムに振り向けて、脳の可塑性を通して後天的習得によって「文字中枢」を獲得すると言うんです。

これらをふまえて考えると、空間を識別するのと同じ回路で文字を読むことが行なわれており、その意味で読書は空間的な経験だといえます。一方、電子書籍を端末で読む場合は、二次元的な経験と言えます。したがって、記憶をサポートするという意味においては、電子書籍は、紙を建築的に構造化した本よりも劣っているわけです。

南後　デジタル化以前の話ですと、建築学科出身のグラフィック・デザイナーである杉浦康平さんも書物を建築として捉えている方で、表紙・扉が入り口で、ページをめくるという行為によって空間と時間のシークエンシャルな経験が立ち上がるとおっしゃっていますね。

八〇年代から九〇年代にかけての知の動向

南後　これまで六〇年代から七〇年代と、九五年以降の話はすることができたのですが、そのあいだの時期の話題が抜け落ちてしまったので、最後にその点について言及できればと思います。まずは石田先生、八〇年代から九〇年代にかけてのポストモダニズムの興隆やニューアカ・ブーム、さらにそれらと二〇〇〇年以降の東大の情報学環との比較についてお聞きかせいただけますか。

石田　九〇年代の東大の駒場キャンパスは『知の技法』（小林康夫＋船曳建夫編、東京大学出版会、一九九四）に代表されるように、蓮實重彥さんや渡邊守章さんの世代が築きあげてきたものが開花し、八〇年代のニューアカ・ブームが、アカデミズムに入ってきた時代です。僕は九二年に教師として駒場に戻ってきた際に、守章先生から「お前は記号論を教えないとダメだ」と言われ、授業を担当することになった。出版市場だけで仕事をしていれば「記号論はもう古い」と切り替えてほかのことをやれるのですが、インスティテューションのなかでは、一度できた科目については、たとえ枠組みが古くなっても教え続ける必要がある。当然教えるとなれば、理論を時代に合うようにカスタマイズしていくことが求められます。これは、出版市場だけで繰り広げられていたニューアカ・ブームを経由して、現代思想がアカデミズムのなかに入ってきたことのよい側面だったと思います。

二〇〇〇年に本郷に情報学環をつくるにあたり、僕は駒場から出ることになった。その頃、「情報」は、少なくとも文科系にとってはまだ真新しい「異文化」でした。そこで、どう自分の研究分野から橋渡しをしようかと考えたときに、記号論が浮かんだんです。情報と言ってもライプニッツまで戻って、計算科学に向かう方向と、意味の形式化に向かう方向とを扱えばつながるだろうと。

ポスト構造主義の次の展開としてどのような流れがありうるのかを考えるには、ポスト構造主義とはなんだったのかを考える必要があります。ポスト構造主義はしばしば言語革命と言われますが、どちらかと言えばメディアとしての文字の問題、つまり機械が書く文字の問題を人文科学の言葉で語るとポスト構造主義者になるということが、情報学環に関わったことによって事後的にわかってきた。

いま、知のクライシスがあるとするならば、それは人文科学という領域そのものの危機だと思うんです。ポスト構造主義の時代にしても、『知の技法』のときにしても、従来の枠組みから外に出ようとしていたわけですが、そうやって外に拡張された人文科学が現在のように情報化によりさらに危機に瀕したときに、古い文学部的ディシプリンに戻ろうとするような動きが出てきている。それは人文科学の言説が、「メディア」という「機械が書く文字」を人間の言葉にしているという認識が足らないからだと思うんですね。人文科学は人文知という文字の知を基礎として成り立ってきた。しかし、二〇世紀以降は「機械が書く文字」の時代へと移行してきた。メディアというのは、フォトグラフ（光の文字）、フォノグラフ（音の文字）、シネマトグラフ（運動の文字）という命名が示しているように、機械が書く文字のことです。私はそれらを「テクノロジーの文字」と呼んでいますが、そのテクノロジーの文字が文化を書く時代が二〇世紀以降の人類には全面化していく。構造主義者、ポスト構造主義者たちはそのテクノロジーの文字が書く文化を読み解くことに先鞭をつけた人々でしたが、デジタル革命によって、その文字がさらに数字になって計算機で扱われるようになった。拡張された人文科学は、だから、さらにもう一度ヴァージョンアップされ直す必要がある。つまり、人文科学をもっと大きく情報の問題として捉え直していく必要がある。

二〇世紀の知の革命を語るときに、起源にあるのはソシュールやフロイトやフッサールなど一九〇〇年頃の思想家たちですが、彼らは一九世紀的なフンボルト型大学の枠組みでは、位置づけられない人たちばかりです。例えば、ソシュールの音韻論はたしかに言語革命ですが、フォノグラフという新しいメディアがなければ生まれえなかったもので、それが旧来のフィロロジー（文献学）を終わらせた。つまり、ソシュールの記号学は、文字で書き留める言語研究ではなく、フォノグラフという別の文字で書き留める知の体系なんですね。

こういう傾向はフロイトにしてもフッサールにしても認められます。フロイトは映画をモデルにして「心的装置」を考察していると読めるし、フッサールはレコードで再生されるメロディを題材にして「内的時間意識」の問題を提起している。二〇世紀の知をつくったのは、こうした「文字革命」のなかで、人間の知覚や意識の成り立ちを捉え返す仕事を行なった人々であって、極めてしっかりした人文的な教養を基盤として、二〇世紀のテクノロジーがもたらした新しい文字による知の書き換えを実行できた世代こそ、フーコーやデリダらのポスト構造主義の世代だと思っています。彼らの世代までは、テクノロジーの革命を受けとめるしっかりした古典的な教養をもっていました。

磯崎　いまはなくなってしまいましたね。外部化された記憶を検索すれば事足りると思われている。

石田　そうした発見力が使い切られて枯渇すると、人文的な知が後退し始めるという面があるのではないでしょうか。

Any会議をめぐる知と建築の動向

南後　磯崎さんにも九〇年代のお話をお聞きしたいのですが、私が大学に入学した九八年は、磯崎さんが中心となって組織された建築と哲学をめぐる国際会議である「Any会議」（一九九一－二〇〇〇）が後半に入った時期でした。Any会議において磯崎さんは、レヴイ＝ストロースの「構造」にしても、デリダの「脱構築」にしても、すべて建築のメタファーで語られているのではないかと指摘され、建築と哲学の主従関係を転倒させてみせた。そこには、たんに建築と異分野の横のつながりを探るだけではなく、シミュレーションによって虚像を組み立てることに終始するのでもなく、横のつながり自体を包摂していく営みとして〈建築〉を組み立て、延命させようとする磯崎さんの強い意志が感じられました。

磯崎　モダニズムの時代は「運動」が歴史を駆動する原理になっていた。建築で言えばメタボリズムの時期までは、運動を通じてグループが形成され、記録として残ってきた。美術史を見てもそうですね。キュビスムにせよ、未来派にせよ、全部「運動」であり、「派」や「スクール」です。しかし七〇年代以降、運動が説得力をもたなくなった。建築のコンペに関しても、以前であればおもしろい案は始めから見えていたので、その案をオーソライズするためのシステムという側面が強かった。ところが、八〇年代以降、僕もコンペの審査員を務めることが多くなったのですが、選んだ建築を正当化する理論をどのように組み立てたらよいのか見えなくなってきた。しかも、僕は無名の建築家を推すことが多かったので、ほかの審査員を説得する理論がより必要になるわけです。建築家にしても評論家にしても、じつはそれまでは表象で建築を選んでいたんです。例えば、以前であればヘッドクォーター・ビルという様式があり、大きな会社には会社自体を表象するような本社ビルが必ずありました。ところが、会社そのものが簡単に潰れたり統合されたりする時代になると、ヘッドクォーター・ビルも存在しなくなっていく。建築家は貸ビルをつくり、企業はそこにテナントとして入る。だからなにを表象させて設計すればいいのかがわからない状態になっている。

いままでの思考形式が七〇年代で揺らいで、八〇年代には完全に崩れた。当時、ポスト構造主義者たちは「決定不可能性」ということを言い始めました。モダニズムの時代にはあったはずの決定の手がかりが見えなくなり、そのときに権力を有している者が「これだ」と言えば、それが決定になってしまう。しかし、それは決定的な決定ではないわけです。もはや表象を支える根拠も、決定する根拠もありえなくなった。ようやく二〇〇〇年くらいになってわかったのは、ファッションで言うとブランドです。ブランディングによって、ある種のセレクションができあがる。そしてブランドのなかにアイコニックなものが見つかれば、それが決定になる。ファッションのブランドやアイコンが組み立てられているのはどうもメディアのメカニズムしかない。つまり、領域プロパーのロジックではなにも決まらない。領域の外側に流れているもの、今日では広義のメディアじゃなかろうか。そこはみなさんが専門だから僕は説明できません。個別領域の外にある。これは都市の仕組みに近いと思われます。だから僕は、そういう古いシステムによってつくられる巨大建築は、《東京都庁舎》（丹下健三、一九九〇）が最後で、同じ論理でつくってもあとは粗大ゴミにしかならないと言ったのです。

一九七〇年頃にたまたまノーム・チョムスキーの生成文法理論を建築に読み替えたピーター・アイゼンマンの論文を読んで、興味をもったんですね。しかも、向こうから見ると僕は異化理論のようなことをやっているらしいということで、彼の主催していたマンハッタンにあった建築都市研究所（ＩＡＵＳ、通称「インスティテュート」）に呼ばれ、八〇年くらいからつきあうようになったのです。そして、モダニズムがやったような運動をやっても意味がない、だったら会議を組織しようと、彼と始めたのがAny会議だった。当初はデリダが参加したこともあって、Any会議の前半では、彼の脱構築理論をレファランスする建築家が多かった。一方、九五年頃からは、若い建築家を中心に、CGを使ったプレゼンテーションが増え、彼らは自分たちのやり方を理論化するときの手がかりとしてドゥルーズの哲学を使い始めた。

いまにして思うと九五年頃はいろいろな意味で転機になっていて、レム・コールハースたちによってメタボリズムが再評価されたのもこの頃でした。しかもメタボリズムそのものではなく、自律した建築から、集合としての都市のなかに建築を捉え直す試みの先駆けとして再評価されたところがある。その頃グレッグ・リンという若い建築家がさまざまなプロジェクトをコンピュータを使って設計し始め、レムとともにAny会議の後半の中心的なポジションを担うようになっていった。

六〇年代から七〇年代にかけてキャリアをスタートさせた僕らの世代の建築家たちは、建築の自己言及的な批評性そのものを建築化するという方法論を共通して採ってきた。アメリカのニュークリティシズムの方法論に近いもので、建築なら建築という自律した領域に特化するやり方です。ところがコンピュータを使って設計をする若い世代は、すべてはアルゴリズムによって形式化されているのだから、形式だけを摑みとればいいんだと単純化する。二〇〇〇年に行なわれた最後のAny会議では、古い世代と新しい世代とのあいだに決定的な断絶が起こり、喧嘩別れのようなかたちになった。

グレッグ・リンは僕に「コンピュータならばさまざまなヴァリエーションを設計できる」といくつものパターンを見せてくる。そこで僕は「実現するときにはひとつの建築しか建たないわけだから、無限に展開される形をいつフリーズさせるのか。それを誰が決定するのか」と質問したんですね。そのとき彼は答えられなかったのですが、翌年、ヴェネツィア・ビエンナーレのアメリカ館で、「これが解答だ」と言って、コンピュータで生成された建物がいくつも並んでいるものを見せてきた。それに対して「数が多いから決まらないじゃないか」と言ったら、「そのままマーケットに出せばマーケットが選ぶのだから、それでいいじゃないか」と返ってきた。つまり、マーケットという建築外のメカニズムに決定を任せたので、もはや建築家は主体的な決定をしなくていいと言うんです。極端な論理ですが、こういう「なんでもあり」をまとめれば都市になるのだから、僕はこれはこれでひとつの解答だと思っています。僕自身も決定的な理論とはなにかを言えないでいますが、ただ、ここでマーケットという視点が出てきたこと、そしてそれがメディアと直結していることが重要だと考えています。マーケットとメディアと建築はそれぞれ別問題だとこれまで考えられてきたわけだけれど、いまの問題はそこに集約されているように思います。

「間」の出発点となった「ハシ」

南後　今回、「際」という概念を再考するにあたり、磯崎さんからいただいたお話で示唆に富んでいたのは、椅子から立ち上がっても痕跡が残っているというデュシャンの「アンフラマンス」のエピソードです。フーコーも「劇場としての哲学」（一九七〇〔『ミシェル・フーコー思考集成Ⅲ――歴史学・系譜学・考古学』所収、筑摩書房、一九九九〕）で、切断面の両側のハシにおいてすでに起こったことと、これから起こることがめぐりあい、「切断というより際限ない小繊維の痙攣」をしていると指摘しており、この指摘は「アンフラマンス」、引いては「際」という概念ともシンクロします。「間」という問題設定は興味深いのですが、一方でそれはオープンエンドになりがちで、曖昧なままになってしまう。「間」という概念に対する分析の解像度を上げていくと「際」がひとつの切断面として浮かび上がってくるのではないか。「間」展（一九七八）のカタログでは、「ハシ」「ウツロイ」「サビ」などのキーワードが挙げられていましたが、そのなかでも「ハシ」というキーワードが「際」の概念を考えるうえで重要です。それはひとつのものの終わりであるとともに、新たな世界の向こう側につながっている「際」でもあるからです。

磯崎　辞書を引いているときに、「端」は「edge」、「橋」は「bridge」、「箸」は「chopsticks」というように、「ハシ」をひとつの語に英訳することはできないことに気がついたんです。一九七六年にニューヨークで行なったグループ展「マン・トランスフォーム（MAN transForms)」で最初にこの概念を提出しました。じつは「間」というアイディアは、この「ハシ」という概念が出発点になっているのです。

司会＝阿部純

5 KEYWORDS／5 BOOK REVIEWS

5 KEYWORDS

阿部純

「間──日本の時空間」展　「間──日本の時空間」展は、一九七八年のフェスティヴァル・ドートンヌの一環として開催され、その反響から世界六都市を巡回、海外での日本ブームの火付け役となった。磯崎新と武満徹によって企画されたこの展覧会は、極めて日本的な概念である「間」に焦点を当てた展覧会である。磯崎は、時間（Time）や空間（Space）といった西洋的な概念が日本にもちこまれた際に、共通して「間」という感覚が組み合わされていることに着目し、「間」の意味の拡がりを通して日本独特の思考形式を展示しようとした。展示空間は次の九つのサブテーマに分けられ、プロローグ、「ミチユキ」「スキ」「ヤミ」「ヒモロギ」「ハシ」「ウツロイ」「サビ」、エピローグとそれぞれ名づけられた（その後プロローグは「ウツシミ」、エピローグは「スサビ」として独立する）。各部屋にはテーマの解説と、各テーマに関する古典的な考え方を参照した写真や図解と彫刻や舞踊、演劇といった現代作品が併置されるかたちで構成された。例えば、「ヤミ」の部屋には能舞台が設置され、その中で声明や尺八、琵琶の演奏から芦川洋子、田中泯らによる現代舞踏、小杉武久や鈴木明男による現代音楽など、数々のパフォーマンスが行なわれた。

アンフラマンス（inframince）　アンフラマンスとは、マルセル・デュシャンの死後に発見された四六編のメモのなかに記されていた言葉で、「薄い」の意味を表わすminceと、「下の、下位の」の意味を表わす接頭辞infra-とを合わせたデュシャンの造語である。この語に関するデュシャン本人の定義は存在しないが、日本語では東野芳明によって「極薄」と紹介され、「薄さの限界を下まわる薄さ、人間の知覚を超えた薄さ」（マルセル・デュシャン「極薄（アンフラマンス）」解説＝岩佐鉄男［『ユリイカ』一九八三年一〇月号、特集＝マルセル・デュシャン、青土社］）を表わす言葉であったと解釈されている。デュシャンによるアンフラマンスたるものとは、「たばこの煙が／この煙を出す／口からもにおうとき、／ふたつのにおいは／アンフラマンスによって／結びつく」「コーデュロイのズボンがこんな風に、人が動くときにつくる音、あるいは音楽はアンフラマンスにかかわります」（『マルセル・デュシャン全著作』［ミシェル・サヌイエ編、北山研二訳、未知谷、一九九五］）と表現され、身体知覚において一瞬立ち上がってすぐに消えてしまう感覚の境目、縁《ふち》や端《はし》、層《レイヤー》といった諸感覚の次元を表わそうとしていた。

Any会議　Any会議は、磯崎新やピーター・アイゼンマンらが中心となって開催された国際会議で、一九九一年から二〇〇〇年まで毎年世界各地で開催された。建築や哲学、文学、美学をはじめ一領域にとどまらない専門家が集まったAny会議は、その記録がすべて英語と日本語とで出版されているのも特徴的である。Any会議の問題意識は、二〇〇〇年を前にして、ポストモダニズムへの傾倒とともに、建築における設計または批評原理の構図をどう立て直すかにあった。磯崎は、一九八〇年代の終わりの共通理解として「建築という概念そのものが、いわゆる建築物をつくるというだけでなく、さまざまな物事の構築という領域にまで拡がった概念として使われ始めた」（六〇頁）とAny会議構想時のことを回想している。建築を設計するうえで必要とされる具体的な場所や方法といったものを一旦不定なものとし、なにごでもなりうる「Any（決定不能性）」の状態に置くことが目されたのである。ジャック・デリダの「脱構築」やジル・ドゥルーズの脱中心的なリゾームモデル等が参照され、ジャンル固有の理論を考える方向から、グローバル化、資本主義の影響下での領域横断的な振る舞いを問う方向に向かっていったと、日本語版Anyシリーズの監修者である磯崎新と浅田彰は総括している（磯崎新＋浅田彰編『Any──建築と哲学をめぐるセッション一九九一－二〇〇八』［鹿島出版会、二〇一〇］を参照）。

ポスト構造主義　ポスト構造主義とは、一九六〇年代のクロード・レヴィ＝ストロースによって提唱された「構造主義」以降に現われたフランスの思想家たちによる一連の思想を名指した言葉である。構造主義が、社会規律や言語構造を個人の意識や主体に先行する固定された構造と見なす思考であるのに対し、それに続くポスト構造主義は動的で複雑に変容する権力の働きを社会に見出そうとするもので、ミシェル・フーコーやドゥルーズ、デリダ、ジャン＝フランソワ・リオタール、ジャン・ボードリヤールらが代表的な思想家とされる。一九七〇年代以降、日本では専門性を横断するような新たなアカデミズムの動きが商業雑誌を軸に勃興し、構造主義や記号論、ポスト構造主義といったフランス思想を受け継いだ論者が次々に登場するようになる。なかでも、浅田彰が京都大学人文科学研究所助手時代に発表した『構造と力──記号論を超えて』（勁草書房、一九八三）は学術書としては異例のヒットとなり、この当時現われた文筆家たちはマスメディアによって「ニューアカ（ニュー・アカデミズム）」と名指されるなど、思想や教養に注目が集まる事態となった。

東京大学新図書館計画「アカデミック・コモンズ」　一二〇万冊の蔵書を誇る東京大学総合図書館は、一八七七（明治一〇）年の開学以来の歴史をもつ。現在の建物は一九二八年に完成、その後蔵書数に合わせての大規模改修などを経て九〇年近くの時間が経ったいま、増大する蔵書と、情報社会の到来に伴う知のあり方に見合った東京大学新図書館計画「アカデミック・コモンズ」が進められている。大きな特徴のひとつに、図書館前の広場の地下に三層構造の新館を建設し、約三〇〇万冊収容可能な自動化書庫を設置する計画がある。そこにはヴァーチュアル書架やITを使って特集展示を行なう書棚「ブック・フォレスト」も設置され、古書、専門書といった従来のサービスで提供される書物と電子情報とを併せて参照できるハイブリッド図書館環境が整備されることとなっている。加えて、東大内の各部局が保有しているアジア関連文献をここに集中させる「アジア研究図書館」も同時に構想されており、アジア研究の世界的な拠点を目指した計画となっている。二〇一九年竣工予定。

5 KEYWORDS／5 BOOK REVIEWS

5 BOOK REVIEWS

阿部純

石田英敬編『知のデジタル・シフト——誰が知を支配するのか?』
(弘文堂、二〇〇六)

本書はデジタル・テクノロジーとの関わりで起こりつつある知の大転換について、広くアーカイヴに関わる理論とデジタル化技術の実装・開発など多方面から解き明かそうとする試みである。第一部冒頭論文において編者である石田は、〈記号〉〈技術〉〈社会〉という三つの次元を設定し、〈技術〉や〈記号〉はいずれも生得的なものではなく、集団的に思考され記憶されるものだというベルナール・スティグレールの考えを引用する。文字や活版印刷技術に代表されるように、知は身体から離れ外部装置に委ねられていき、デジタル技術はさらにこのことを加速させている。第二部では、メディア・アート、デザイン、検索技術、映像技術、公共アーカイヴ、ユビキタス、Googleといった知のネットワークやアーカイヴに関する具体的な事例が紹介され、「知のオントロジー(存在論)」のいまを見据える貴重な資料となっている。

磯崎新『磯崎新建築論集第七巻 建築のキュレーション——網目状権力と決定』
(南後由和編、岩波書店、二〇一三)

「磯崎新建築論集」は、建築家のなかでもとくに多くの著作を誇る磯崎の論考を、個々のテーマに合わせて、若手建築家や研究者ら八人が編み直したものである。第七巻の編者である南後由和は、建築物の設計者としてだけでなく、思想家、編集者、プロデューサーとしても活躍する建築家磯崎の多面性を、「キュレーション」の切り口で紹介した。第二部「網目状システムの編成」では、国際会議やコンペ審査会、展覧会といった、建築に関わるさまざまな形式に関する磯崎の論考が集められている。これらを通して読むと、意図的に建築と他の領域とを交錯させようとする磯崎自身の建築に対する態度が見えてくる。この手法は公共的な場に対してだけでなく、より日常的な場である〈マイ・ホーム〉設計にも向けられる。コンペの審査に際して磯崎は、設計を行なうにおいて日常性を決定づけているものを具体的に取り出して考えることを若手建築家に提案し、建築の新たな文脈を立ち上げていく姿勢を問うのである。

足立元『前衛の遺伝子——アナキズムから戦後美術へ』
(ブリュッケ、二〇一二)

本書では一九〇〇年代から一九五〇年代にいたる近代日本の前衛芸術の

「起源」「展開」「転位」「混交」が、アナキズムや共産主義、ファシズムといった社会思想の展開といかに関わってきたかについて、豊富な文献・図版資料とともに語られる。足立が整理するように、前衛芸術はそれ自体が既存の枠組みに対するひとつの運動体としてあり、つねに後続世代によって前衛の立場を危ぶまれるという構造的なジレンマを抱えている。したがって、前衛芸術はつねに当該社会思想とともにあることが必要とされ、「芸術における実験的な表現」という現行の意味だけでは本来定立しえないものである。本書は、丹下健三による「大東亜建設記念造営計画」とファシズム建築についてや、イサム・ノグチによる日本再解釈をめぐる「伝統論争」ついての論考など、必ずしもアナキズムに与するわけではない日本の前衛芸術の独自性について指摘されているのも独創的である。本書で扱われた時代に続く前衛パフォーマンスの状況については黒ダライ児『肉体のアナーキズム——一九六〇年代・日本美術におけるパフォーマンスの地下水脈』(grambooks、二〇一〇)に詳しい。

情報文化研究フォーラム編
『情報と文化——多様性・同時性・選択性』
(松岡正剛+戸田ツトム構成、NTT出版、一九八六)

本書は、一九八四年に始まったNTT主催の情報文化研究フォーラムにおける議論に基づいて構成された情報論の入門書である。本書で取り上げられる「情報」の対象は幅広く、物理学、生物学、文化論、言語論、ネットワーク理論と新旧織り交ぜた領域横断的なものとなっている。第五章では、双方向のコミュニケーションの技術について、ニューロン・シナプスで行なわれる同時処理をメタファーに説明し、フロッピー・ディスクなどの記録メディアが一般化することで、文化の消費が加速することも予見され、インターネット以前に生きる人々の「情報」の捉え方を追体験することができる。松岡正剛は自身で「編集工学研究所」を立ち上げ、情報の編集に関わる本もいくつも出しているが(代表的なものとしては『知の編集工学』[朝日出版社、一九九六]が挙げられる)、それだけでなく「情報」の混成性を誌面デザインから表現しようとするところにも特徴がある。アナログな書物空間内での「情報」の見せ方という点において、本が建築的なものであるという「知の際」の鼎談とも呼応するところがあるだろう。

保田與重郎「日本の橋」
(林房雄+亀井勝一郎+保田與重郎+蓮田善明
『現代日本文学大系六一』[筑摩書房、一九七〇]所収)

磯崎新が「〈はし〉について書かれたもっとも美しい文章」(「ちょっとば

かりジャパネスク」[『建築文化』一九八一年一二月号、彰国社、一一三頁]と評する論考「日本の橋」(一九三六)は、保田與重郎の処女作にあたる。西洋の橋と日本の橋における強度や見た目の差から、保田は「橋」を文化批評の対象に導いた。西洋の石造りの橋は「遥かに雄大な人工のみに成立する精神」(二一七頁)であり、此方と彼方という確固たる二拠点をつなぐものとしてある。ローマの橋は軍隊や凱旋で獲たものを車両で運ぶことに適し、防塁にもなる一方、日本の橋は木造の自然的なものであり、両点を堅固につなぐものとは言い難いと論ずる。「はしは道の終りでもあつた。しかしその終りははるかな彼方へつながれる意味であった」(二一九頁)とあるように「橋」を「端」に、さらには「箸」「梯」と関係させながら、保田は「はし」を介して人々の往来と故人との交じらいとを見出し、そこにある心細さを「哀つぽい」と称して日本文化の独自性、儚さを表わした。

Appendix

際からの建築　松山秀明／難波阿丹／阿部純

年表　柳井良文

あとがき・謝辞　南後由和

際からの建築　挫折者が書く建築論

松山秀明

建築挫折者の私

私はかつて、建築学科の学生であった。将来、建築家になることを志し、大学への進学を決めた。当時、私のいた大学では、卒業までに建築設計「A」から「D」までの講義が用意され、Aは設計の初歩を学ぶ必修科目で、B以降が選択科目として徐々に水準があがり、すべてを取り終わった後に「卒業設計」に取り組んでいく——。それが建築家を目指す学生たちの一般的なルートだった。しかし、建築家を目指していたはずの私は、Aまでで履修するのをやめた。Aの段階で履修をやめたのは、当時三〇名ほどいた同級生のうち私を含めて二名だけだったように思う。みな建築設計をしたくて入学してくるので、開始早々で脱落したのは異例だった。後に入った都市工学の研究室で指導教官にこのことを話したら「なんのために建築学科にきたのか」と笑われたが、当時の私のなかではなにかが切れたのだ。その後、私は大学院を移し、さらに専門を社会学（メディア論）に変えた。そこで南後由和さん（当時東京大学助教）に出会い、〈建築の際〉に参加して、建築界の巨匠にインタヴューも行ない、こうして建築に関する小論を書いているのだからおもしろい。よってこれから述べることは、あくまでも「挫折者が書く建築論」である。その道を外れたからこそ見えてきたものがあればと思い、書いていく。

同級生との隔たり

私はなぜ、建築を断念してしまったのか。まずはここから話をはじめたい。当時、設計Aの講義で、たしか住宅が課題として出されたとき、私は建売住宅のような、一見平凡な住宅を模型でつくった。それは私の実家をイメージし、そこに自分だったらもっとこんなふうに住んでみたいと思い描いてつくった、極めて現実的な模型だった。エスキスの日（受講生が班ごとに分かれ、教員を交えて講評しあう日）、私は愕然とした。自分のそれが、他の学生のものとあまりに違いすぎたのだ。みんなが持ち寄った住宅は奇抜で、ある意味で「かっこいい」ものだった。「ああ、なにかが違う」と私が感じた瞬間だった。いまでも鮮明に覚えているが、そのときもっとも奇抜だと感じたのが、四方をガラスで囲われた住宅である。接合部はどうなっているのだろう。プライヴェートな空間が外から丸見えだよなあと思いつつ、模型だからかろうじて屹立しているその建造物が、実際の建築では絶対に成り立たないだろうと冷静に思った。その後も課題を重ねていくうちに、ますます同級生との隔たりを感じるようになり、私はこれ以上、設計の講義を取るのをやめた。

やや言い訳じみた言い方になるが（繰り返すが、本稿は挫折者が書く建築論である）、当時の私は、同級生たちの「過度な表象」についていけなかった。そこではすべて、他の学生との「差異」が勝負され、いかに前衛的であるかに目が向けられていた。本書の事後インタヴューで藤森照信氏に話をうかがったとき（じつは藤森氏こそ私の建築学科の大先輩である）、「億円」を超える産物のなかで、根拠もなくバラバラなのは建築だけだという氏の発言が、私のなかでストンと腑に落ちるものがあった。そう、建築の形態はあまりにも多様なのだ。これだけの歴史をもち、これだけ世界中にあまねく存在していてもなお、その形は合理的に統一に向かうのではなく、どんどん拡散している。この多様性の許容（への誤解）こそが、入学したての建築学生をして、他の学生との差異ばかりに走らせる結果となったのではないか。たとえガラスで全面が覆われていようとも、エスキスの場で目立った模型を披露できれば、それで建築学生としての自尊心が保たれ、賞賛すらされるのだ。これは極めて狭い建築ムラだけに通用する「ガラパゴス的世界」だった。私はここで、自分だけがそのことに気づいていたと言いたいのではない。いま、事後的に振り返ってみて、当時の私の挫折を〝弁明〟してみたのである。

〈建築の際〉の議論で感じたこと――建築の自明性を解きほぐすための三つの方法論

大学院を移し、別の学問に触れはじめたころ、出会ったのがこの〈建築の際〉プロジェクトだった。やめたとはいえ、まだ一定の関心をもっていた建築という分野に「際」から迫ろうとしていた本プロジェクトは、私がもっていた違和感に答えを出してくれるようでとても魅力的に見えた。私が実際に企画から関わったのは「映像の際」からであったが、ここでいま、一連のシンポジウムで問われていたことを私なりに強引に要約してみれば、それは「建築が社会的に構築されたものであることを再認識すること」であったように思う。これは建築ムラだけに閉じた狭い議論を解き放つための革新的な試みでもあった。各回のシンポジウムで問われた異分野からの照射は、そうした建築がつくられたものであるという自明性を解きほぐすための「方法論」の模索だったように思う。そしてこの方法論を、各回の議論をもとに分類すれば、以下の三つに分けられるのではないか。

［1］「アジアの際」「振舞の際」で問われたような、感覚によって知覚される建築空間の創造。言うまでもなく、建築それ自体はわれわれを取り巻く環境であり、人間の身体と直結したものである。建築は安らぎを与える空間となる一方で、われわれの身体を強制してしまう装置ともなりうる。生きられる経験に基づいた空間とはなにか。建築がもつ既存の空間概念を「ありもの」としないための飽くなき

実践が、新しい空間感覚を得るための第一の方法論となる。

［2］「生命の際」「形式の際」「空間の際」で問われたような、他領域からの類推によって可能となる建築記述の創造。抽象芸術からはじまる建築設計を、生命のもつ動的な時間性や伝統的モードからのずらし、あるいは多様体論のアナロジーから説明しようとするこれらの試みはすべて、意匠設計という抽象的な作業を具体的に記述するための方法論であった。

［3］「映像の際」で問われたような、表象のなかに映りこむ建築の創造。これは実際に経験するのとは異なる「切りとられた建築」であり、例えば映画のなかの建築はフレームのなかのフレームという二重性をもたらし、観客にフレーム外の見えない部分への想像を喚起する。こうして表象のなかに潜む建築の無意識が、現実の建築を読みとくための方法論となる。

以上、三つに分けた次元はそれぞれ、［1］建築的実践、［2］建築の表象、［3］表象の建築として学術的に図式化されるだろう。それぞれが対抗的な関係となって、重層的に生み出される結果が、われわれの建築経験となっている。これはなにも私が考え出した分類ではなく、フランスの社会学者アンリ・ルフェーヴルが『空間の生産』（一九七四）のなかで述べた空間論を参考にしたものである。もちろん、こうして安易に図式化してしまうことは本書のもつ豊饒性をそぎ落としてしまうことにもなりかねないだろう（とくに各回の企画者たちから批判を受けそうである）。しかし、われわれが自明視してしまいがちな建築という空間は、こうして「際」から照射することで、その三つの方法論とともに揺さぶりをかけることが可能であり、これは学部時代の私の未熟な発想を超えた「発見」であった。

建築家に揺さぶりをかけること

〈建築の際〉に主催者側として参加して、たしかに建築を外側からまなざす視点を得たまではよかったのだが、一方で、反省点もあった。それは、建築家という存在自体にわれわれがあまり揺さぶりをかけることができなかったのではないかということである。シンポジウムを企画しても、当日はどうしても巨匠と呼ばれる人たちの思考を拝聴する構図が知らず知らずに生まれ、学生たちがひとりのアクターとして議論に加わりきれていなかったように思う。たしかに学生が主体となってゲストの選定や問題提起、司会進行を行なったが、当日はゲスト三者の「鼎談」となることが多く、少なくとも私が関わった「映像の際」でどこまで建築家（このときは鈴木了二氏）の存在に揺さぶりをかけることができたかは定かではない。そもそも挫折者である私が、一流建築家たちの存在や発言に揺さぶりをかけることなどできるのか……。

もし唯一、揺さぶりをかけることができたのだとしたら、それは建築家たち自身の「片想い」に気づかせることだったのかもしれない。各回のテーマである映画や数学、生命などは、基本的に建築家たちからの一方向的な「愛」のテーマでもあった。当日、建築家たちは自分たちの関心に応じて異分野への愛を語り、自説を展開した。しかし、異分野の専門家たちはその突然の告白を聞いて若干の戸惑いを見せる――という光景が、シンポジウム中にしばしば見られたように思う。この建築家たちの片恋慕をある程度自覚させることができたのだとしたら、われわれは建築家たちに若干の揺さぶりをかけることができたのかもしれない。独りよがりにならず、「両想い」になるためには、まず、愛する者を振り向かせる努力をしなければならないのだ。その出会いの場を演出できたことが、今回、学生たちの重要な成果だったし、今後も問い続けていかなければならないことだと思う。

これからの建築に思うこと

これからの建築のあるべき姿について、挫折者である私には述べる権利がない。しかし、最後にひとつだけ述べさせてもらうとすれば、やはり建築は「記憶」の問題を避けて通れないのだと思う。いかに新しい建築を建てようとも、いかに建築家が異分野を愛そうとも、その土地の記憶や周りの住民たちの記憶、あるいは建築家個々人の記憶や、建築資材という物体にさえ宿る記憶を取り除くことはできない。「アジアの際」で最後まで議論されていたのも、この「記憶」の問題であったように思う。多彩な関心をもつ建築家たちに、唯一縛りをかけることができるのだとすれば、それはこの「記憶」しかない。東日本大震災を経験したいま、震災遺構の保存など、たしかに建築の「記憶」の問題は以前よりも活発に議論されている。私がかつて感じた、学生たちの「過度な表象」傾向はむしろ減少傾向にあるのかもしれない。意匠設計に携わる人々にはいま一度、さまざまなところにすでに宿る記憶たちを設計の土台にすることに自覚的であってほしい。

私もいま、立場は異なるが、メディア論の視点からこの「記憶」の問題に取り組んでいる。二〇世紀とは映像の世紀でもあった。日本各地に点在するさまざまな私的な映像から、放送局や映画会社に保管された公的な映像まで、無数の映像群が歴史の瞬間を記録しつづけてきた。これらを有機的につなぎあわせることは、いままで文書中心に編まれてきた「記憶」を問いなおす可能性を秘めている。とくに近年、散逸や消失の危機にある資料群を収集し、保存し、活用する「アーカイヴ」概念が注目されている。アーカイヴとは、来たる世代に過去や現在の知識を伝えていくことである。こうして時空を超えて議論する可能性こそ、これからの建築をめぐる知にも課せられたあり方なのではないか。建築は建築家個々人の頭のなかだけで生まれるものではないし、安易な市民参加や「Web2.0」礼賛のなかで生まれてくるものでもない。ましてや建築ムラの「しがらみ」のなかで生まれるものでもないだろう。建築とは、その形の多様性のなかに「記憶」をつないでいく、未来への遺産なのだと思う。

際からの建築

創発の由来──制作者の位置について

難波阿丹

制作者の特権性の解体

〈建築の際〉の鼎談を受けて、建築家をはじめとして制作を行なう者は、必ずしも特権的で俯瞰的な立場をとる者ではなく、ヒトとヒト、あるいはヒトとモノとの関係性の均衡を保つ機能の一部と見なされうることに気づいた。私は自主映画を監督した経験があるが、映画を制作するおりに現場をきちんと統率すること、スタッフの行動を逐一管理することが監督の役割であると考えて行動していたことがあった。けれども現場では、自分が思い描いていたイメージとは異なる論理が働いていたように思う。そこではさまざまな要素が複合的に機能しているので、リーダーが場の規律を正していく姿勢が必ずしも制作に有効に作用するとは限らない。

たとえば「形式の際」で岡田猛氏が指摘したアーティストの創作ヴィジョンには、制作者が大きな構造を維持しながら新しいものを見出していく「ずらし」という方法が用いられていた。そのさい、制作者自身が作品の構造を維持しながら新たに境界設定を行なうひとつの「メディア」となっていく。作品が差異を生み出しつつ変化するプロセスを調整していくうえで、制作者の場を統御する主体としての特権性や俯瞰的な立場は、つねに切り崩されていかざるをえないように思われるのである。制作者は自らのコンセプトを安定的な立ち位置から現場の各所にまで行き渡らせることを心がけるよりもむしろ、たえず自らの境界を更新し、変化の渦へと率先して身を投じる存在だと考えるようになった。

場のオーガナイザー＝制作者？

それゆえ、私は〈建築の際〉の鼎談前後では異なる制作者像をもっている。建築家や映画監督といった集団的に制作を行なう場でのリーダーは、環境を管理し、複合的な要素間の関係をデザインする首謀者のように考えられがちだけれど、そのような仕掛人としての立場も保ちながら、物や人の関係を中間的な地位から制御する者でもあるということである。そして、鼎談に登場した制作者たちはそれぞれの専門において自明とされている地盤そのものを問い続けていることがわかった。自らの足場を切り崩しながら進むプロセスは、その分野で前提とされる用語を刷新し続け、その硬直化を免れようとする振る舞いにも表われている。

鈴木了二氏は、一九世紀のバロック建築に端を発する「空間」概念に違和を覚え、「空地」「空隙」「空洞」モデルを提唱することから「物質試行」と名づけられる創作を開始していた。また原広司氏は、（本書には収録されていない部分で）3次元の「空間」を支配する従来の重力の観念では捉えられない宇宙の暗黒物質＝「ダークマター」に触発されながら、「空間」が成立する条件を問うている。両者の態度は、カタログ的な思考方法を脱却する目的で、従来の秩序を転倒する可能性をはらんだ要素に着眼し、制作にダイナミズムをもたらす戦略でもあるだろう。

〈建築の際〉の一連の鼎談は、「建築」を軸としながら、建築家を含めた異分野の第一人者を三名招いて場をプロデュースするものであった。通常ならばシンポジウム運営の手伝いや、その他諸々の雑事を担うはずの大学院生が、企画の段階から関わり、じっさいに鼎談に登場して登壇者に疑問をぶつける場面もあって、それぞれの役割が硬直しないボトムアップ型の企画であるところが刺激的だった。オーガナイザーである南後さんも「建築」をめぐる膠着した言説を問い直す明確な意図を持ちつつも、多様な背景をもつ学生それぞれの個性を尊重しながら、彼らをゆるやかにまとめていくというスタンスで臨んでいたように思う。〈建築の際〉は、企画したチームのメンバーの関係が流動的であり、リーダーも運営を手伝い、大学院生も登壇者と対等に議論し、自由に場をオーガナイズする経験を積めるという点で画期的だった。

トップダウン型とボトムアップ型のオーガナイザー

〈建築の際〉の企画や実施に関わらせていただく機会を得て、シンポジウムや、芸術活動を含めて、制作現場での「創発」（マイケル・ポランニー）を仕掛けていくオーガナイザーの資質について考えることが多くなった。具体的には、トップダウン型とボトムアップ型のリーダーではどちらが生産的なイヴェントをプロデュースできるかという問いがあり、制作者の特権性についての前述の議論もこの問いに接続されることになった。トップダウン型とは、制作者が明確な意図をもち、中枢として現場のすみずみまでを組織するかたち、ボトムアップ型とはそのありようが想像の域を出ないが、制作者が存在しないか、あるいは制作者が明確な意図をもたず、現場の制御を行なわないかたちである。

この問いに明らかな答えはまだ出ていないけれど、現時点で私は、「創発」的なイヴェントをプロデュースするには、トップダウンとボトムアップ双方向の通路が確保されることが重要だと考えている。どちらかの方向が強化されてしまうと、トップダウンの場合では、現場が膠着してしまいがちであるし、ボトムアップの場合では求心力が拡散して創作自体が成り立たないので、両者とも「創発」の取り組みが破綻しがちである。私自身小規模ではあるが制作の現場を経験するおりに、トップダウン志向を強めがちだったので、自分が抱いているイメージの具体化を追求するあまり、予期せぬできごとや、関係の多様なあり方に向けての柔軟性に欠けてしまうことが多くあった。そこで、鼎談されていた第一線の制作者やシンポジウムの仕掛人である南後さんの、ボトムアップの風通しのよいイヴェント演出の方法にとりわけ興味をもつようになった。現場において、物や人の関係をある程度フラットに保ち、ボトムアップ式に「制御」（「管理」）を行なうとは、どのような事態なのだろうか。とくに建築、映画、シンポジウムのオーガナイズのように多くの物や人が関わり、対象とする要素が領域横断的に複雑に絡み合っている場合、制作者、オーガナイザーとしての立ち位置は不明瞭になりがちである。仕上がった「作品」に署名をしつつも、現場においては、ある意味匿名的に立ち振る舞うこと、また、関係の結節点として機能し場を組織する能力は、個人の資質に多く拠っているように思われる。それぞれの個性に応じた制作態度があり、その最大公約数的なあり方を抽象しても、「作品」のオリジナリティをもたらす具象的な要素が矮小化されるにすぎないのかもしれない。しかし、場に身を投じつつも観察者としての客観性を保持し、全体の方向性を定めていくには、周縁的な位置に身をおき、境界から思考するという経験は必須であるように思われる。

境界から生じる物語

じっさいに分野を代表する制作者たちに話を聞いていくと、彼らはそれぞれが自身の創作の豊穣さを掘り下げる行為によって異分野との接触を余儀なくされ、結果的に自らの立場が固定しないよう模索をしつつ歩んでいるという印象をもった。専門性の深化が異分野への参照に通じるとは逆説的な状況である。けれども、場を流動させ、異質なものへの感性を研ぎすませるためには、他の存在を認め、その可能性に賭ける寛容さが必要になるのかもしれない。〈建築の際〉の学際的な鼎談が、ともすると専門性を捨象した上滑りな議論と見なされうる陥穽を免れていたのは、ひとえに、新しいイヴェントの制作が必然として学際性を呼びこむという前提が共有されていたからではなかったかと考えている。

制作者として学際的であるには、場の中心に腰を据えるのではなく、境界に身をおきながら現場をかく乱するハプニングを見逃さず、むしろその現われによってこそ制作を推し進めるという態度をもちつづけなくてはならない。そのように考えると、制作とは自身への安住をも逃れるという過酷な経験であり、異質なものに脅かされつつもその出会いを楽しみながら歩むというアンビヴァレントな場面を連続的に生みだす行為でもあるのではないだろうか。

〈建築の際〉では、これまでに述べたように、境界が思考を活性することが打ちだされていた。境界とは、意味が確定せず、不安定で曖昧な領域である。〈建築の際〉の鼎談を通じて、境界はさまざまな用語で定義され、議論された。例えば、山本理顕氏の提起する「閾」や、田中純氏が取り上げるイグナシ・デ・ソラ＝モラレス・

ルビオーの「テラン・ヴァーグ」においては、境界的思考とも呼びうるかたちでその静的な領域設定を変動させる力が注目された。また、「映像の際」で田中氏は、アルド・ロッシを参照しながら「東京」に代表される都市におけるあいまいな境界性と通過儀礼へと論を接続している。多数の人々の関わりにおいてものづくりを行なう制作者は、共同体の境界を超えて外部から訪れる「マレビト」（折口信夫）であり、境界内の安定的な秩序や既存のヒエラルキーを転倒し、その存在自体が触媒として「創発」の引き金となる可能性をもっている。

もっとも、静的な秩序をかく乱するきっかけは建築や映画という装置そのものに内在しているともいえる。「映像の際」では「散漫な知覚」（ベンヤミン）での受容において、建築と映画が並行して語られることが確認された。建築と映画の性質上、対象の把握に欠損をはらまざるをえず、それを体感する者に「気散じ」の状態をもたらすという。同鼎談において、黒沢清氏は、映画には映画の内外を区切るフレームという境界があり、画面に映らない欠落した領域を前提として、欲求不満をはらみつつ進行する映画のいかがわしさを論じていた。映画とは、カメラのフレームによってたえまなく現前する場面から静止画面を切り取り継ぎ合わせていく技術だといえる。以上のように考えると、画面を境界づけるフレーム外とはいわば、欠損した知覚である。画面はつねに視野から欠落したフレーム外の脅威にさらされ、観客を全貌が見渡せない曖昧に宙づりにされた状態＝サスペンスに据え置くのである。このようなサスペンスの仕掛けといえば、ホラー映画に頻出する階段は上下どちらにも属さずに両者を媒介する曖昧な領域であり、安定的な視界をぐらつかせ、観客を予期せぬ出来事へといざなう入口の役割を果たしている。さらに階段は、平面を3次元化し空間化する点で、映画と建築の境界をも媒介しているといえるかもしれない。フレームや階段といった装置においては、境界によって欠落した視野こそが物語を進行する動力になっていることがうかがえる。

〈建築の際〉の「際」とは境界の意味も内包しており、「際」をタイトルに含んだ一連の鼎談とは、異なる分野との対話によって「建築」をめぐる言説の領域設定を改めて問う試みでもあった。そのおりに、たこ壺化した専門内部に閉塞するのではなく境界を越えた外部から分野の可能性を見通す行為が、コミュニケーションの媒体となる言語や装置の硬直化を免れ、それらを新たに位置づける「創発」に活性をもたらすのだと考えている。

際からの建築「見えない建築」を指揮すること

阿部純

〈建築の際〉からの建築設計

本書の読者もしくは〈建築の際〉シンポジウム参加者のみなさんのなかには、本書の内容を吸収したところで、実際の建築設計に役立つのかと疑問に思われる方もいるかもしれない。私自身、建築設計を専門としていないので、建築設計分野への本書の貢献については言葉をもたないが、〈建築の際〉は、結論を先取りして言えば、建築をつくることの過程にあることを要素還元しながら、その一つひとつを建築以外の領域からも多角的に見ていくことによって、建築設計自体を自明化しないための試みというように言うことができるだろう。さらに言えば、本シンポジウムの会期後に起こってしまった東日本大震災を経て語られる建築家たちの事後インタヴューは、ひとりの人間が災害や地域社会とどう向きあってきたかという、ここ数年の思考の変化を描きとることともなり、建築家のパフォーマティヴな側面を見ることにもつながった。本稿では、Architect という言葉のイメージから着想し、震災後に行なわれた事後インタヴューに着目するかたちで、〈建築の際〉から見えた建築設計の射程について考えてみたい。

Architect=?

〈建築の際〉シンポジウムを企画・運営するにおいては、建築学科と学際情報学府の大学院生（その多くが人文系の研究室に在籍していた）とが、当時東京大学助教だった南後由和さんに首尾よく束ねられつつ、何度もミーティングを繰り返して鼎談のテーマを決め、ゲストに交渉し、シンポジウムぎりぎりまで準備を重ねるかたちで進められた。準備の際には、登壇者のみなさんとの事前打ち合わせをする機会が設けられ、その時間は、登壇者と院生とがざっくばらんに話ができる貴重な機会となった。

私は二〇一一年三月に開催予定であった「知の際」の担当であったため、建築家の磯崎新氏とは何度か対面でお話する機会があった。「知の際」は東日本大震災をはじめ、なにかと不都合が重なり、結局シンポジウムのかたちでは結実しなかったという経緯がある。そのたびに「知の際」は再企画され、磯崎氏と話す機会を複数回もつことができたのは幸運なことでもあった。その磯崎氏との事前打ち合わせの初回だったと思うが、二〇一一年の頭に起こった「アラブの春」の記事について、磯崎氏が熱く語っていたことを憶えている。「〝アラブの春〟を伝える記事においてはArchitectという言葉は、革命を先導する人間に対しても使われているんですね」。話を伺った時は、「アラブの春」のメディア報道が加熱化している時でもあり、磯崎氏としては話の振りとしてただ触れただけのことであったのかもしれない。しかし、「アーキテクト＝建築家」の意味合いしかもちあわせていなかった私にとってこのことはとても興味深く、その日のうちにアメリカからの留学生にArchitectの語感について確認した。彼によれば、「Architectには、見えない建築を指揮するというイメージもある。透明な建築とも言えるのかな」ということであった。

「見えない建築」を指揮すること、とは

「見えない建築」を指揮すること。これは、まさに〈建築の際〉シンポジウムがやろうとしてきたことではなかったか。「見えない建築」を指揮するとは次のように言い換えることができるだろう。建築や都市を考える際の思考を見える形にしていき、一般化しないかたちで問いとして発していくこと。そのために、建築物をつくるうえにおいて、「見えなくなっている」なにかを探り出すこと。

それは例えば、モダニズム建築設計に対するひとつのカウンターとして、伊東豊雄氏から生命や人体をメタファーとしてもつ建築の可能性が語られたことが挙げられる。初期の住宅設計に関わる論考を読むと、伊東氏自身もモダニストの側面が強くあったことがうかがわれる。そこから、人間にとって身近、かつ合理的に組織されている人体を思考の切り口としてもつことで、造形的な面での思考展開と「内と外」をたんに隔てるのではない建築物のあり方の模索へとつながっていった。「生命の際」では、鼎談者の二人からは「建築と生命とは相いれない」という本質的な指摘を受けつつ、生命の観点を採り入れることで縁側や仕切りといったものが、自明の造形とは別の機能として展開される可能性が示唆された。また、「映像の際」では都市における境界・際を見る眼として、鈴木了二氏の「空地・空隙・空洞」といった視点に対して、田中純氏はトマソンや路上観察学会といった活動を参照しながら、「無用化」したものから都市の現状を考えていく視点が提示され、「空」や「無用さ」といった建築設計されない部分へと視野が広げられていく。

異分野とされるものを架橋し、あるひとつの考え方を別のなにかに言い換えていくことは、ともすれば論点の最大公約数に還元されることにもつながり、論として安全なところでなあなあに終わってしまうつまらなさも潜んでいる。一連の〈建築の際〉で議論されたテーマのなかで、建築家の専門性が今後より問われていくだろうと思われたことは、建築設計におけるワークショップ型もしくは集合知型ともいえる設計志向に対する建築家の振る舞い方についてではなかっただろうか。どういうことかと言うと、〈建築

の際〉全体を見ると、プレモダン／モダン／ポストモダンといった、思想史、技術史的な流れへの言及に始まり、現代の情報環境と、それに伴う人の流れを建築にどう活かすかといった問題設定が多くなされていたように思う。このことは、人々がＩＴ技術を介して、同時多発的にコミュニケーションしていることが意識できるようになり、そこに宿る理論がつねに更新・意図の無効化が繰り返されるようになったとき、建築家はどうあるべきかという問いでもあった。「知の際」のなかで磯崎氏は、ＩＴ技術によって無限に展開される設計群がマーケットによってひとつの建築に決定されるという、グレッグ・リンらがAny会議で提案した案に対して、それもひとつの選択肢であり、都市のあり方であると語りつつ、建築家と現代の大衆社会との関係性を見直す契機としても捉えている。また、「振舞の際」ではまさに造形過程におけるワークショップが論題として掲げられ、エンドユーザーとの対話の有用性が山本理顕氏によって語られた。おそらく建築の場合と演劇の場合とでは、最終的な造形に対するワークショップの作用は変わってくるだろう。誤解を恐れずに言えば、演劇ワークショップの参加者のほうが建築設計のワークショップの参加者よりも、最終的に作品の一部となるかたちができていることもあり、当事者性が高い。さらには、演劇が期間限定で上演されることに対して、建築物は建てた後の年月が長く設定されるものであるから、住民の当事者性をどのように継続させるかといった、まちや社会に対する巨視的なアプローチがより要求されるだろう。建築設計という専門性の高い設計過程に、ワークショップがもつとされる創発可能性を組み込むということは、いくつもの変数を建築家自身がゆるく組織していくことでもある。そして、このワークショップ型の設計手法の先でなにがどのように実を結ぶことになっているのかについては、継続して議論を注視したいと考えている。なぜなら、次に取り上げる「仮設」性とも関係するものと考えられるからだ。

震災と建築、「仮設的なまとまり」

東日本大震災後に行なわれた建築家のみなさんへの事後インタヴューを読むと、震災を経た後の建築設計についての建築家の立ち位置には微妙な差異が反映されているように見える。伊東氏は、前段の山本氏にも近い考えをもっており、地域の建築家といったような、使う人々の意見を取り入れての設計を前面に出されている。また、青木淳氏は事後インタヴューで「オルター・モダン」について、「バラバラな状態を前提としながら、仮設的なまとまりをつくること」と定義している。他の意見や他の可能性を視野に入れつつ、仮のものとして造形していくための素材や手段といったことが、これからの建築を考えるひとつの課題となっていくのだろう。例えば、美術評論家の椹木野衣氏は、二〇一四年一〇月に開催された「美術と震災」と題した講演（「鬼ノ城塾」、岡山県総社市）において、美術制度しかり建築制度しかり、地震の比較的少ない地域でつくられた基準を、地震列島日本にそのまま移入してはいけなかったのではないかと指摘している。日本的なるものとは風土の固有性といったものだけでなく、大地が揺れるという地形的特徴そのものであり、この点を手掛かりにすることなしに文化を立ち上げることはそもそも難しいのではないかという考え方だ。この着眼は、先の青木氏による「仮設的なまとまり」をつくることの指標とも重なり、「見えない建築」を指揮していくなかで重要な課題となっていくことは間違いないだろう。可能な限りのシミュレーション（仮）を行なうために、「仮設的な」問いを立ち上げ続けること、なにかとなにかが接合する「際」を見極め続けることが、これからの思考に必要なのではないかと考えている。

会のしつらえとして考えていたこと――幻の「知の際」

本稿の最後に、シンポジウムとして開催されることのなかった「知の際」について触れておきたい。「知の際」を企画するにあたって考えていたことは、内容はもちろんのこと、形式的にも「事件」的なイヴェントとすることだった。「知の際」のシンポジウムの際には、登壇者が前で話すだけでなく、会場やインターネットの聴衆をも巻き込んでの議論をやりたい、という案がコーディネーターのあいだで挙がっていた。当時、各所のイヴェントで使われることの多かったUstreamで生中継をすることや、聴衆の声をTwitterで拾うこと、さらには、当初シンポジウムの参加が予定されていた横尾忠則氏が登壇するとなった時には、横尾氏が「壇上で話をしない」というパフォーマンスを行ない、Twitterを使って呟きながら磯崎氏や院生たちからの問いかけに応答したい、という案が横尾氏から挙がっていた。会の内容だけでなく、形式からして多メディアに考え、シンポジウム自体を自明視しないことも重要だと考えながら（幻の）「知の際」を企画していたことを最後に付記しておきたい。

〈建築の際〉を知るための年表

柳井良文

［凡例］ 鼎談において触れられた事項を**太字**で記した。また、直接言及されてはいないが、本書を読むにあたり有効と考えられる関連情報についても適宜掲載した。二〇世紀以降の作品や出来事を中心に取り扱っているが、鼎談内容ととくに関連度の高い事項についてはこのかぎりではない。また、社会一般の出来事には◎、建築関連事項には◆、異分野関連事項には☆の記号を記した。項目の末尾に関連するシンポジウムを［ ］で示した。

一四二〇 ◆**《天壇》建立**［アジア］

一五七四 ◆**《陶山書院》設立**［アジア］

一六一三 ◆**《屏山書院》設立**［アジア］

一六一八 ◆《ファルネーゼ劇場》開場［振舞］

一七二二 ☆ヨハン・セバスチャン・バッハ『平均律クラヴィーア曲集（第一巻）』発表［形式］

一八四一 ◆ジョセフ・パクストン《チャッツワースの大温室》竣工［生命］

一八四八 ◆デシムス・バートン＋リチャード・ターナー《キューガーデンのヤシの木の温室》竣工［生命］

一八五一 ◎第一回ロンドン万博［生命］ ◆ジョセフ・パクストン《クリスタル・パレス》竣工［生命］

一八五三 ◆ジョルジュ＝ウジェーヌ・オスマンによるパリの大改造始まる

一八五九 ☆**チャールズ・ダーウィン『種の起源』出版**［生命］

一八六二 ☆ハーバート・スペンサー『総合哲学体系』刊行開始（全一〇巻、―一八九六）［生命］

一八七五 ◆シャルル・ガルニエ《パリ・オペラ座》開場［振舞｜映像］

一八七六 ◆《ヴァイロイト祝祭劇場》竣工［振舞］

一八八二 ◆《サグラダ・ファミリア》着工（現在まで未完成、アントニ・ガウディが関わったのは一八八三―一九二六）［生命］

一八八九 ◎第四回パリ万国博覧会 ◆ギュスターヴ・エッフェル《エッフェル塔》完成［映像］ ◆《初代（第一期）歌舞伎座》開場［振舞］

一八九三 ◆ヴィクトール・オルタ《タッセル邸》竣工［生命］

一八九四 ◎日清戦争勃発［アジア］

一八九五 ☆**パリのグラン・カフェでリュミエール兄弟が発明した「シネマトグラフ」の上映**［映像］

一八九八 ◆ヨーゼフ・マリア・オルブリッヒ《ゼツエッション館》竣工［生命］ ◆ヴィクトール・オルタ《オルタ自邸》竣工［生命］

一八九九 ◆オットー・ワーグナー《マジョリカ・ハウス》竣工［生命］

一九〇〇 ◎第五回パリ万国博覧会［映像｜生命］ ◆エクトール・ギマール《パリの地下鉄入口》［生命］

一九〇二 ◎日英同盟締結
一九〇三 ◆オーギュスト・ペレ《フランクリン街のアパート》竣工［生命］ ☆日本初の常設映画館「浅草電気館」開場［映像］
一九〇四 ☆**アンリ・ポアンカレが「ポアンカレ予想」を提出**［空間］
一九〇四 ◎日露戦争勃発［アジア］
一九〇五 ☆ジョージ・P・ベーカーが「47 Workshop」と題した授業を開始［振舞］
一九〇九 ◆伊東忠太「建築進化の原則より見たる我邦建築の前途」（通称「建築進化論」）発表［生命］ ◆フランク・ロイド・ライト《ロビー邸》竣工
一九一〇 ◎「韓国併合ニ関スル条約」調印・発効［アジア］ ◆アントニ・ガウディ《カサ・ミラ》竣工［映像｜生命］
一九一一 ◆横河民輔《帝国劇場》開場［振舞］
一九一二 ◎中華民国建国［アジア］
一九一四 ◎第一次世界大戦開戦 ◆アントニ・ガウディ《グエル公園》完成［生命］ ◆辰野金吾《東京駅》竣工 ◆ル・コルビュジエが「ドミノ・システム」を考案
一九一七 ◎ロシア二月革命 ◎ロシア十月革命 ☆世界初のジャズ・レコード『Livery Stable Blues』がリリースされる［形式］ ☆**マルセル・デュシャンが《泉》を制作**［形式］
一九一八 ◎第一次世界大戦終結
一九一九 ◆**バウハウス設立**［アジア｜映像］ ◆長野宇平治《旧台湾総督府庁舎》竣工［アジア］
一九二〇 ◎国際連盟発足
一九二二 ◎イタリアでムッソリーニが首相就任［映像］ ◎ソビエト社会主義共和国連邦成立［アジア｜映像］
一九二三 ◎関東大震災 ◆フランク・ロイド・ライト《帝国ホテル》竣工
一九二四 ◆ルードヴィヒ・ヒルベルザイマー「スカイスクレーパー・シティ」［振舞｜形式｜空間］
一九二五 ◆ル・コルビュジエ「ヴォアザン計画」［形式｜空間］
一九二六 ◆ヴァルター・グロピウス《バウハウス校舎》竣工（デッサウ）［アジア｜映像］
一九二六 ◆**ゲオルグ・デ・ラランデ基本設計《旧朝鮮総督府庁舎》竣工**［アジア］
一九二七 ◆ル・コルビュジエ「近代建築五原則」［空間］
一九二八 ◆近代建築国際会議（CIAM）発足（全一〇回開催、一一九五六）
一九二九 ◎世界大恐慌 ◆ミース・ファン・デル・ローエ《バルセロナ・パヴィリオン》公開［空間］
一九三一 ◆ル・コルビュジエ《サヴォア邸》竣工［空間］ ☆クルト・ゲーデルが「不完全性定理」発表［空間］
一九三一 ◎満州事変［アジア］
一九三二 ◎第一次上海事変［アジア］
一九三三 ◎ナチス政権誕生［アジア｜映像］
一九三四 ◆伊東忠太《築地本願寺》竣工［生命］ ☆**マルセル・デュシャンが《グリーン・ボックス》を制作**［知］
一九三六 ☆**ヴァルター・ベンヤミン「複製技術時代の芸術」**［映像］ ◆大蔵省臨時議院建築局《国会議事堂》竣工［映像］ ◆ジュゼッペ・テラーニ《カサ・デル・ファッショ》竣工［映像］ ◆**ブルーノ・タウト《日向邸（現・熱海の家）》竣工**［アジア］ **ブルーノ・タウト《大倉邸》竣工**［アジア］ ☆アラン・チューリングが万能計算機械「チューリングマシン」を発表［空間］

一九三七　◎日中戦争（一九四一年一二月、太平洋戦争に発展）［アジア］　◆坂倉準三《パリ万国博覧会日本館》公開　☆**ルドルフ・シェーンハイマーらが新陳代謝過程における「動的平衡」を発見**［生命］

一九三八　◆アダルベルト・リベラ《マラパルテ邸》竣工（ジャン＝リュック・ゴダール監督による一九六三年公開の映画『軽蔑』に登場）［映像］

一九三九　◎第二次世界大戦開戦　◆アルベルト・シュペーア「ベルリン都市計画」［映像］　◆フランク・ロイド・ライト《カウフマン邸（落水荘）》竣工　☆ニコラ・ブルバキ『数学原論』第一巻（集合論）刊行［空間］　☆**ルドルフ・シェーンハイマー「The Dynamic State of Body Constituents」を発表**［生命］

一九四〇　◎日独伊三国同盟締結

一九四一　◎太平洋戦争開戦［アジア］　◆**ジークフリート・ギーディオン『空間・時間・建築』刊行**［知］

一九四五　◎東京大空襲　◎広島・長崎に原爆投下［知］　◎第二次世界大戦終結［アジア｜知］　◎国際連合発足　◎戦災復興院設置　☆**ヴァネヴァー・ブッシュ「As We May Think」を発表**［空間］　☆ジャズの一形態としてのビバップを代表する作品『Dizzy Gillespie / Charlie Parker: Town Hall, New York City, June 22, 1945』が発売される［形式］

一九四六　◎日本国憲法公布　◆「東京都戦災復興計画コンペ（帝都復興計画図案懸賞）」開催　☆世界初のコンピュータ「ＥＮＩＡＣ」完成［空間］　☆クルト・レヴィンらによるワークショップ（対話型・体験型学習の先駆け）［振舞］

一九四七　☆田邊元『種の論理の弁証法』刊行［生命］

一九四八　◎大韓民国、朝鮮民主主義人民共和国成立［アジア］　◆国際建築家連合（ＵＩＡ）発足　☆ノーバート・ウィーナー『Cybernetics』刊行［生命｜空間］　☆**ロベルト・ロッセリーニ『ドイツ零年』公開**［映像］

一九四九　◎中華人民共和国建国［アジア］　☆プログラム内蔵式コンピュータ「ＥＤＳＡＣ」完成［空間］　☆この頃、マイルス・デイヴィス『Birth of the Cool』などによってクール・ジャズ誕生［形式］

一九五〇　◎建築基準法、建築士法公布［知］　◎朝鮮戦争（一九五三年七月に休戦協定が結ばれる）［アジア｜知］　☆一九五〇年代、音楽理論「バークリー・メソッド」の登場と普及［形式］

一九五一　◆ミース・ファン・デル・ローエ《ファンズワース邸》竣工［空間］　◆ル・コルビュジエ「チャンディガールの都市計画」［生命］

一九五二　◆ル・コルビュジエ《マルセイユのユニテ・ダビタシオン》竣工　☆ジョン・ケージ「四分三三秒」発表［知］

一九五三　◆**旧東京都庁舎コンペ**　◆**丹下健三や岡本太郎らが「国際デザインコミッティー（現・日本デザインコミッティー）」創設**［知］

一九五四　◎アメリカで世界初のカラーテレビ放送開始［映像］　◎アメリカによるビキニ環礁での水爆実験に巻き込まれ第五福竜丸が被爆［知］　◆**岡本太郎が坂倉準三設計の青山のアトリエ兼住居（現・岡本太郎記念館）に「現代芸術研究所」を設立**［知］　☆ＩＢＭ社、プログラム言語「FORTRAN」開発開始［空間］

一九五五　◆**丹下健三《広島平和会館原爆記念陳列館（現・広島平和記**

念資料館)》開館［映像］　◆ル・コルビュジエ《ロンシャンの礼拝堂》竣工［生命|空間］　☆この頃、ジャズの一形態としてウェスト・コースト・ジャズやハード・バップが誕生する［形式］　☆ノーム・チョムスキーが「言語理論の論理構造」を発表［知］　☆アンナ・ハルプリンによる「San Francisco Dancers' Workshop」の設立［振舞］

一九五六　◆ミース・ファン・デル・ローエ《イリノイ工科大学クラウンホール》竣工［空間］　☆ジョン・ミルナーが「エキゾチック球面」を発見［空間］　◆《新宿コマ劇場》開場(二〇〇八年一二月閉館)［振舞］　◆ルシオ・コスタ+オスカー・ニーマイヤー「ブラジリアの都市計画」

一九五七　◎ソ連、人工衛星「スプートニク一号」打ち上げ［空間］　◆丹下健三《東京都庁舎》落成式　☆この頃、フランスにて映画の新しい運動「ヌーヴェルヴァーグ」が起こる［映像］

一九五八　◆ミース・ファン・デル・ローエ+フィリップ・ジョンソン《シーグラムビル》竣工［空間］　◆菊竹清訓《スカイハウス》竣工［生命］　◆丹下健三《草月会館》竣工(同じく丹下による《新草月会館》は一九七七年竣工)［知］　◆内藤多仲《東京タワー》完成［映像］　☆マイルス・デイヴィス『Milestones』によってモード・ジャズ誕生［形式］

一九五九　◎キューバ革命［知］　◎六〇年安保闘争(–一九六〇)［知］　◆菊竹清訓「塔状都市」(『国際建築』一九五九年一月号)［生命］　◆菊竹清訓「海上都市」(『国際建築』一九五九年二月号)［生命］　◆フランク・ロイド・ライト《グッゲンハイム美術館(ニューヨーク)》竣工［生命］　☆オーネット・コールマン『The Shape of Jazz to Come』などによってフリー・ジャズ誕生［形式］

一九六〇　◎ベトナム戦争(–一九七五)［アジア|知］　◆ル・コルビュジエ《ラ・トゥーレット修道院》竣工　◆**世界デザイン会議において『METABOLISM/1960　都市への提案』が発表される**［生命|知］　◆菊竹清訓「海洋都市」(『METABOLISM/1960』)［生命］　◆大高正人+槇文彦「新宿副都心ターミナル再開発計画」(『METABOLISM/1960』)［生命］　◆黒川紀章「農村都市計画」(『METABOLISM/1960』)［生命］　◆ケヴィン・リンチ『都市のイメージ』刊行［振舞］　☆**ジャン=ポール・サルトル『弁証法的理性批判』刊行**［知］　☆一九六〇年代、ジェームズ・J・ギブソンが「アフォーダンス」の概念を提唱［振舞］

一九六一　◎ユーリ・A・ガガーリン、人類初の有人宇宙飛行［空間］　◎旧東ドイツがベルリンの壁構築［知］　◆丹下健三研究室「東京計画一九六〇」(『新建築』一九六一年三月号)［知］　◆前川國男《東京文化会館》開場［振舞］　☆**スティーヴン・スメイルによって5次元以上のポアンカレ予想が解決される**［空間］　☆**土方巽らが「暗黒舞踏派」として活動を始める**［知］

一九六二　◆黒川紀章「東京計画一九六一 ——Helix計画」発表(『L'Archi-tecture d'Aujourd'hui』一九六二年四、五月号)［生命］　☆**クロード・レヴィ=ストロース『野生の思考』刊行**［知］

一九六三　◎ジョン・F・ケネディ暗殺　◆ジェームズ・スターリング《レスター大学工学部》竣工［形式］　◆ロバート・ヴェンチューリ《母の家》竣工［形式］　◆ハンス・シャロウン《ベルリン・フィルハーモニー》開場［振舞］　◆村野藤吾《日生劇

場》開場［振舞］　☆ダグラス・エンゲルバート、マウスを発明［空間］

一九六四　◎東京オリンピック［映像］　◆アーキグラム「プラグイン・シティ」「ウォーキング・シティ」発表［形式｜生命］　◆ハンス・ホライン「航空母艦都市」発表［形式｜知］　◆クリストファー・アレグザンダー『形の合成に関するノート』刊行［振舞］　◆丹下健三《東京オリンピック国立屋内総合競技場》竣工［映像］

一九六五　◆クリストファー・アレグザンダー、論文「都市はツリーではない」発表［振舞］　◆ルイス・カーン《ソーク生物学研究所》竣工［空間］　☆テッド・ネルソンが「ハイパーテキスト」の概念を発表［空間｜知］　☆市川崑『東京オリンピック』公開［映像］

一九六六　◎中国で文化大革命が始まる（－一九七六）［アジア｜知］　◆「色彩と空間」展（南画廊）［知］　◆**「空間から環境へ」展**（「エンバイラメントの会」が結成される、松屋銀座）［空間｜知］　◆**アルド・ロッシ『都市の建築』**［映像］　◆《国立劇場》開場［振舞］　☆ローレンスとアンナ・ハルプリン夫妻によるワークショップで「RSVP理論」が実践される［振舞］　☆**安部公房原作、勅使河原宏監督の映画『他人の顔』公開**［知］

一九六七　◆バックミンスター・フラー《モントリオール万博アメリカ館》（バイオスフィア）公開［生命｜空間］　◆槇文彦「ゴルジ構造体」発表（『建築文化』一九六七年六月号）［生命］　☆**唐十郎らが「紅テント」の公演を始める**［振舞｜知］　☆寺山修司が「天井桟敷」を結成（一九八三年七月解散）［振舞］　☆**ジャック・デリダ『声と現象』『グラマトロジーについて』『エクリチュールと差異』刊行**［知］

一九六八　◎パリ五月革命［知］　◎東大安田講堂事件［知］　◆**磯崎新が第一四回ミラノ・トリエンナーレのために《電気的迷宮（エレクトリック・ラビリンス）》制作**［知］　◆ミース・ファン・デル・ローエ《新ナショナルギャラリー》開場［空間］　☆吉本隆明『共同幻想論』刊行［知］　☆ダグラス・エンゲルバートがコンピュータのインターフェイスとしてマウスを利用したデモ（"The Mother of All Demos"）を行なう［空間］　☆マイルス・デイヴィスがジャズにエレクトリック楽器を導入する［形式］

一九六九　◎アポロ一一号、人類初の月面着陸［空間］　☆アメリカ国防総省、「ARPANET」開始（インターネットの原型）［空間｜知］　☆ベル研究所、OS「UNIX」開発［空間］

一九七〇　◎**日本万国博覧会（大阪万博）**［生命｜知］　◎よど号ハイジャック事件［知］

一九七二　◎浅間山荘事件［知］　◎日中国交正常化［アジア］　◆**黒川紀章《中銀カプセルタワービル》竣工**［生命］　◆**磯崎新「コンピューター・エイディッド・シティ」発表**［知］　◆ルイス・カーン《キンベル美術館》開館［形式｜空間］　◆フライ・オットー《ミュンヘン・オリンピック競技場》［生命］　◆毛綱毅曠《反住器》竣工［形式｜空間｜知］

一九七三　◎第一次オイルショック　◆ヨーン・ウツソン＋オブ・アラップ《シドニー・オペラハウス》開場［振舞｜生命］　☆Xerox社のアラン・ケイ、世界初のGUI環境のコンピュータ「ALTO」開発［空間］

一九七五　◆石山修武《幻庵》竣工［形式］　☆ミシェル・フーコー『監獄

の誕生——監視と処罰』刊行［振舞］　☆ビル・ゲイツらが「マイクロソフト社」設立［空間｜知］

一九七六　◆ミノル・ヤマサキ《ワールド・トレード・センター》竣工（二〇〇一年九月一一日、アメリカ同時多発テロ事件で崩壊）［映像｜空間］　☆スティーブ・ジョブズらが「アップル社」設立、「APPLE I」発売［空間｜知］　☆リチャード・ドーキンス『利己的な遺伝子』刊行［生命］　☆この頃、ロフト・ジャズが誕生する［形式］

一九七七　◆レンゾ・ピアノ＋リチャード・ロジャース《ポンピドゥ・センター》竣工［空間］　◆クリストファー・アレグザンダー『パタン・ランゲージ』刊行［振舞］　☆この頃、ロックの一形態としてニューウェイヴ誕生［形式］

一九七八　◎世界初の体外受精児、ルイーズ・ブラウンが誕生［生命］　◎日中平和友好条約締結［アジア］　◎イラン革命を契機として第二次オイルショックが始まる　◎スリーマイル島原子力発電所事故［知］　◆レム・コールハース『錯乱のニューヨーク』刊行　◆**「間——日本の時空間」展**（パリ装飾美術館）［知］　☆蓮實重彥『映像の詩学』刊行［知］　☆中村雄二郎『共通感覚論——知の組みかえのために』刊行［知］

一九七九　◆**ヴェネチア・ビエンナーレでアルド・ロッシ《世界劇場》公開**［映像］

一九八〇　◎イラン・イラク戦争（—一九八八年八月）［知］　☆マイクロソフト社、「MS-DOS」開発［空間］

一九八一　◆長谷川堯『生きものの建築学』刊行［生命］

一九八二　◆マイケル・グレイヴス《ポートランドビル》竣工［形式］　◆フライ・オットーほか『自然な構造体』刊行［生命］　☆マイケル・フリードマンによって4次元のポアンカレ予想が解決される［空間］　☆**ウィリアム・サーストンが「幾何化予想」を発表**［空間］　☆電子楽器の統一規格「MIDI」の誕生［形式］　☆リドリー・スコット『ブレードランナー』公開［映像］　☆ＣＤ（コンパクト・ディスク）が発売される［形式］　☆**赤瀬川原平らが「超芸術探査本部トマソン観測センター」設立**［映像］

一九八三　◆大江宏《国立能楽堂》開場［振舞］　☆世界初のデジタル・アルゴリズム・シンセサイザー「YAMAHA DX-7」発売［形式］　☆任天堂、家庭用テレビゲーム機「ファミリーコンピュータ」発売［空間］　☆浅田彰『構造と力——記号論を超えて』刊行［知］

一九八四　◆ジェームズ・スターリング《シュトゥットガルト国立美術館》竣工［振舞］　◆フィリップ・ジョンソン《AT&Tビル》竣工［形式］　◆金壽根《ソウルオリンピック・スタジアム》竣工［アジア］　☆アップル社、「Macintosh」発売［空間］

一九八五　◆クリストファー・アレグザンダー《盈進学園東野高等学校》竣工［振舞］　☆ＭＩＴメディアラボ設立［振舞｜空間］

一九八六　◎チェルノブイリ原子力発電所事故［知］　◆ノーマン・フォスター《香港上海銀行》竣工［アジア｜空間］　◆**東京都新庁舎コンペで丹下健三案が選ばれる**［知］　◆北川原温《RISE》竣工［映像］

一九八七　◆ジャン・ヌーヴェル《アラブ世界研究所》開館［形式｜空間］　◆**鈴木了二《物質試行23　標本建築》**［映像］

一九八八　◆「ディコンストラクティヴィスト・アーキテクチャー」展（MoMA）［形式｜空間］　☆マーク・ワイザーが「ユビキタス・

コンピューティング」の概念を提唱［空間］

一九八九　◎天安門事件［知］　◎ベルリンの壁崩壊［知］　◎マルタ会談によって東西冷戦終結［知］　◆フランク・O・ゲーリー《ヴィトラ・デザイン・ミュージアム》竣工［形式｜空間］　◆ベルナール・チュミ《ラ・ヴィレット公園》完成［形式｜空間］　◆イオ・ミン・ペイ《中国銀行香港支店ビル》竣工［アジア］　◆イオ・ミン・ペイ《ルーブル美術館ピラミッド》公開［形式］

一九九〇　**◆伊東豊雄「日仏文化会館（現パリ日本文化会館）コンペ案」発表**（作品名＝「セーヌ川に浮かぶメディアシップ」）［生命］

一九九一　◎バブル経済崩壊始まる［知］　◎湾岸戦争［知］　◎ソビエト連邦解体［知］　◆丹下健三《東京都新庁舎》竣工［知］　**◆第一回Any会議**（―二〇〇〇年六月、全一〇回開催）［知］　☆雑誌『批評空間』創刊（―二〇〇二年七月）［知］　☆ティム・バーナーズ＝リー（CERN）開発のWWWが正式発表される［空間］

一九九二　◆槇文彦《代官山ヒルサイドテラス》竣工［生命］　☆雑誌『InterCommunication』創刊（―二〇〇八年五月）［知］　☆黒沢清『映像のカリスマ――黒沢清映画史』刊行［映像］

一九九三　◎欧州連合（EU）発足

一九九四　◆雑誌『10＋1』創刊（―二〇〇八年三月）［知］　**◆イグナシ・デ・ソラ＝モラレス・ルビオーが第四回Any会議で「テラン・ヴァーグ」の概念を発表**［映像］　**☆小林康夫＋船曳建夫編『知の技法』刊行**［知］

一九九五　◎阪神・淡路大震災［知］　◎地下鉄サリン事件［知］　**◆隈研吾《水／ガラス》竣工**［アジア］　**◆《旧朝鮮総督府庁舎》解体**［アジア］　☆鈴木貞美編『大正生命主義と現代』刊行［生命］　☆マイクロソフト社、「Windows 95」発売［空間｜知］　☆アンドリュー・ワイルズによって「フェルマーの最終定理」が証明される［空間］

一九九七　◆フランク・O・ゲーリー《ビルバオ・グッゲンハイム美術館》開館［形式｜映像｜空間］　☆ジャニン・ベニュスが「バイオミミクリー」の概念を提唱［生命］　**☆黒沢清『CURE』公開**［映像］

一九九八　**◆アルド・ロッシ《門司港ホテル》開館**［映像］　◆セシル・バルモンド『Number 9』刊行［生命］　☆椹木野衣『日本・現代・美術』刊行［知］

一九九九　☆NTTドコモ、「iモード」のサービス開始［空間］

一九九九　**☆浦沢直樹『二〇世紀少年』が『ビッグコミックスピリッツ』誌上で連載開始**［知］

二〇〇〇　◎ハノーヴァー万国博覧会（テーマ「人間、自然、技術」）［生命］　**◆山本理顕《公立はこだて未来大学》竣工**［振舞］　**◆伊東豊雄《せんだいメディアテーク》竣工**［生命］　**◆鈴木了二《物質試行42　池田山の住宅》竣工**［映像］　**☆東京大学大学院情報学環・学際情報学府が設立される**［知］

二〇〇一　◎アメリカ同時多発テロ事件［映像｜空間｜知］　◆サンティアゴ・カラトラヴァ《ミルウォーキー美術館》竣工［生命］　**◆鈴木了二『建築零年』刊行**［映像］　**☆黒沢清『回路』公開**［映像］

二〇〇二　**◆隈研吾《Great (Bamboo) Wall》竣工**［アジア］　**◆山本理顕「邑楽町役場庁舎」コンペ案**［振舞］　**☆吉見俊哉＋姜尚中ほか編『アジア新世紀』刊行**（―二〇〇三年七月、全八

巻）［アジア］

二〇〇三 ◎イラク戦争（－二〇一一年）［知］ ◆森ビルほか《六本木ヒルズ森タワー》竣工［知］ ◆**鈴木了二《物質試行45 神宮前の住宅》竣工**［映像］ ☆**グリゴリー・ペレルマンによって「ポアンカレ予想」が証明される**［空間］ ☆**黒沢清『ドッペルゲンガー』公開**［映像］

二〇〇四 ☆**菊地成孔『DEGUSTATION A JAZZ authentique/bleue』発売**［形式］

二〇〇五 ◎愛・地球博（テーマ「自然の叡智」）［生命］ ◆**《台中国立歌劇院》国際コンペで伊東豊雄案が選出される**［生命］ ☆**中沢新一『アースダイバー』刊行**［映像］

二〇〇六 ◎**「二〇一六年福岡オリンピック誘致計画」**［アジア］ ◆**青木淳《青森県立美術館》開館**［形式］ ◆**鈴木了二《物質試行48 西麻布の住宅》竣工**［映像］ ☆**黒沢清『叫』が第六三回ヴェネチア国際映画祭で上映される**（劇場公開は二〇〇七年二月）［映像］

二〇〇七 ◆**伊東豊雄《多摩美術大学図書館（八王子キャンパス）》竣工**［生命］ ◆**山本理顕《横須賀美術館》開館**［振舞］ ◆**青木淳《N》竣工**［形式］ ☆**東京大学内に「駒場アクティブラーニングスタジオ（KALS）」開設**［振舞］ ☆**福岡伸一『生物と無生物のあいだ』刊行**［生命］ ☆**田中純『都市の詩学——場所の記憶と徴候』刊行**［映像］

二〇〇八 ◎リーマン・ショック［知］ ◆**青木淳《SIA青山ビルディング》竣工**［形式］ ◆**〈建築の際〉開始** ☆菊地成孔＋大谷能生『M/D マイルス・デューイ・デイヴィスIII世研究』刊行［形式］ ☆**黒沢清『トウキョウソナタ』公開**［映像］ ☆**「behind the seen アート創作の舞台裏」展（駒場博物館）**［映像］ ☆今福龍太『群島－世界論』刊行［アジア］

二〇〇九 ◆ルドガー・ホーフェシュタット『Beyond the Grid: Architecture and Information Technology』刊行［生命／空間］ ☆**NODA・MAP『パイパー』公演**［振舞］ ☆**福岡伸一『動的平衡——生命はなぜそこに宿るのか』刊行**［生命］

二〇一〇 ◆パトリック・シューマッハ『The Autopoiesis of Architecture』刊行［生命］

二〇一一 ◎東日本大震災［知］ ◆「メタボリズムの未来都市」展（森美術館）［生命／知］ ☆**フランスにおいて「東大フォーラム二〇一一」開催**（統一テーマ＝「知の際（きわ）」）［知］

二〇一三 ◆**「磯崎新 都市ソラリス」展**（NTTインターコミュニケーション・センター）［知］ ☆東京大学が大規模公開オンライン講座「MOOC」の運営開始［振舞］

主要参考文献

『a+u 一九八九年一二月臨時増刊号 ピーター・クック一九六一－一九八九』（新建築社、一九八九）
鈴木博之＋中川武＋藤森照信＋隈研吾監修『新建築 一九九一年一月臨時増刊 建築二〇世紀 PART 1』（新建築社、一九九一）
鈴木博之＋中川武＋藤森照信＋隈研吾監修『新建築 一九九一年六月臨時増刊 建築二〇世紀 PART 2』（新建築社、一九九一）

松岡正剛監修『情報の歴史——象形文字から人工知能まで』（NTT出版、一九九六）

アーキグラム編『アーキグラム』（浜田邦裕訳、鹿島出版会、一九九九）

『情報コミュニケーションの一〇〇年』（凸版印刷、二〇〇〇）

中野民夫『ワークショップ——新しい学びと創造の場』（岩波書店、二〇〇一）

菊地成孔＋大谷能生『憂鬱と官能を教えた学校——〈バークリー・メソッド〉によって俯瞰される二〇世紀商業音楽史』（河出書房新社、二〇〇四）

菊地成孔＋大谷能生『東京大学のアルバート・アイラー——東大ジャズ講義録・歴史編』（メディア総合研究所、二〇〇五）

菊地成孔＋大谷能生『東京大学のアルバート・アイラー——東大ジャズ講義録・キーワード編』（メディア総合研究所、二〇〇六）

山本理顕編『徹底討論　私たちが住みたい都市——身体・プライバシー・住宅・国家』（平凡社、二〇〇六）

五十嵐太郎編『建築と植物』（LIXIL出版、二〇〇八）

『季刊大林』No.51、特集＝バイオミミクリー（大林組広報室、二〇〇九）

ピエルジョルジョ・オディフレッディ『数学の二〇世紀——解決された三〇の難問』（寺嶋英志訳、青土社、二〇〇九）

日経アーキテクチュア編『NA建築家シリーズ〇二　隈研吾』（日経BP社、二〇一〇）

川添登編『メタボリズム一九六〇』（複製本、Echelle-1、二〇一一）

長島明夫＋結城秀勇編『映画空間四〇〇選』（LIXIL出版、二〇一一）

森美術館編『メタボリズムの未来都市展——戦後日本・今甦る復興の夢とビジョン』（新建築社、二〇一一）

『現代思想　二〇一二年一一月臨時増刊号　総特集＝チューリング』（青土社、二〇一二）

広島市現代美術館監修『路上と観察をめぐる表現史——考現学の「現在」』（フィルムアート社、二〇一三）

あとがき・謝辞

南後由和

〈建築の際〉を企画した当初、私は博士課程の大学院生だった。企画の準備中に情報学環の助教に着任したということもあり、そのまま大学院生の取りまとめ役を務めることになった。私自身が、教員／学生の際に位置していたわけである。この点を意識することが、トップダウンでもなければ、単純なボトムアップでもないかたちで本企画をファシリテートしていくうえで重要であると考えた。

当時の学際情報学府には、学部時代に建築を専攻していた大学院生が数名いたものの、建築に対する研究関心をもっている大学院生の数は限られていた。そこで、工学系研究科建築学専攻の大学院生であった大西麻貴さんを通して、本郷・駒場の建築学科の大学院生たちにも集まってもらった。結果的に、メンバーは学際情報学府と工学系研究科の大学院生がほぼ半々の計二〇名程度になった。

〈建築の際〉は二〇〇八年度内の計五回で終える予定だった。しかし、会場は毎回立見が出るほどの熱気に包まれ、学内外から好評だったこともあり、その後も有志の大学院生を新たに加えて、継続開催することにした。

〈建築の際〉計七回の開催期間は、二〇〇八年一〇月から二〇一一年二月までである。東日本大震災以前であったため、それ以降に企画していれば、違った切り口からの内容になったかもしれない。

振り返ってみれば、建築家のゲストの方々は、若手建築家ではなく、五〇代以上の建築家ばかりとなった。普段は著書や作品を通じてしか接する機会のない「巨匠」の方々と直に対話をしてみたいという大学院生の気持ちの表われかもしれないが、二〇世紀の建築のあり方を問い直し、二一世紀の建築のあり方を模索しようとする問題意識にもとづくものともいえるだろう。

本書では紙幅の都合上、ボトムアップ型のシンポジウムとして重要な位置を占めていた大学院生による問題提起のプレゼンや鼎談内容すべてを掲載することができなかった。また、会場での即興的な掛け合いやゲスト間の間合いなどを十分にはすくい取ることができていない点もご容赦いただきたい。だが、そもそも文字には還元されない運動性をもつ声を文字に変換することで失われるものがあることは否めない。居直りと捉えられるかもしれないが、身体を介して時間と空間を共有することでしか得られないものがあるからこそ、対話やシンポジウムの意義がある。

成型された文字の直線性ではない、対話による流動性と渾沌の渦から垣間見える予兆。話し手同士による創発や衝突の強度。声を媒介とした話し手と聞き手の交感。〈建築の際〉が、シンポジウムという対話の形式をとったのは、これらの点を重視したことによる。異分野・異世代の対話である〈建築の際〉は書物として一旦切断されたわけだが、本書が新たな対話や議論を誘発することを願っている。

また、本書に収録した内容以外に〈建築の際〉番外編を実施したことを付記しておきたい。二〇一一年一〇月にパリとリヨンで実施した「東大フォーラム二〇一一」である。東大フォーラムとは、東京大学の学術研究を海外に発信するとともに、海外における研究交流・学生交流を進展させることを目的として、世界各地で継続開催している全学的な学術イヴェントである。東大フォーラム二〇一一の実行委員長であった石田英敬先生が、〈建築の際〉メンバーに、東大フォーラムでの発表の機会を与えてくださった。パリでは、ラ・ヴィレット建築大学で、一日目はマルク・ブルディエ教授および同大学の学生、二日目は建築家の田根剛氏を交えて〈建築の際〉の成果について報告、討議するワークショップを実施した。本書の「知の際」の鼎談で、東大フォーラム二〇一一の全体テーマ「知の際」は〈建築の際〉から着想が得られたものであるとの指摘があるように、大学院生によるボトムアップ型の一企画が、全学を挙げての企画につながっていったことは光栄だった。

リヨンでは、フランス国立リヨン歌劇場首席指揮者（当時）の大野和士氏に、ジャン・ヌーヴェル設計のオペラ座でインタヴューを実施した。テーマは、総合芸術としてのオペラを起点に、古典、オペラ座と地域の関係、音楽をめぐる日常と非日常など多岐にわたった。その成果は、『東京大学大学院情報学環紀要　情報学研究　調査研究編』二八号（二〇一二）に掲載されている。

本書は、〈建築の際〉メンバーのうち、上記の東大フォーラムに参加したメンバーが構成や執筆を担当した。〈建築の際〉メンバーは、大学の研究職に着任した人、博士課程へ進学した人、建築事務所を立ち上げた人、企業へ就職した人、海外留学した人など、進路はさまざまであるが、それぞれの道で活躍している。学生の読者のみなさんにとっては、本書が大学という場を積極的に活用し、ボトムアップ型の企画を発案、実践していく契機となれば幸いである。

最後に、〈建築の際〉を実施するにあたってお世話になった関係者各位に、メンバーを代表して心より感謝申し上げたい。まずはご多忙のところ、アトリエ、事務所、研究室での事前打ち合わせからシンポジウムまで、さらには期間を置いての出版作業に快く応じていただいたゲストおよびゲスト関係者の方々。仕事場への訪問、建築の見学や演劇の鑑賞など、数々の貴重な経験をさせていただいた。『新建築』誌の担当編集者の方々には、各回のシンポジウムのレポートを執筆、掲載する機会を提供いただいた。本書の編集を担当してくださったスペルプラーツの飯尾次郎氏、境洋人氏、アダチプレスの足立亨氏には寄稿者が大勢になるなか、進行や原稿の取りまとめに大変お手数をおかけした。

〈建築の際〉を出版するにあたって念頭にあった先行例のひとつに、工学院大学連続シンポジウムの記録である、山本理顕編『徹底討論　私たちが住みたい都市——身体・プライバシー・住宅・国家』（平凡社、二〇〇六）があった。建築家で教員の山本氏がつねに司会を務め、議論を誘導することで一貫性を出すことに成功している同書とは性格が異なるが、本書を同じ出版社から刊行できたことを嬉しく思う。

そして、情報学環長として大学院生中心のボトムアップ型の企画に長期間にわたって予算をつけていただいたうえ、シンポジウムに毎回ご臨席いただき、温かいコメントをくださった吉見俊哉先生と石田先生。教員は「予算は出すが、口は出さない」ということで、大学院生たちがやりたいようにやらせてもらえたことに深く感謝申し上げる。

シンポジウム開催概要

第一回「都市の際」
［ゲスト］安藤忠雄＋東京大学大学院生＋吉見俊哉
［コーディネーター］南後由和
［開催日］二〇〇八年一一月二八日
［レポート記事］『新建築』二〇〇九年一月号（内容要約＝鈴木志麻、レポート＝橋本尚樹）

第二回「アジアの際」
［ゲスト］隈研吾＋藤森照信＋姜尚中
［コーディネーター］秋菊姫＋村松一
［開催日］二〇〇八年一二月一二日
［レポート記事］『新建築』二〇〇九年二月号（内容要約＝篠原明理、レポート＝村松一）

第三回「形式の際」
［ゲスト］青木淳＋菊地成孔＋岡田猛
［コーディネーター］大西麻貴＋角田哲也
［開催日］二〇〇九年一月一九日
［レポート記事］『新建築』二〇〇九年四月号（内容要約＝渡邉宏樹、レポート＝角田哲也）

第四回「振舞の際」
［ゲスト］山本理顕＋野田秀樹＋山内祐平
［コーディネーター］片桐早紀＋関博紀＋牧村真帆
［開催日］二〇〇九年三月一〇日
［レポート記事］『新建築』二〇〇九年五月号（内容要約＝関博紀、レポート＝片桐早紀）

第五回「空間の際」
［ゲスト］原広司＋松本幸夫＋暦本純一
［コーディネーター］末田航＋田中陽輔
［開催日］二〇〇九年三月二四日
［レポート記事］『新建築』二〇〇九年六月号（内容要約＝柳井良文、レポート＝大平尚明）

第六回「生命の際」
［ゲスト］伊東豊雄＋福岡伸一＋佐倉統
［コーディネーター］鈴木志麻＋成玲姁＋松岡康
［開催日］二〇一〇年二月一二日
［レポート記事］『新建築』二〇一〇年四月号（内容要約＝飯田雄介、レポート＝鈴木志麻）

第七回「映像の際」
［ゲスト］鈴木了二＋黒沢清＋田中純
［コーディネーター］篠原明理＋難波阿丹＋松山秀明
［開催日］二〇一〇年一〇月二日
［レポート記事］『新建築』二〇一〇年一二月号（内容要約＝難波阿丹、レポート＝松山秀明）

略歴

吉見俊哉 Shunya YOSHIMI
一九五七年生まれ。社会学、都市論、メディア論、カルチュラル・スタディーズ。東京大学大学院情報学環教授。主な著書に『都市のドラマトゥルギー』(河出文庫、二〇〇八[初版＝弘文堂、一九八七])、『リアリティ・トランジット』(紀伊國屋書店、一九九六)、『カルチュラル・スタディーズ』(岩波書店、二〇〇〇)、『メディア文化論』(有斐閣、二〇〇四)、『書物と映像の未来』(岩波書店、二〇一〇)、『大学とは何か』(岩波新書、二〇一一)など。

南後由和 Yoshikazu NANGO
一九七九年生まれ。社会学、都市・建築論。明治大学情報コミュニケーション学部専任講師。東京大学大学院学際情報学府博士課程単位取得退学。主な共編著書に『磯崎新建築論集七　建築のキュレーション』(岩波書店、二〇一三)、『文化人とは何か?』(東京書籍、二〇一〇)、共著書に『モール化する都市と社会』(ＮＴＴ出版、二〇一三)、『路上と観察をめぐる表現史』(フィルムアート社、二〇一三)など。

隈研吾 Kengo KUMA
一九五四年生まれ。建築家。隈研吾建築都市設計事務所主宰、東京大学教授。主な建築作品に《水／ガラス》(一九九五)、《森舞台／登米町伝統芸能伝承館》(一九九六)、《石の美術館》(二〇〇〇)、《那珂川町馬頭広重美術館》(二〇〇〇)、《根津美術館》(二〇〇九)、《浅草文化観光センター》(二〇一二)、《長岡市役所アオーレ》(二〇一二)、《歌舞伎座》(二〇一三)、《ブザンソン芸術文化センター》(二〇一三)、《FRACマルセイユ》(二〇一三)など。主な著書に『自然な建築』(岩波新書、二〇〇八)、『小さな建築』(岩波書店、二〇一三)、『建築家、走る』(新潮社、二〇一三)、『僕の場所』(大和書房、二〇一四)、共著書に『日本人はどう住まうべきか?』(日経ＢＰ社、二〇一二)など。

藤森照信 Terunobu FUJIMORI
一九四六年生まれ。建築史家、建築家。東京大学名誉教授、工学院大学特任教授。主な建築作品に《神長官守矢史料館》(一九九一)、《タンポポ・ハウス》(一九九五)、《高過庵》(二〇〇四)、《神勝寺寺務所　松堂》(二〇一四)など。主な著書に『明治の東京計画』(岩波現代文庫、二〇〇四[初版＝岩波書店、一九八二])、『日本の近代建築』(岩波新書、一九九三)、『藤森照信野蛮ギャルド建築』(ＴＯＴＯ出版、一九九八)、『天下無双の建築学入門』(ちくま新書、二〇〇一)、『人類と建築の歴史』(ちくまプリマー新書、二〇〇五)など。

姜尚中 Sang-jung KANG
一九五〇年生まれ。政治学、政治思想史。東京大学名誉教授。主な著書に『マックス・ウェーバーと近代』(岩波現代文庫、二〇〇三[初版＝御茶の水書房、一九八六])、『オリエンタリズムの彼方へ』(岩波現代文庫、二〇〇四[初版＝岩波書店、一九九六])、『東北アジア共同の家をめざして』(平凡社、二〇〇一)、『増補版　日朝関係の克服』(集英社新書、二〇〇七)、『在日』(講談社、二〇〇四)、『愛国の作法』(朝日新書、二〇〇六)、『悩む力』(集英社新書、二〇〇八)、『心の力』(集英社新書、二〇一四)など。

山本理顕 Riken YAMAMOTO
一九四五年生まれ。建築家。山本理顕設計工場主宰。主な建築作品に《GAZEBO》(一九八六)、《熊本県営保田窪第一団地》(一九九一)、《埼玉県立大学》(一九九九)、《公立はこだて未来大学》(二〇〇〇)、《東雲キャナルコートCODAN一街区》(二〇〇三)、《横須賀美術館》(二〇〇七)、《福生市庁舎》(二〇〇八)、《天津図書館》(二〇一二)など。主な著書に『新編　住居論』(平凡社ライブラリー、二〇〇四)、『建築の可能性、山本理顕的想像力』(王国社、二〇〇六)、『権力の空間／空間の権力』(講談社選書メチエ、二〇一五)、共著書に『地域社会圏モデル』(ＬＩＸＩＬ出版、二〇一〇)、『増補改訂版　地域社会圏主義』(ＬＩＸＩＬ出版、二〇一三[初版＝二〇一二])など。

野田秀樹 Hideki NODA
一九五五年生まれ。劇作家、演出家、役者。東京芸術劇場芸術監督、多摩美術大学教授。劇団「夢の遊眠社」解散後、一九九三年に演劇企画制作会社NODA・MAPを設立。『キル』『パンドラの鐘』『THE BEE』『オイル』『ザ・キャラクター』『MIWA』『エッグ』『フィガロの結婚～庭師は見た！～』など数々の話題作を発表。主な著書に『解散後全劇作』(新潮社、一九九八)、『二〇世紀最後の戯曲集』(新潮社、二〇〇〇)、『二一世紀最後の戯曲集』(新潮社、二〇〇三)、『野田版歌舞伎』(新潮社、二〇〇八)、『エッグ／MIWA』(新潮社、二〇一五)など。

山内祐平 Yuhei YAMAUCHI

一九六七年生まれ。教育学、学習環境デザイン論。東京大学教授。主な著書に『デジタル社会のリテラシー』(岩波書店、二〇〇三)、『デジタル教材の教育学』(東京大学出版会、二〇一〇)、共著書に『「未来の学び」をデザインする』(東京大学出版会、二〇〇五)、『学びの空間が大学を変える』(ボイックス出版、二〇一〇)、『ワークショップデザイン論』(慶應大学出版会、二〇一三)など。

青木淳 Jun AOKI

一九五六年生まれ。建築家。青木淳建築計画事務所主宰。主な建築作品に《遊水館》(一九九三)、《馬見原橋》(一九九五)、《S》(一九九六)、《潟博物館》(一九九七)、《LOUIS VUITTON OMOTESANDO》(二〇〇二)、《青森県立美術館》(二〇〇六)、《杉並区大宮前体育館》《三次市民ホールきりり》(二〇一四)など。主な著書に『青木淳Complete Works 1: 1991-2004』(LIXIL出版、二〇〇四)、『原っぱと遊園地』(王国社、二〇〇四)、『青木淳 ノートブック』(平凡社、二〇一三)など。

菊地成孔 Naruyoshi KIKUCHI

一九六三年生まれ。音楽家、文筆家、音楽講師、TABOOレーベル主宰。主な音楽作品に、『戦前と戦後』(TABOO、二〇一四)、『フランツ・カフカの南アメリカ』(TABOO、二〇一五)など。主な著書に『スペインの宇宙食』(小学館文庫、二〇一〇[初版＝小学館、二〇〇四])、『ユングのサウンドトラック』(イーストプレス、二〇一〇)、『時事ネタ嫌い』(イーストプレス、二〇一三)など。

岡田猛 Takeshi OKADA

一九五九年生まれ。心理学。東京大学教授。主な編著書に『科学を考える』(北大路書房、一九九九)、『協同の知を探る』(共立出版、二〇〇〇)、『探る表現』(あいり出版、二〇一四)、共著書に『現代の認知心理学三 思考と言語』(北大路書房、二〇一〇)、『実践知』(有斐閣、二〇一二)、『触発するミュージアム』(あいり出版、二〇一五)など。

鈴木了二 Ryoji SUZUKI

一九四四年生まれ。建築家。鈴木了二建築計画事務所主宰。主な建築作品に《物質試行3 S邸》(一九七六)、《物質試行33 成城山耕雲寺》(一九九二)、《物質試行37 佐木島プロジェクト》(一九九五)、《物質試行55 BRIDGE》(二〇一五)など。主な監督作品に『空地・空洞・空隙』(一九九四)など。主な著書に『非建築的考察』(筑摩書房、一九八八)、『建築零年』(筑摩書房、二〇〇二)、『寝そべる建築』(みすず書房、二〇一四)など。

黒沢清 Kiyoshi KUROSAWA

一九五五年生まれ。映画監督。主な監督作品に『ドレミファ娘の血は騒ぐ』(一九八五)、『CURE』(一九九七)、『蛇の道』(一九九八)、『カリスマ』(一九九九)、『回路』(二〇〇一)、『ドッペルゲンガー』(二〇〇三)、『Seventh Code』(二〇一四)など。主な著書に『増補改訂版 映像のカリスマ』(エクスナレッジ、二〇〇六[初版＝フィルムアート社、一九九二])、『映画はおそろしい』(青土社、二〇〇一)、『黒沢清の映画術』(新潮社、二〇〇六)、『黒沢清、二一世紀の映画を語る』(boid、二〇一〇)など。

田中純 Jun TANAKA

一九六〇年生まれ。思想史、表象文化論。東京大学教授。主な著書に『残像のなかの建築』(未來社、一九九五)、『都市表象分析I』(LIXIL出版、二〇〇〇)、『ミース・ファン・デル・ローエの戦場』(彰国社、二〇〇〇)、『アビ・ヴァールブルク 記憶の迷宮』(青土社、二〇〇一)、『死者たちの都市へ』(青土社、二〇〇四)、『都市の詩学』(東京大学出版会、二〇〇七)、『政治の美学』(東京大学出版会、二〇〇八)、『イメージの自然史』(羽鳥書店、二〇一〇)、『冥府の建築家』(みすず書房、二〇一二)など。

伊東豊雄 Toyo ITO

一九四一年生まれ。建築家。伊東豊雄建築設計事務所代表、伊東建築塾主宰。主な建築作品に《シルバーハット》(一九八四)、《八代市立博物館・未来の森ミュージアム》(一九九二)、《大館樹海ドーム》(一九九七)、《せんだいメディアテーク》(二〇〇二)、《多摩美術大学図書館(八王子)》(二〇〇七)、《二〇〇九高雄ワールドゲームズメインスタジアム》(二〇〇九)、《今治市伊東豊雄建築ミュージアム》(二〇一一)、《台湾大学社会科学部棟》(二〇一三)、《みんなの森 ぎふメディアコスモス》(二〇一五)など。主な著書に『風の変様体』(青土社、一九八九)、『透層する建築』(青土社、二〇〇〇)、『あの日からの建築』(集英社新書、二〇一二)、共著書に『建築の大転換』(筑摩書房、二〇一二)など。

福岡伸一 Shin-Ichi FUKUOKA
一九五九年生まれ。生物学者。青山学院大学教授。主な著書にサントリー学芸賞を受賞し、七七万部を超えるベストセラーとなった『生物と無生物のあいだ』(講談社現代新書、二〇〇七)ほか、『動的平衡』(木楽舎、二〇〇九)、『フェルメール　光の王国』(木楽舎、二〇一一)、対談集に『動的平衡ダイアローグ』(木楽舎、二〇一四)、翻訳書にヒュー・ロフティング『ドリトル先生航海記』(新潮モダン・クラシックス、二〇一四)、近刊に『変わらないために変わり続ける』(文藝春秋、二〇一五)など。

佐倉統 Osamu SAKURA
一九六〇年生まれ。科学技術社会論、科学技術コミュニケーション論、進化論、生物学史。東京大学教授。主な著書に『現代思想としての環境問題』(中公新書、一九九二)、『進化論の挑戦』(角川ソフィア文庫、二〇〇三[初版=角川選書、一九九七])、『わたしたちはどこから来てどこへ行くのか?·』(中央公論新社、二〇一一[初版=ブロンズ新社、二〇〇〇])、『進化論という考えかた』(講談社現代新書、二〇〇二)、『「便利」は人を不幸にする』(新潮選書、二〇一三)、『人と「機械」をつなぐデザイン』(東京大学出版会、二〇一五)など。

原広司 Hiroshi HARA
一九三六年生まれ。建築家。東京大学名誉教授。主な建築作品に《田崎美術館》(一九八六)、《ヤマトインターナショナル》(一九八六)、《内子町立大瀬中学校》(一九九二)、《梅田スカイビル》(一九九三)、《JR京都駅》(一九九七)、《札幌ドーム》(二〇〇一)など。主な著書に『建築に何が可能か』(学芸書林、一九六七)、『住居集合論』(全五巻、鹿島出版会、一九七三―七九)、『空間〈機能から様相へ〉』(岩波現代文庫、二〇〇七[初版=岩波書店、一九八七])、『集落への旅』(岩波新書、一九八七)、『集落の教え一〇〇』(彰国社、一九九八)、『DISCRETE CITY』(TOTO出版、二〇〇四)、『YET』(TOTO出版、二〇〇九)、『HIROSHI HARA: WALLPAPERS』(現代企画室、二〇一四)など。

松本幸夫 Yukio MATSUMOTO
一九四四年生まれ。位相幾何学。学習院大学客員研究員、東京大学名誉教授。主な著書に『増補新版　四次元のトポロジー』(日本評論社、二〇〇九[初版=日本評論社、一九七九])、『トポロジー入門』(岩波書店、一九八五)、『多様体の基礎』(東京大学出版会、一九八八)、『トポロジーへの誘い』(遊星社、二〇〇八)など。

暦本純一 Jun REKIMOTO
一九六一年生まれ。ヒューマン・コンピュータ・インタラクション、拡張現実、実世界指向インターフェイス、情報科学。東京大学教授、ソニーコンピュータサイエンス研究所副所長。主な共著書に『入門　X Window』(アスキー、一九九三)、『UNIX日本語環境』(アスキー、一九九五)、『オープンシステムサイエンス』(NTT出版、二〇〇九)、『コンピュータと人間の接点』(放送大学教育振興会、二〇一三)など。

磯崎新 Arata ISOZAKI
一九三一年生まれ。建築家。磯崎新アトリエ主宰。主な建築作品に《群馬県立近代美術館》(一九七四)、《つくばセンタービル》(一九八三)、《ロサンゼルス現代美術館》(一九八六)、《パラウ・サン・ジョルディ》(一九九二年バルセロナ・オリンピック屋内競技場)、《北京中央美術学院美術館》(二〇〇八)、《カタール国立コンベンションセンター》(二〇一一)、《上海交響楽団コンサートホール》(二〇一四)など。主な著書に『空間へ』(鹿島出版会、一九九七[初版=美術出版社、一九七一])、『建築の解体』(鹿島出版会、一九九七[初版=美術出版社、一九七五])、『建築における「日本的なもの」』(新潮社、二〇〇三)、『磯崎新建築論集』(全

八巻、岩波書店、二〇一三－二〇一五)、『挽歌集』(白水社、二〇一四)など。

石田英敬 Hidetaka ISHIDA

一九五三年生まれ。フランス文学、記号学、メディア論。東京大学教授。主な著書に『記号の知／メディアの知』(東京大学出版会、二〇〇三)、『現代思想の教科書』(ちくま学芸文庫、二〇一〇)、『自分と未来のつくり方』(岩波ジュニア新書、二〇一〇)、共著書に『アルジャジーラとメディアの壁』(岩波書店、二〇〇六)、『表象文化研究』(放送大学教育振興会、二〇〇六)、編著書に『デジタル・スタディーズ1 メディア哲学』(東京大学出版会、二〇一五)、『言語態の問い』(東京大学出版会、二〇〇二)、共訳書にミシェル・フーコー『狂気／精神分析／精神医学』(筑摩書房、一九九八)、ジャック・デリダ『精神分析の抵抗』(青土社、二〇〇七)など。

松山秀明 Hideaki MATSUYAMA

一九八六年生まれ。社会学、映像文化論。東京大学大学院情報学環特任助教。共立女子大学非常勤講師。東北大学工学部建築・社会環境工学科卒業、東京大学大学院学際情報学府博士課程満期退学。主な共著書に『メディアが震えた』(東京大学出版会、二〇一三)など。

難波阿丹 Ani NAMBA

一九八二年生まれ。東京大学大学院学際情報学府博士課程。帝京大学医学部嘱託講師。主な論考に「イミテーションの煌めき」『ユリイカ』二〇一五年五月号、特集＝ポール・トーマス・アンダーソン(青土社)、「拡張する表皮」『現代思想』二〇一五年六月号、特集＝新しい唯物論(青土社)など。

阿部純 Jun ABE

一九八二年生まれ。メディア論、メディア文化史。福山大学専任講師。東京大学大学院学際情報学府博士課程単位取得退学。主な共著書に『アーカイブを学ぶ』(岩田書院、二〇〇七)、『文化人とは何か?』(東京書籍、二〇一〇)など。

柳井良文 Yoshibumi YANAI

一九八四年生まれ。建築史、建築理論、建築情報学。二〇一五年、東京大学大学院工学系研究科建築学専攻博士課程修了。博士(工学)。同年より、YKK AP株式会社窓研究所研究員。共著書に『窓と建築の格言学』(フィルムアート社、二〇一四)など。

大学院生・歴代運営チーム

(二〇〇八－二〇一一年当時の所属)

東京大学大学院学際情報学府

阿部純(水越研)／**犬塚悠**(佐倉研)／**大久保遼**(北田研)／**角田哲也**(池内研)／**片桐早紀**(北田研)／**末田航**(暦本研)／**関博紀**(佐々木研)／**成玲姁**(苗村研)／**秋菊姫**(吉見研)／**南後由和**(助教)／**難波阿丹**(石田研)／**牧村真帆**(山内研)／**松山秀明**(丹羽研)／**村松一**(藤森研)／**森下有**(野城研)

東京大学大学院工学系研究科

飯田雄介(岸田研)／**大西麻貴**(藤井明研)／**大平尚明**(藤井明研)／**金子遥洵**(高田研)／**篠原明理**(藤森研)／**鈴木志麻**(千葉研)／**妙中将隆**(岸田研)／**高橋晴彦**(千葉研)／**田中陽輔**(藤井明研)／**寺町直峰**(藤井明研)／**西川拓**(千葉研)／**橋本尚樹**(藤井明研)／**松岡康**(岸田研)／**柳井良文**(藤森研)／**渡邉宏樹**(藤井明研)

建築の際《きわ》
東京大学情報学環連続シンポジウムの記録

2015年8月25日　初版第1刷発行

監　　修：吉見俊哉
編　　者：南後由和

デザイン：坂本陽一（mots）
編集制作：境洋人
　　　　　飯尾次郎、出原日向子（speelplaats co., ltd.）
制作協力：足立亨（アダチプレス）

発 行 者：西田裕一
発 行 所：株式会社平凡社
　　　　　〒101-0051　東京都千代田区神田神保町3-29
　　　　　電話　03-3230-6584（編集）
　　　　　　　　03-3230-6572（営業）
　　　　　振替　00180-0-29639

印刷・製本：大日本印刷株式会社

ISBN 978-4-582-54455-8　NDC分類番号520　A5判（21.0cm）　総ページ328

平凡社ホームページ　http://www.heibonsha.co.jp/